和谐交易 1

——利用金融市场的自然秩序赢利

[美]斯科特 M.卡尼 著

[新加坡] 陈骏焜 译

地震出版社
Seismological Press

图书在版编目（CIP）数据

和谐交易.1：利用金融市场的自然秩序赢利 /（美）斯科特 M. 卡尼著；（新加坡）陈骏焆译. -- 北京：地震出版社，2018.3

书名原文：Harmonic Trading: Volume One Profiting from the Natural Order of the Financial markets

ISBN 978-7-5028-4892-7

Ⅰ. ①和… Ⅱ. ①斯… ②陈… Ⅲ. ①金融市场－研究 Ⅳ. ①F830.9

中国版本图书馆 CIP 数据核字(2017)第 294697 号

Harmonic Trading
ISBN 978-0-13-705150-2

地震版 XM4072

著作权合同登记 图字：01-2017-8715

和谐交易 1：利用金融市场的自然秩序赢利

[美]斯科特 M.卡尼 著 [新加坡] 陈骏焆 译

责任编辑：王凡娥 吴桂洪

责任校对：孔景宽

出版发行：地震出版社

北京市海淀区民族大学南路 9 号 邮编：100081
发行部：68423031 68467993 传真：88421706
门市部：68467991 传真：68467991
总编室：68462709 68423029 传真：68455221
证券图书事业部：68426052 68470332
http://www.dzpress.com.cn
E-mail:zqbj68426052@163.com

经销：全国各地新华书店

印刷：三河市嵩川印刷有限公司

版(印)次：2018 年 3 月第一版 2018 年 3 月第一次印刷

开本：787×1092 1/16

字数：279 千字

印张：17

书号：ISBN 978-7-5028-4892-7/F(5594)

定价：48.00 元

目　录

致 谢

我想感谢我的家人，他们一直陪伴着我度过这一切。我非常感谢他们的爱、支持和鼓励。

KaneTrading.com的吉姆·凯恩(Jim Kane)是我的好友，一直参与和谐交易技术的开发。在许多策略上，他和我都有合作，而且为了促进这项技术的发展，他把自己的深刻见解都无私地奉献出来。

我想感谢马克·贝克尔(Mark Baker)对和谐交易方法的巨大贡献。谢谢你，马克。你推进了整个方法的发展，使很多交易者的成功成为可能。

我想感谢罗瑞资讯的保罗·德斯蒙德(Paul Desmond)，感谢他的鼓励、洞察力和友谊。这意味着像他那样拥有才干的人花时间表现出对新的交易理念的兴趣，更重要的是，花时间来了解我。谢谢你，保罗。

我想感谢石基资本的格瑞格·莫理斯(Greg Morris)。你拥有显著的个人成就，也花时间显示出对新的市场理念的兴趣，更重要的是，花时间来了解我。谢谢你，格瑞格。

多年来，斑特资本的劳伦斯·罗什(Lawrence Roche)已经成为我的朋友和兄弟。我认为你可能没有认识到我在去纽约商品交易所天然气交易池里学到了多少东西。那些经验加上你难以置信的积极态度，使我自己的交易和生活都产生了惊人的变化。价格每时每刻都在变动，所以让游戏开始吧!

谢谢你，居斯塔夫·卡尔德龙(Gustowe Calderon)。作为朋友和兄弟，你一直在提醒我去发现各种可能。

序

本书阐述了技术分析领域的一项重要进步。技术分析是通过辨识价格形态和分析市场结构来确定金融市场中机会的方法。和谐交易的分析方法是以现有的几种基于价格的度量为基础，添加许多先进的策略，形成一套协同规则，优化交易的决策制定过程，对于未来可能形成的趋势，提供了准确而有效的信息。最重要的是，和谐交易拥有一些独特而有效的技术度量策略。这些策略不但定义了关键的新形态，而且根据现有的以斐波那契和价格形态理论为基础的知识进行了详细说明，确立了精准的指导方针，成为极其有效的预测工具，从而能够定义和分析市场趋势。

正如任何一部文学作品一样，把书中讨论的所有适当的引用和原创的见解列出来是很重要的。对于与本书所涵盖的思想相关的大部分参考材料，我已经进行了广泛的研究。我认为，有必要强调一下描述和谐交易概念所需的准备工作，以及我为了区分这些思想所花的大量时间。来自艾略特、江恩、赫斯特、伽利和其他一些人的技术分析方法已被广泛引用，它们是和谐交易方法中许多高级概念的基础。然而，重要的是这些预测技术和分析设想中的大多数，其他书中都已阐述，而和谐交易方法可能会挑战以前的技术理论。但结果证明，构成和谐交易的那些策略，是禁得起时间检验的，即使在最反复无常的市场行情中，也可以作为可靠的技术分析工具。

《和谐交易者》的发展

我想感谢购买我的第一本书《和谐交易者》的成千上万的读者。对我来说，那是分享这些信息的最大收获。读者的反馈都超乎寻常的积极，那本书能得到如此广泛的接受，是我始料未及的。我希望你们能够在这本书中找到更丰富、更具教育意义的内容。

我的第一本书《和谐交易者》(HarmonicTrader.com， L.L.C.内华

达；1999)，把一些以普通技术方法为基础的交易思想集合在一起，是现今技术分析工具的全新应用。《和谐交易者》与和谐交易技术，从单个策略的集合演变为一整套方法，去分析金融市场多年的价格行为。这些技术合并为一套独特的交易规则，指导交易过程的每一步，从辨识潜在机会到退出交易。

关于未来可能的价格走势和具体的支撑位、阻力位，和谐交易方法均提供了相关的技术信息。实际上，《和谐交易者》从一开始就与众不同，它所提供的用来辨识潜在支撑和阻力的方法，其他的技术方法以前都没有使用过。多年来的发展最终形成了一整套形态辨识系统，这个系统可以根据规定的斐波那契数列辨识具体的价格结构。

《和谐交易者》记录了我多年工作的渐进式发展，其间经历了无数次的成功与失败。整本书平滑流畅，不过，大部分原始工作都集中在对每一种基本形态的准确定义上。尽管实际撰写工作量不大，但实际工作是把文件柜中的图表、笔记、交易日志以及其他文档组织整理成为一本有效的、全面的"如何做"手册。实际上，书中描述的大多数前所未有的思想，都是我在实战中汲取的教训。我把那些策略进行精练，形成一套最有效的辨识和谐形态的技术。在精练过程中，出现了若干新的辨识和定义价格形态的策略，这些策略定义后价格形态与以前的完全不一样。

该策略使用了新的技术，在确定未来可能的价格行为方面，被证明是持续可靠和有效的。在这种策略的形成阶段，我一直在怀疑为什么这样的斐波那契现象会发生。当然，我仍旧不断地努力寻找可靠的新方法，并且不断完善定义这些形态的规则。当找到最佳关系时，我会把常常在这些特殊形态中形成的具体价格行为的明显区域进行分类。事实上，我使用的技术是有效的！在编辑了数百张图表和数百份笔记后，我开始撰写《和谐交易者》。

一开始，我编辑了一系列重复的斐波那契形态和一系列在价格形态的框架内不断出现的技术形态。我把注意力集中在斐波那契形态系列的精确组合上，所以我最初的工作是努力去定义多种可能形态中的最佳形态。在研究最佳和谐形态时，很早就认识到每一种架构都是不同的。尽管许多潜在的形态结构看起来是类似的，但是，在鉴别潜在交易机会和提供关于未来可能的价格行为方面，点的队列是一个关键因素。

在有了这种关于价格结构的发现之后，我成功定义了确认每种形态的最佳斐波那契度量队列。在这一过程中,《和谐交易者》中阐述了若干独特的概念，使我们对与斐波那契分析有关的价格运动的度量有了新的认识。必须强调的是，和谐交易不同于其他所有与斐波那契有关的交易方法。在定义潜在交易机会方面，和谐交易技术既准确又细致。必须分析每一波价格运动，以便获得与未来价格行为状态相关的信息。另外，这种方法使用了独一无二的规则和度量技术来产生有效的交易信号。

如前所述，在我之前很早就有人利用斐波那契比率确认价格形态。罗伯特·普莱切特(Robert Prechter)和A.J.弗罗斯特(A.J.Frost)在他们的著作《艾略特波浪原理》中改进了R.N.艾略特(R.N.Elliott)的原著，明确阐述了斐波那契比率在价格运动度量中的应用。实际上，艾略特波浪分析可能是首次将斐波那契比率应用于金融市场中价格形态的度量。早在艾略特之前，查尔斯·道就在他的道氏理论规则中使用过标准回调(1/3，2/3)，但是在斐波那契度量方面，这些方法是不同的，而且新的方法包含着超出简单估计的技术应用。虽然有一些区别，但是先驱们在以前的著作中已经使用过类似的工具和度量技术。

我想花点时间讨论《和谐交易者》中所讲的内容。下面列出《和谐交易者》中阐述的几条前所未有的思想，必须把它们搞清楚：

(1)潜在反转区(PRZ)。虽然很多人已经讨论过斐波那契度量技术的应用，但《和谐交易者》是第一本专门阐述一种特殊价格结构的三个或更多斐波那契计算概念的著作，这种特殊价格结构收敛于一个确定的价位，即趋势可能改变的区域。本质上，潜在反转区(PRZ)就是以和谐交易度量计数为基础计算阻力和支撑目标。自这一概念被介绍之后，已经被扩展为群、簇、目标反转区，等等。无论用哪个术语，这一概念最初都是在《和谐交易者》中被阐述的。

(2)区分形态内的所有点。《和谐交易者》通过分析该形态之内的每一个斐波那契点，具体区分出5点反转结构的每一个方面，证明并非所有形态都是相同的。利用这种区别，最显著的发展是产生了理想伽利形态——一种架构，需要一个0.618——B点和一个0.786——D点回调，作为这种结构的唯一有效队列。《和谐交易者》出版之后，这一队列已经成为该种结构的行业标准。

(3)中点(B)作为5点价格结构的定义元素。《和谐交易者》中阐述的另一个独一无二的概念是5点价格结构中中点(B)的重要性，该点是所有和谐形态的关键决定因素。例如，根据B点的位置就可以区分蝙蝠形态和伽利形态。

(4)斐波那契数字队列决定了形态结构。在找出每种形态的差异之后，《和谐交易者》与和谐交易技术强调了斐波那契比率队列在区分每种价格结构方面的重要意义。这一发现证明，相似的结构并不是相同的结构。另外，每一种队列都需要具体的技术，这些技术对于每一种结构都是通用的。

(5)变种AB=CD形态。在《和谐交易者》讨论的许多独一无二的度量技术中，变种AB=CD形态是对基本AB=CD理论的重要升级，它是很多和谐结构的潜在反转区内的一个关键因素。

本书回顾了上述每一个概念，同时给出了许多新的策略，扩展了和谐交易方法的工具库。需要注意的是，本书提出的新思想建立在现有的几种技术方法之上，如艾略特波浪理论。这些既定的技术规则都被完全列出，作为和谐交易方法中很多前所未有的策略基础。在这一基础之上，本书讨论的技术把几种与斐波那契有关的策略最有效地组合在一起，以便定义潜在交易机会的具体情形。

HarmonicTrader.com

《和谐交易者》一书出版后，我建立了网站HarmonicTrader.com。随着互联网在20世纪90年代成为主流，我把网站看作展示应用于实时情形的和谐交易概念的一个非常好的机会。由于大部分价格度量策略都是技术分析领域的全新策略，所以有必要定义当前市场机会并坚持准确记录预测性分析。因此，网站上的论坛极好地证实了《和谐交易者》中阐述的前所未有的思想，并且对我来说证明这些方法在任意市场中都有效是至关重要的。

20世纪90年代的大牛市即将反转，和谐交易方法即将面临彻底的考验。网站记录可靠地反映出和谐交易技术在任意市场中解读价格行为的卓越性能。例如，月线报告不断形成大量和谐形态，认为主要市场指数中的关键反转点即将形成。特别是2000年9月明显的看跌伽利形态和2003年3月明显的看涨蝙蝠形态，均是非常明确的和谐形态。

从2003年熊市低点开始的反弹最后形成一个更为清楚的长期和谐形态，再次准确定位了一个灾难性的市场顶部。尽管2000—2003年的熊市看起来有些艰难，但是2007—2008年的金融市场才是过去100年来最具挑战性的。就在这段百年一遇的行情中，新的度量策略使得和谐交易方法以前所未有的方式不断捕捉到最重要的技术价位。

最近几年，在能源、贵金属和农产品市场中出现了长期多头行情，使得交易从以股票为主发展到更加多样化，交易者有更多的交易品种可以考虑，更不用说迅速成长的外汇交易者已经形成新一代在线交易者，以前所未有的规模扩展了总体交易需求。这种多样化跨市场现象的出现，更加需要交易策略保持严格的无偏差视角，分析价格时无偏好。基于这些原因，和谐交易方法脱颖而出，成为一套适用于任意市场的可靠而有效的交易系统。

和谐交易2

由于本书的书名是《和谐交易1》，所以显然有读者会问："将会有《和谐交易2》吗？"是的，而且很快就会出来。《和谐交易2》将包含一些高级概念，把和谐交易技术精练到一个极端专业的水平。

需要注意的是，《和谐交易1》并不是在一味重复《和谐交易者》。本书讨论了若干新的形态和交易管理技术，这些内容以前没有讨论过。《和谐交易者》涵盖了较广范围的交易辨识技术。显然，和谐交易的其他两个方面——交易执行和交易管理，没有得到充分讨论。本书将更深入地讨论和谐交易的这两个方面。

本书更新了《和谐交易者》中确立的基础，极大地改进了整套方法的应用，若干概念，如蝙蝠形态、0.886回调和交易管理规则，是还没有在HarmonicTrader.com和其他与金融相关的网站和组织之外讨论过的。不过，几种策略，如趋势通道、斐波那契回调交易和三驱形态都是重要的，但是仅在《和谐交易者》一书中讨论过。本书改进了《和谐交易者》中所讲策略的集合，对和谐交易方法的主要规则进行了精练。

斐波那契与和谐交易

和谐交易方法中的度量策略使用的是颇具争议的斐波那契比率。近年来，那些古老代码的神秘用法的流行，已经非常不幸地扭曲了这些方法与生俱来的真正价值。实际上，现在大量金融网站和出版物声称拥有“斐波那契秘诀”，江恩版《和谐交易者》、快速《和谐交易者》，或者正规斐波那契结点价位，都试图模仿和谐交易方法，十分可笑。我说十分可笑是因为其中的大部分都不是真的。非常遗憾的是，在未经适当引证的情况下公然借用这些技术，已经成为这一行业的标准。实际上，大多数关于市场交易的与斐波那契相关的材料都是误导性的，而且常常只引用精心挑选的示例来展示他们的技术。

必须强调的是，和谐交易明显不同于其他与斐波那契有关的方法。虽然其他方法也使用斐波那契比率来度量各种价格形态，以辨识潜在的交易机会，但是它们的应用是含糊的，对于实际交易情形来说并不够准确。当第一次使用这些形态时，我一开始就感受到这种困惑，正是这种困惑激励我在分析时尽可能明确。这种明确性要求引导我对和谐形态进行分类，甚至定义了一整套分析系统，即和谐交易。

实际上，我使用和谐形态交易的时间比任何人都要长。为什么这样说呢？因为在《和谐交易者》出版之前没有什么像和谐形态那样专业的文章。另外，HarmonicTrader.com和其他网站(如StockCharts.com、eSignal)上出现的其他思想都是对《和谐交易者》中基本概念的改进。这些前所未有的策略已经演变为一种完整的方法，即和谐交易法。

和谐交易法是一种复杂的综合性方法，它使用特殊的连续斐波那契队列，这一点与其他方法不同。我并不是在鼓吹自己发明了斐波那契方法。我有必要把所有相关的原创性工作进行恰当的、彻底的引证。从W.D.江恩到H.M.伽利，我已经向所有相关技术的原创者们致谢。不过，和谐交易使用的很多技术和独特的度量方法，以前绝没有以这种方式出现过。另外，从和谐价格形态的角度来看，市场价格行为的严格诠释方法不同于其他与斐波那契相关的技术分析。

和谐交易方法虽然在价格运动的分析方面不是唯一的，但是它提供了使用空前精准的交易策略。从0.886回调到蝙蝠和螃蟹形态，这种方法是最专业、最有效的斐波那契交易策略。我向你保证，和谐交易方法提供了一个清晰的视角，你再也不会以同样的方式观察金融市场了。

第 1 章

和谐交易法

什么是和谐交易法

和谐交易法利用的是对特殊结构的识别，那些特殊结构包含明确的、连续的斐波那契比率队列，正是这些斐波那契比率队列量化并确认了和谐形态。这些形态通过计算价格结构的斐波那契比率来辨识金融市场中的高概率反转点。这种方法假设和谐形态或周期，像生活中的很多形态和周期一样，会不断重复出现。关键是辨识这些形态，然后根据历史价格行为出现的高概率走势入场或出场。

和谐交易的基础是支配自然和普遍生长周期的规律。在很多生命的自然生长过程中，斐波那契数字关系支配着生长的循环特征。这种“自然生长”已经被争论了几百年，现已证明，生命的发展存在某种秩序。当应用于金融市场时，这种使用斐波那契度量的相对分析能够确定价格相对于交易行为的自然循环增长限制的运动范围。

交易行为不外乎买进和卖出，它受到市场参与者们的恐惧和贪婪的影响。通常，价格行为呈周期式运动，每个周期都会表现出上涨和下跌阶段。从这个角度来看，一个特定市场中所有买家和卖家的集合体会遵循与其他自然现象表现出来的周期性增长行为相同的普遍规律。

在试图了解这一分析的起源时，许多人迷失在一定要了解为什么这些关系存在这一问题上。要掌握这一理论，只需简单地接受自然生长现象能够用相对斐波那契比率度量方法量化就可以了。当应用于金融市场时，斐波那契比率能够把一些特殊形态进行量化，在这些特殊形态中，存在重复出现的买卖生长周期。理解这些类型的生长周期结构(形态)，就会获得关于价格行为的相关技术信息，而这些技术信息是其他方法无法提供的。

金融市场中和谐形态的证据可以在价格图表中找到。图表不过就是时间轴上买卖记录的集合。一段特定时间上形成的形态反映了一个信号或技术“路标”，能够指示未来可能的价格行为的状态。另外，这些形态在历史上已经证明会重复出现，而且能够辨识重要的潜在交易机会，而此类交易机会拥有非常有利的风险——回报比。

了解了每种结构的基本要求之后，需要花一些时间积累经验，以便能够区分哪些价格结构是有效的交易机会。虽然各种价格结构的斐波那契队列都不相同，但是在辨识交易机会和使交易决策最佳化方面，和谐交易技术对每种结构所考虑的要素是相同的。

混沌之中的秩序

许多人认为金融市场是一个随机的实体。随机漫步理论因保罗 H.库特纳(Paul H.Cootner)的《股票市场价格的随机特征》(*The Random Character of Stock Market Prices*，麻省理工学院出版社，1964)一书的推出而流行开来，根据此理论，价格行为是“连续独立”的。也就是说，价格的历史并不是未来价格行为的可靠指标。虽然这个理论确实具有合理性，因为任何事情都可能在金融市场中发生，但是历史已经证明，这种随机性内有一定程度的重复。

多年来，市场中的很多事件已经重复出现。10月已经出现明显的调整，调整之前通常是一个夏末的高峰。另外，很多常见的事件，如既定的支撑位和阻力位或者趋势线，每天都在限定重复的市场行为。通过辨识市场的随机性中包含的特定价格形态，和谐交易技术利用的就是此类重复的市场事件。正确辨识这些形态是利用这些机会盈利的关键。

历史重复价格形态的辨识是这些技术用来诠释市场信号的主要方法。正是这种有效的价格形态辨识能力使得和谐交易法获得了巨大的优势。特殊形态队列的精准性，使得这种方法稳定而有效，而且很容易使用。另外，每一种清楚的形态都可作为所有交易决策的基础模型。一旦辨识出一个潜在的形态，我们就可以根据专门适用于那种形态的既定规则来管理那个交易机会。虽然每种形态都包含不同的要素，但是和谐交易辨识的是金融市场的混沌之内的特定重复形态。

和谐交易的三个阶段

和谐交易利用大量有效的斐波那契比率队列组合来定义形态。然而，和谐交易并不仅仅是辨识有效的价格形态。虽然它是确定潜在交易机会过程中重要的第一步，但是仍然需要明确的规则和指导方针使头寸管理最优化。利用形态盈利，并不仅仅是形态识别，还有很多工作要做。在最大化盈利和降低风险方面，交易执行和头寸管理工作同等重要。

(1)交易辨识。无论使用何种类型的交易系统，第一步都是辨识潜在的交易机会。和谐交易技术利用历史证明的重复性价格形态，在市场技术价格行为产生超买和超卖信号时进行交易。这部分内容的一大部分都是阐述如何辨识和区分由斐波那契比率队列量化的和谐价格形态。为了利用特定的机会进行交易，理解各种和谐形态之间的差异是非常必要的。

(2)交易执行。准确辨识到一个潜在交易机会后，接下来就要决定是否实际交易。在潜在机会限定的特定时间周期内，有几个因素必须评估：必须确定形态的准确性，必须考虑最后是否执行交易。

(3)交易管理。执行操作决定后，交易过程中还会遇到各种各样的问题需要考虑。交易执行后，必须用明确的规则来管理头寸，使利润最大化，风险最小化。

一定要把这三个阶段看作使用和谐形态交易的一般过程。正如前面我所说过的，利用任何系统在市场中交易都必须辨识潜在机会、执行交易、管理头寸直至了结。

如果你对这些概念比较陌生，那么我建议你在执行交易前首先透彻地理解形态辨识。和谐交易的精髓就是利用特定的连续斐波那契比率队列鉴别价格结构。因此，透彻理解特定形态的价格点队列是成功使用这些形态交易的非常必要的第一步。高效的交易执行能力和敏锐的交易管理能力同等重要，而且是利用和谐交易方法稳定获利的必要条件。

和谐交易利用最好的斐波那契策略和形态辨识技术来辨识、执行和管理交易机会。这些技术极为精确，并且构成了一套系统，只有满足明确的条件，才会执行交易。关于未来价格行为的潜在状态，和谐交易法提供的信息不同于其他技术方法。独一无二的度量方法和价格点队列要求等前所未有方法，使得和谐交易法不同于其他技术方法。

如果你以前没有接触过和谐交易法，那么这些技术会令你大开眼界，你将看到很多指示未来潜在价格行为的有效策略。如果你已经应用过这些策略，那么本书内容将会加深你对具体行情的理解，而且会提供很多针对特定形态的技术，从而提升你的交易业绩。

第2章

斐波那契数字

斐波那契数列的起源

斐波那契数字的基础是斐波那契数列，斐波那契数列是莱昂纳多·德·斐波纳契·德·比萨(1170—1240)发现的。他最著名的著作《算盘书》(*Liber Abaci*，计算之书)，是印度—阿拉伯数字系统最早的拉丁文献之一。在这本书中，他提出了斐波那契数列，斐波那契数列是历史上最早的递归数列。该数列被用于解答著名的兔子繁殖问题。

兔子问题是这样的：

如果新生的一对兔子需要一个月的时间才能成熟，并在第二个月结束后每月都生一对兔子，那么在N个月结束后将有多少对兔子？

答案是：Un

这个答案的依据是：Un+1=Un+Un-1

这个等式看起来可能有些复杂，但是实际上相当简单。斐波那契数列如下：

0，1，1，2，3，5，8，13，21，34，55，89，144，233，377…　∞(无穷大)

从0开始，0加1是第一次计算。计算时取两数之和，并把它加到第二个数上。该数列最少需要计算8次。

(0+1=1)、(1+1=2)、(1+2=3)、(2+3=5)、(3+5=8)、(5+8=13)、

(8+13=21)、(13+21=34)、(21+34=55)、(34+55=89)。

在第八次计算之后，利用该数列就可以得到一个不变的数学比例关系。第八次计算的和(34)做分子，第九次计算的和(55)做分母，计算得到的分数值就是 0.618。

$$34/55=0.618181\approx0.618$$

重复这一过程，第九次计算结果(21+34=55)和第十次计算结果(34+55=89)的比值等于 0.617978 或 0.618。

$$55/89=0.617978\approx0.618$$

在这些数字的倒数计算中，适用同样的规则。第八次计算之后，使用这个和(34)，但这次是用做分母，第九次计算的和(55)做分子。这一倒数计算产生的结果是 1.618。

$$55/34=1.617647\approx1.618$$

重复这一过程，第十次计算的和(34+55=89)除以第九次计算的和(21+34=55)，结果等于 1.618182 或 1.618。

$$89/55=1.618182\approx1.618$$

在整个斐波那契数列中，这种数学关系保持不变。

在数学领域，1.618 被称为黄金比例或 φ。φ 的倒数(1/1.618)为 0.618，有时被称为“小 φ”。1.618 的比率通常也称为黄金数字或黄金均值。该数字由希腊字母 φ 表示。1.618(φ)的倒数有时被称为黄金比例(0.618)，由一个小写的“p”表示。

黄金分割

在黄金分割中，用一条简单的线段就可以说明黄金比例或黄金均值的关系。首先画一条线段，然后把它分成两部分，使得一部分与整条线段的比等于较短部分与较长部分的比。黄金分割的示例见下表：

整条线段 A=1 英寸(　____________　)

B 部分 =0.618 英寸(　____________　)

C 部分 =0.382　英寸(　________　)

A - B=C+B=A

|-------|-------|-------|-------|

1-0.618=0.382+0.618=1

这些线段可以分为不同的组合，以便示例 φ(0.618) 的比例。

A/B=1/0.618=1.618

A/C=1/0.382=2.618(1+1.618)

B/A=0.618/1=0.618

B/C=0.618/0.382=1.618

C/A=0.618/1=0.618

C/B=0.382/0.618=0.618

由于这些比值都是等于 φ(0.618) 或其倒数 φ(1.618)，所以黄金分割与黄金比例密切相关。

古老的例子

利用数列得出的 0.618 和 1.618 常数已在大金字塔中找到。此外，建筑师和艺术家们在他们的所有作品中利用黄金比例的几何比例，从雅典的帕台农神庙(Parthenon)到达芬奇的作品。

大自然中的例子

在斐波那契发明该数列的过程中，他试图定义兔子繁殖的形态，并且作为解释特定数学关系的示例。无论是兔子、大象还是鸽子，重点都是理解繁殖形态包含的与 φ 相关的数学序列，这些数列通过大自然中的各种通用示例展示出来。

需要注意的是，无论是比率(1.618，0.618)还是数列本身(…8,13，21，34，55)，都表现在这些例子中。举例说明，实际的斐波那契数列可以在植物的生长形态中找到，而黄金数字(1.618)可以在贝壳的比例增长中找到。人体尺寸包含各种各样的相对 φ(0.618)，甚至行星现象的例子也遵守这些黄金比例。

斐波那契叶序

斐波那契叶序(Fibonacci Phyllotaxis)是对植物的花和种子生长形态的可见螺旋数量进行研究和分类的学科。最常见的是，各种植物的种子或叶子的生长形式恰好与斐波那契数列中的连续元素相关。根据一项对显示螺旋和多重叶序的 650 种植物和 12500 份标本的研究，其中约 92%都有斐波那契叶序[①]。

对于很多植物，花瓣的数量是一个斐波那契数。例如，金凤花有 5 个花瓣，百合有 3 个花瓣，有些飞燕草有 8 个花瓣，雏菊可以有 34 个、55 个，甚至 89 个花瓣。斐波那契数字也可以在花头的种子排列上看到。向日葵的花头以一个确定的向外的序列生长，通常具有 34 个、55 个或 89 个螺旋。仙人掌刺和松果表现出同样的螺旋，与其他花头和叶子的排列相同，但它们更清晰可见。

行星现象

不仅这些常见的数值关系出现在斐波那契数列中，一些普遍的例子也表现出这种现象。比如，金星花 225 天绕太阳一周。众所周知，地球需要 365 天绕太阳一周。如果你用 225 除以 365，结果大约是一年的 0.618 (225/365=0.616≈0.618)，反过来的结果 (365/225=1.622≈1.618) 是一年的 1.618 分之一。

① R.V.吉恩.叶序：植物形态的系统研究[M]剑桥：剑桥大学出版社，1994。

斐波那契矩形和贝壳螺旋

下面以图的形式展示斐波那契数列，从一个边长为 1 英寸的小正方形开始(图 2.1)画出第一个正方形后，依照斐波那契序列(0，1，1，2，3，5)添加第二个边长为 1 英寸的正方形。

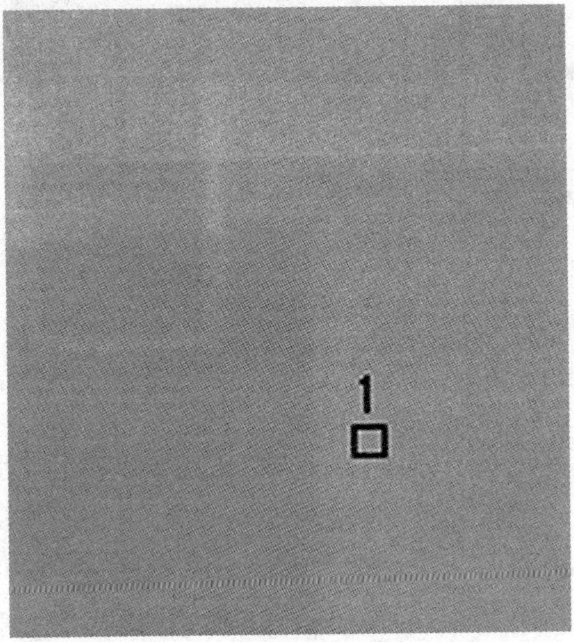

图 2.1

在这两个正方形的顶部，继续绘制一个正方形，于是完成一个正方形，边长为 2 英寸(1+1=2)。当可以绘制一个新的正方形，使其同时接触一个单位正方形和最后一个边长为 2 英寸的正方形时，按照斐波那契数列的连续顺序重复这一过程。结果得到边长为 3 个单位的正方形，另一个同时接触 2- 正方形和 3- 正方形，得到边长为 5 个单位的正方形(图 2.2)。

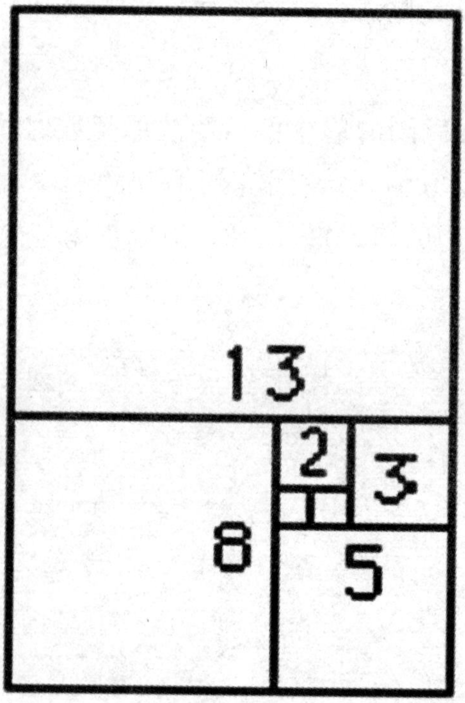

图 2.2

在这个连续的序列中，每次增加的新正方形的边长都等于最后两个正方形的边长的和。实际上，斐波那契矩形是由正方形组成的结构，正方形的边长刚好是斐波那契序列中的数字。利用这一系列连续的矩形，可以在正方形中绘制一个螺旋，结果每个正方形中都是 1/4 个圆。需要注意的是，这个螺旋不是一个完美的对称形态，这是因为它是由圆的片段构成的。不过，它是大自然中螺旋形的非常好的近似，而且相当清楚地展示出 φ 的关系。

利用斐波那契矩形绘制的螺旋线，与蜗牛壳和海螺壳形状的数学比例非常相似。正方形中的螺旋线从螺旋中心的一条线开始，每个正方形的边长依次按黄金数字增加。因此，螺旋上每经过 1/4 圈(每条长方形边)后那个点与中心的距离都是前一个点与中心距离的 1.618 倍(图 2.3)。

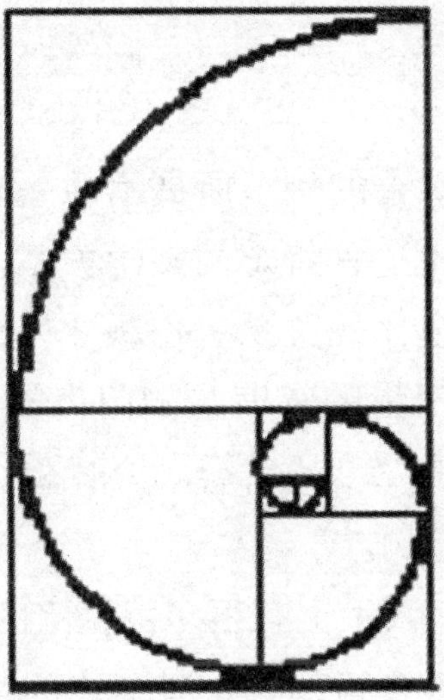

图 2.3

图 2.4 示出了鹦鹉螺贝壳的横截面。螺壳和内部腔室的螺旋曲线在水中提供浮力，随着螺旋曲线的生长，鹦鹉螺也不断生长。每个腔室具有确定的关系，类似于斐波那契矩形的例子。该螺旋以相同的方式在斐波那契矩形中测量，从鹦鹉螺中心向外在任意方向绘制一条特殊的线，确定螺壳交叉的两个位置，将包含黄金比例。

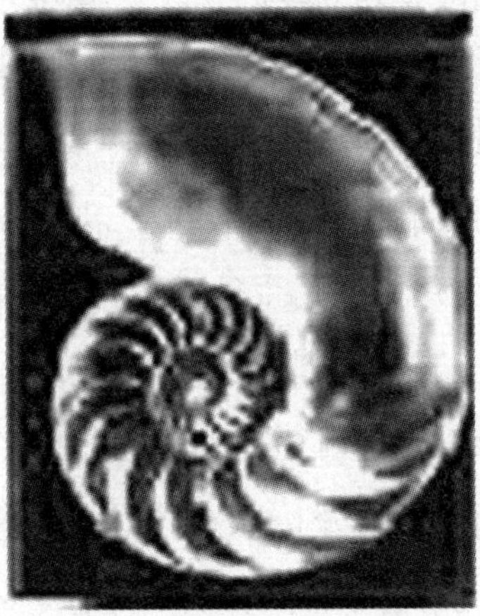

图 2.4

外交叉点与中心的距离将是内交叉点与中心距离的 1.618 倍，当然反过来就是 0.618。自然界中有很多种螺壳表现出这种 φ 关系，这只是其中一个例子。

人 体

正如鹦鹉螺壳的例子所展示的一样，大自然的很多生长周期中都展现出这种特定的数学关系。人类的身体也表现出很多相同的黄金比例关系。每颗牙齿都是基于类型相互关联的。例如，中门齿的宽度与侧门齿的宽度比符合黄金比例。侧门齿与犬齿的宽度比符合黄金比例，犬齿与第一臼齿的宽度比符合黄金比例。

众所周知，人手上有很多黄金比例。

具体而言，食指的各个骨节之间都表现出黄金比例。从指间到腕部，每一节大约都是前一节的 1.618 倍。

人类的身体既表现出黄金比例，又表现出斐波那契序列本身的数值属性。DNA 分子展现出黄金分割的元素。对于每一个完整的双螺旋，每个分子都是长 34 埃，宽 21 埃。数字 21 和 34 分别是斐波那契序列的第八和第九个数，而且符合黄金比例。

从斐波那契数列独特的数学特性，到整个大自然中这种现象重复出现的大量实例，需要掌握的最重要的概念是，许多生命周期过程中有一些无法解释的普遍秩序。对于这个领域的讨论可以填满一整本书。对于这些神秘的黄金比例关系，人们已经研究和争论了数千年。我认为重要的是理解这种自然现象的本质，因为这种秩序在宇宙中的意义远远超出金融市场。但是，这种讨论应该留给神学者和无神论者去争论。

为了满足交易的目的，当把这些关系应用于金融市场时，它们能够相当有效地分析价格行为中类似的周期性增长形态。不过，需要注意的是不要陷于“为什么型”的问题，渐渐破坏掉这些方法的应用。相反，重要的是要尊重这种现象，掌握这种观点提供的规律。正如 W.D.江恩所宣称的：

“我一直在寻找原因，一旦我确定了一个原因，我就总能够确定我预测的结果或未来的事件。解释循环的原因不是我的目的。”[①]

也就是说，重要的是要专注于那些始终有效的策略的应用，而不是试图寻求深奥的哲学证据以证明它们的有效性。

和谐交易比率

和谐交易技术利用 φ（1.618）和它的倒数（0.618）作为主要度量基础，辨识在这些确定的支撑或阻力位处的价格行为响应。和谐交易中使用的斐波那契数字，直接或间接利用来自斐波那契序列的主要比率 0.618 和 1.618 得出。当与利用序列导出的比率结合使用时，主要数字会确认和谐形态，限定价格行为可能改变的区域。

需要注意的是，有些导出比率并非完全出自斐波那契序列。例如，π（3.14）更多是通过古老的几何学与 φ 联系在一起，而不是直接利用斐波那契数列计算得出。但是，在度量和谐价格行为时，π 与主要数字 0.618 和 1.618 的结合是有效的。

和谐交易技术中使用的比率非常重要，因为它们是区分价格形态和确定潜在价格行为的主要方法。这些比率的特殊组合的本质，在于提供有关各种价格结构的信息，辨识交易机会。需要注意的是，其他技术方法使用不同的百分比。例如，道氏理论使用 1/3 或 33%来估计一般的价格运动。

和谐交易中使用的主要数字（0.618，1.618）已经在艾略特波浪理论中使用了几十年。因此，和谐交易的确使用与其他技术方法类似的斐波那契度量方法。但是，很多导出数字，例如 0.886 和它的倒数 1.13，对于斐波那契交易方法是独一无二的。虽然这些斐波那契比率中有几个以前没有列出，但是类似 0.618 和 1.618 这样的比率已经在技术分析领域使用

---

① 江恩.空中隧道[M].波默罗伊，WA：兰伯特江恩出版社，1927：78。

了几十年。因此，对于金融市场中这种类型的斐波那契应用，和谐交易并不是唯一的。这些数字真正的独特性和有效性表现在它们的特定比例队列组合中。

这是和谐交易技术与其他斐波那契型分析的关键区别。举例说明，很多人在他们的斐波那契分析中使用简单的1.618延伸。然而，在特定的情形下，当与1.618延伸结合使用时，0.886回调可能是一个强有力的支撑位或阻力位。

这些关系将在本书的形态辨识部分得到完整的说明。现在，重要的是要理解和谐交易比率是独一无二的。下面列表包括用于确定精确和谐形态的唯一比率。

和谐交易比率

主要比率：

（直接由斐波那契数列导出）

- 0.618= 主要比率
- 1.618= 主要延伸

主要导出比率：

- $0.786=\sqrt{0.618}$
- $0.886=\sqrt[4]{0.618}$ 或 $\sqrt{0.786}$
- $1.13=\sqrt[4]{1.618}$ 或 $\sqrt{1.27}$
- $1.27=\sqrt{1.618}$

补充导出比率：

- $0.382=1-0.618$ 或 0.618^2
- $0.50=0.707^2$
- $0.707=\sqrt{0.50}$
- $1.41=\sqrt{2.0}$
- $2.0=1+1$
- $2.24=\sqrt{5}$

- $2.618=1.618^2$
- $3.14=\pi$（见后面部分“π (3.14)在和谐交易中的重要性”）
- $3.618=1+2.618$

主要回调：0.618

直接由斐波那契序列导出，主要 0.618 回调是很多和谐结构的确定性元素。在很多形态中，如理想伽利形态和螃蟹形态，B 点处的 0.618 可以区分这些特定的价格结构。

主要看涨回调：0.618

主要看涨回调 0.618(图 2.5)比率或回调是直接由斐波那契序列导出的。它可能是最著名的斐波那契比率。虽然常常被错误地当作 2/3 回调，但是看涨 0.618 回调是重要的支撑，频繁出现于已经明确形成的通道中。另外，长期 0.618 回调可以辨识长期支撑的关键价位。

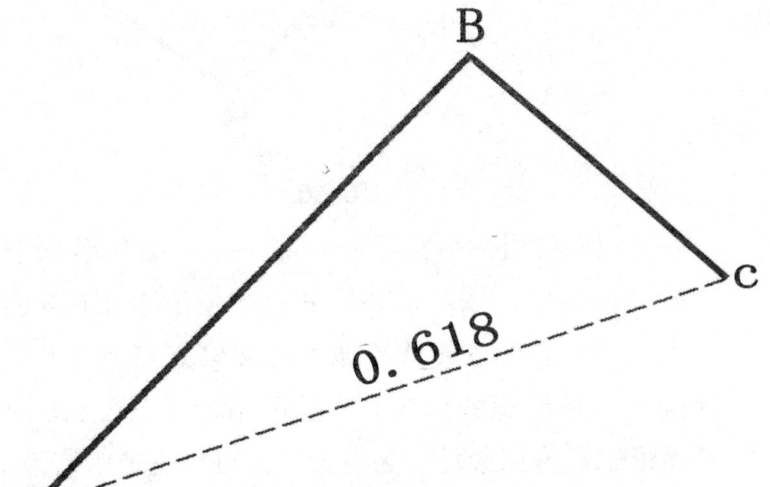

图 2.5

在类似螃蟹形态和伽利形态的很多形态中，看涨 0.618 回调常常是一个定义性的斐波那契数字。另外，理想的 AB=CD 形态包含一个 0.618 回调。

主要看跌回调：0.618

重申一遍，0.618 可能是最著名的斐波那契比率。值得注意的是，艾略特波浪分析方法常常使用 0.618 回调来预测时间和价格目标。看跌 0.618 回调(图 2.6)常常出现于已经确立的下降通道中。另外，长期看跌 0.618 回调可以辨识长期阻力的关键价位。

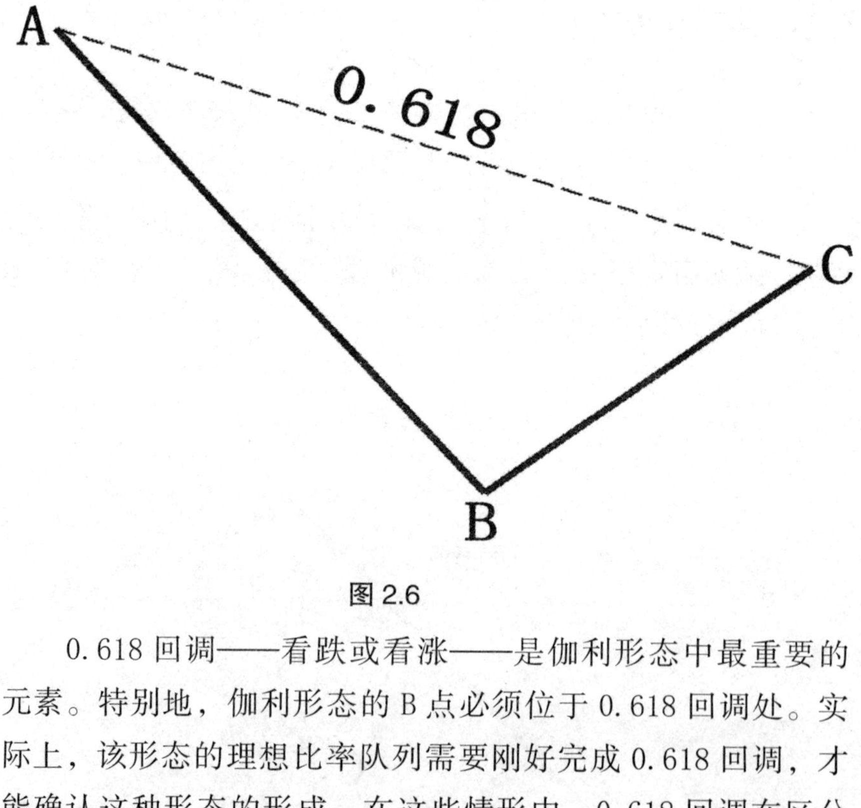

图 2.6

0.618 回调——看跌或看涨——是伽利形态中最重要的元素。特别地，伽利形态的 B 点必须位于 0.618 回调处。实际上，该形态的理想比率队列需要刚好完成 0.618 回调，才能确认这种形态的形成。在这些情形中，0.618 回调在区分和谐形态和辨识最佳交易机会方面可能是非常有效的。

主要导出看涨回调：0.786和0.886

0.786和0.886这两个主要导出看涨回调(图2.7)是直接由0.618比率导出的。0.786是0.618的平方根。0.886是0.618的四次方根，或者说是由0.786的平方根间接导出的。

$$0.786=\sqrt{0.618}$$

$$0.886=\sqrt[4]{0.618}\text{或}\sqrt{0.786}$$

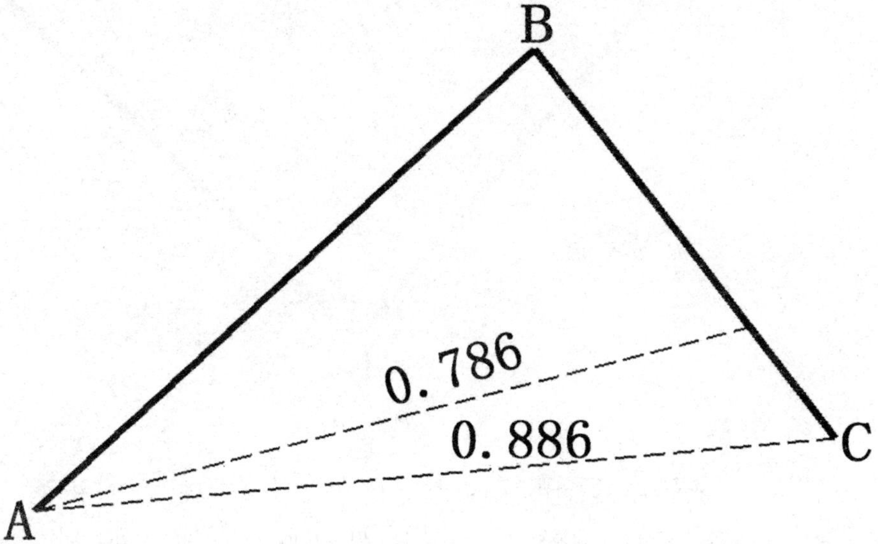

图2.7

对于这两个简单的斐波那契回调，我比较喜欢0.886。对于大多数形态而言，我认为0.786回调更多时候是作为补充数字。只有在理想伽利形态中，0.786才是一个重要的和谐数字。在蝙蝠形态中，0.886是最重要的回调。另外，0.886是深海蟹形中的一个关键数字，原因是B点常常触发1.618延伸。看涨0.886回调通常是在有力支撑处买进的极好入场技术。虽然0.786回调与0.618的关系更为直接，但是0.886在和谐形态中是一个更为关键的数字。

主要导出看跌回调：0.786 和 0.886

0.786 和 0.886 看跌回调(图 2.8)常见于很多调整形态。此外，在大多数形态中，0.886 是一个比 0.786 更关键的和谐数字。

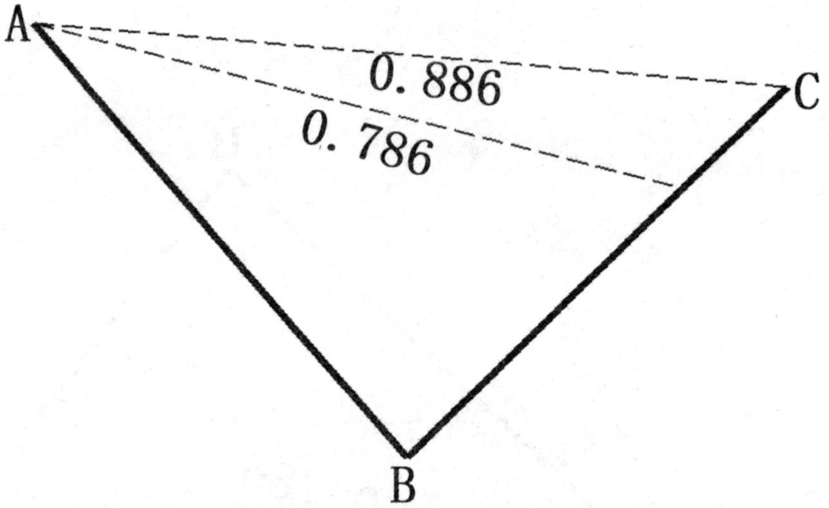

图 2.8

虽然这两个数字从百分比角度来看彼此紧密相关，但是当应用于和谐交易技术中时，它们在辨识潜在形态方面有着很大的区别。实际上，78.6%和 88.6%之间的区别并不是仅仅相差 10%。88.6%回调把蝙蝠形态和伽利形态区分开来。虽然这些形态在形式上类似，但是它们各自的比率定义了完全不同的潜在交易机会。当分析和谐价格结构时，尽可能精确是非常重要的，这便是一个例子。

0.886 回调的起源

虽然 0.618 和 0.786 回调已经在斐波那契分析中应用了相当长的时间，但是 0.886 回调是相对较新的发现。近年来，虽然我已经在各种网站上介绍过这一比率，促进了它在斐波那契交易领域的流行，但我却不是它的主要发明者。0.886回调是在吉姆·凯恩(Jim Kane)和我的共同努力下构思得出的。

多年来，KaneTrading.com的吉姆·凯恩已经对斐波那契导出比率进行了全面的研究。他与我彼此分享了很多思想，促进了斐波那契分析领域的发展，使得斐波那契分析与金融市场的关系达到一个前所未有的水平。依我看来，0.886回调是近十年来技术分析领域最杰出的发现之一。该回调在区分和谐形态结构方面起着决定性的作用，而且能够非常有效地判定支撑区和阻力区。

最初，我给吉姆看了几个不同的形态结构，我在努力证明“不是所有的伽利形态都是相同的”。实际上，那时我正在根据特定斐波那契数字队列对每个5点价格结构进行细化。当碰到0.886时，我注意到包含该回调的价格结构中形成许多特定的共性。特别地，我注意到伽利形态结构内的B点若小于0.618，则在延长的完成点处，几乎总是超出XA臂的预期的0.786回调。我给他看的这种新形态叫作“蝙蝠形态”，它使用一个“深幅0.786回调”。我告诉他，在0.786处执行交易而没有考虑这种结构，是一种严重错误。另外，当0.886回调应用于正确的形态结构中时，会使前面“未区分的”伽利架构的风险降低10%。

我把深海蟹形中的“深幅0.786回调”(0.886)和1.618 XA延伸之间的关系展示给他看。在我们讨论了蝙蝠形态、理想伽利形态和深海蟹形的理想斐波那契数字队列之后，他告诉我，“深幅0.786回调实际上就是0.886回调，0.886是0.618的四次方根，或者说是0.786的平方根。”虽然我为蝙蝠形态、螃蟹形态和深海蟹形定义了价格结构和明确的斐波那契队列，但是我希望大家认识到吉姆对和谐交易的巨大贡献，认识到是他量化了0.886回调。

吉姆和我一致认为，0.886是整个和谐交易工具中最有效的斐波那契比率。近年来，0.886回调已经在很多与交易相关的网站上神奇地出现。我要说的是，如果你在 KaneTrading.com 和 HarmonicTrader.com 之外的任何网站上看到 0.886 回调，它们都是借用的这一技术。借用没有什么。但是，关键是要明白这一斐波那契价位的本质，而不仅仅把它看作图表上的又一种回调。

在明确的支撑和阻力区内，0.886 斐波那契回调常常是决定性价位。像蝙蝠形态这样的形态中，有效反转常常精确地发生在潜在反转区(PRZ)内的 0.886 回调处。虽然这些内容将在本书的后面部分中阐述，但是我必须强调一下，0.886 回调作为一项前所未有的发现，它在和谐交易技术工具库内的有效性是至关重要的。

次要看涨回调：0.382、0.50 和 0.707

$$0.382=0.618^2$$

$$0.50=0.707^2$$

$$0.707=\sqrt{0.50}$$

0.382、0.50 和 0.707 次要看涨回调(图 2.9)是由斐波那契序列和 0.618 回调间接导出的。在大多数和谐价格形态中，这些数字仅起补充作用。因此，从来不会仅利用这些数字执行交易。然而，在区分类似价格结构方面，这些数字是至关重要的。举例说明，0.382 和 0.50 常常作为 B 点使用于蝙蝠形态和螃蟹形态中。虽然 0.707 是不大常用的和谐交易比率，但是它仍然补充了形态内的“内部”斐波那契计算。0.707 通常是 5 点形态结构内的一个中间回调。此外，在很多像蝙蝠形态和螃蟹形态的形态中，0.382 和 0.50 更常作为决定性的 B 点回调。在蝙蝠形态中，B 点处的 0.382 或 0.50 回调对于有效的价格形态来说是决定性的。虽然 0.50 是一个比 0.382 更为常见的回调，但是这些数字在确认价格结构为和谐形态时非常有效。

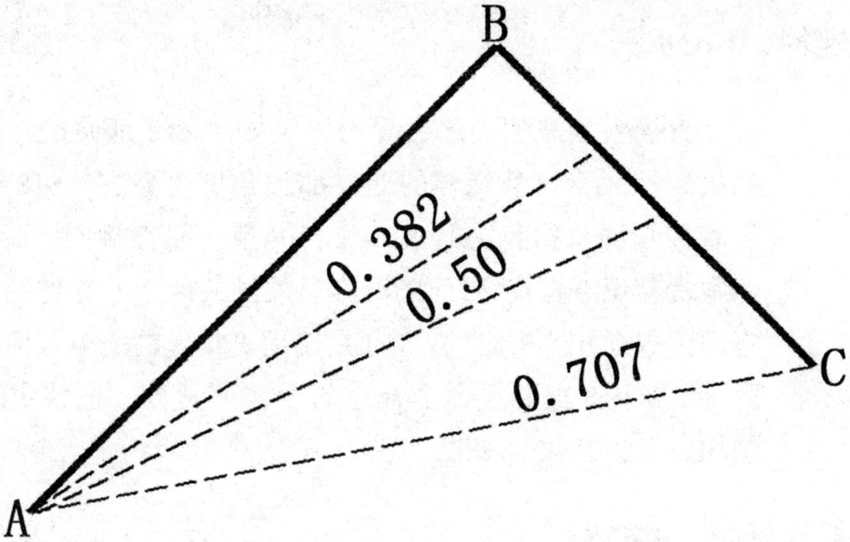

图 2.9

次要导出看跌回调：0.382、0.50 和 0.707

这些次要回调在定义特定形态方面非常有效(图 2.10)。另外，0.382 回调是有效形态反转之后的一个重要的初始利润目标。

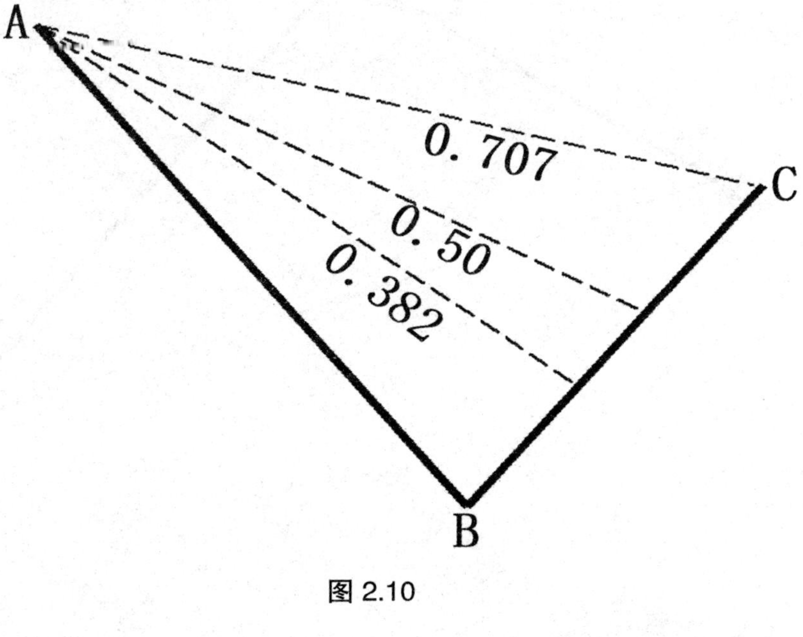

图 2.10

主要延伸：1.618

直接由斐波那契序列导出，主要 1.618 延伸是许多形态的决定性元素。从纯粹的斐波那契角度来看，1.618 延伸预示着极端的价格行为状态。作为一条一般性规则，1.618 延伸常常辨识潜在反转区(PRZ)内最关键的区域。有趣的是，与它的倒数 0.618 相比，1.618 是使用更频繁的一个入场点。实际上，0.618 主要是一个补充的斐波那契数，把特定的价格结构定义为有效的和谐形态。

主要看涨延伸：1.618

主要看涨 1.618 延伸(图 2.11)表明价格行为到达超卖状态。它是螃蟹形态和深海蟹形中的决定性元素，而且它是蝙蝠结构中的一个重要元素。另外，1.618 延伸在日内时间框架中捕捉短线交易机会表现得极为出色。

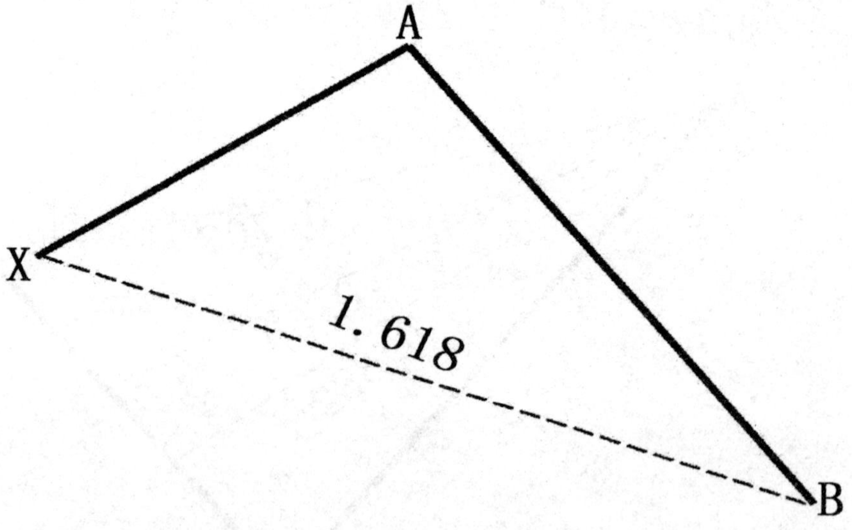

图 2.11

主要看跌延伸：1.618

从纯粹的斐波那契角度来看，1.618 延伸表明价格到达超买状态，尤其是有其他和谐元素也支持这一阻力位时（图 2.12）。

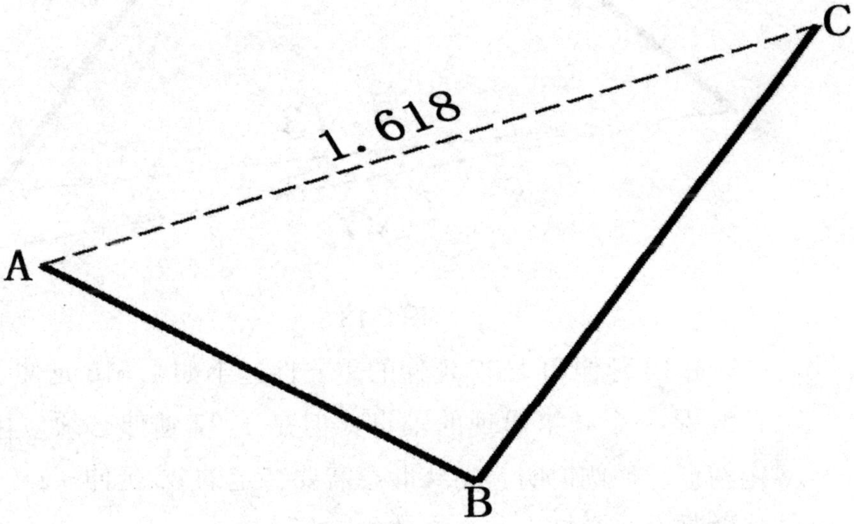

图 2.12

此外，1.618 延伸通常是 PRZ 内最重要的数字。螃蟹形态和深海蟹形包含关键的 1.618 延伸，1.618 延伸是这些形态结构中决定性的元素。

主要导出看涨延伸：1.13 和 1.27

$$1.13=\sqrt{1.27} \text{ 或 } 1/0.886$$

$$1.27=\sqrt{1.618}$$

1.27 间接导出自斐波那契序列，是 1.618 的平方根（图 2.13）。它是理想蝴蝶形态结构中的一个重要数字。1.27BC 延伸也常常出现于理想伽利形态中。

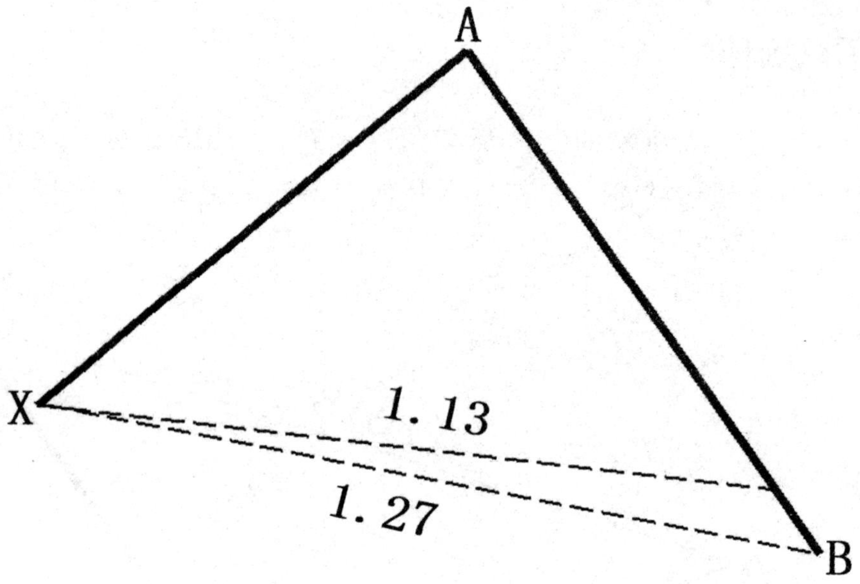

图 2.13

1.13 延伸和 1.27 延伸的重要性远不如 1.618 延伸。尽管 1.27 是一个频繁出现的轴点，但是 1.27 延伸必须应用于特定情形。举例说明，蝴蝶形态需要特定的 BC 延伸，1.27XA 价格臂是潜在交易中一个有效的入场点。

主要导出看跌延伸：1.13 和 1.27

当与其他特定的斐波那契数字结合使用时，1.27 能够定义精确的和谐支撑区和阻力区(图 2.14)。此外，1.27XA 延伸是蝴蝶形态的 PRZ 中最重要的数字。1.27 AB=CD 形态是最常见的变种结构，也常常出现于蝴蝶形态中。

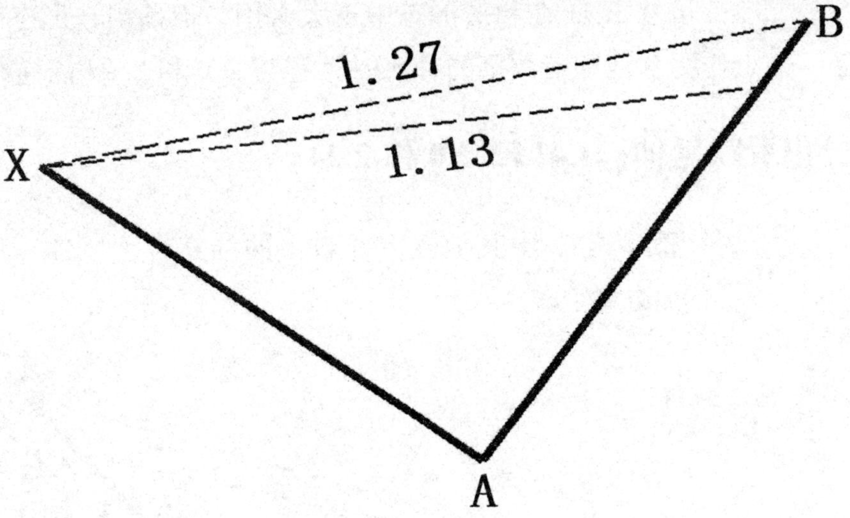

图 2.14

次要导出看涨延伸：1.414、2.0 和 2.24

次要看涨延伸最常出现于形态的 BC 段，是对 PRZ 中较重要数字的补充（图 2.15）。

$$1.41=1/0.707$$

$$2.0=1+1$$

$$2.24=\sqrt{5}$$

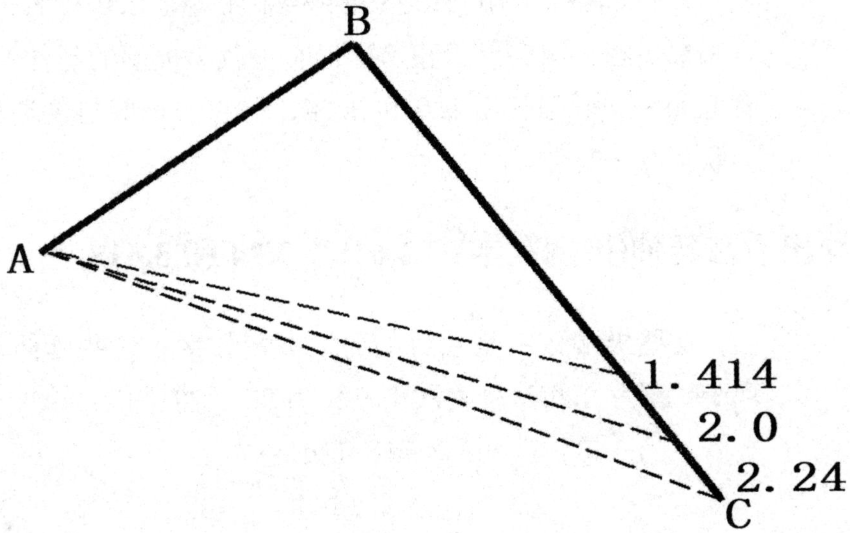

图 2.15

虽然 1.41 在和谐形态中不大常用，但是当在形态的完成点作为其他和谐数字的补充时，它与 2.0 和 2.24 同样有效。

次要导出看跌延伸：1.414、2.0 和 2.24

当作为 PRZ 中其他较重要数字的补充时，1.414、2.0 和 2.24 也极为有效。

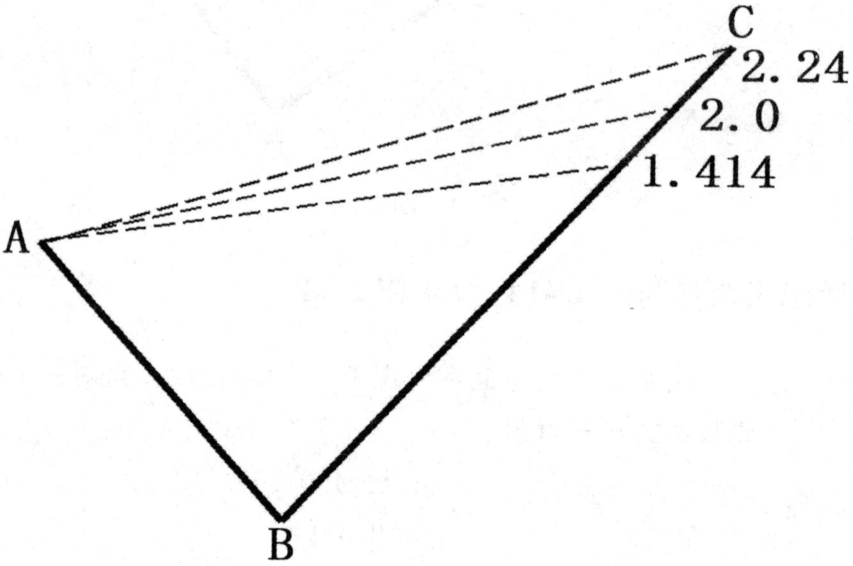

图 2.16

1.414 常见于伽利形态和 AB=CD 形态。2.0 和 2.24 通常是蝙蝠形态、蝴蝶形态和螃蟹形态中较为极端的延伸的补充。有些 AB=CD 形态利用 2.0 和 2.24，但它们一般与极端价格行为联系在一起。

次要导出看涨延伸(极端数字)：2.618、3.14 和 3.618

这些极端数字是独特的斐波那契数字。这些延伸常常出现于螃蟹形态和深海蟹形中，作为 BC 延伸(图 2.17)。

$$2.618=1.618^2$$

$$3.14=\pi$$

$$3.618=1+2.618$$

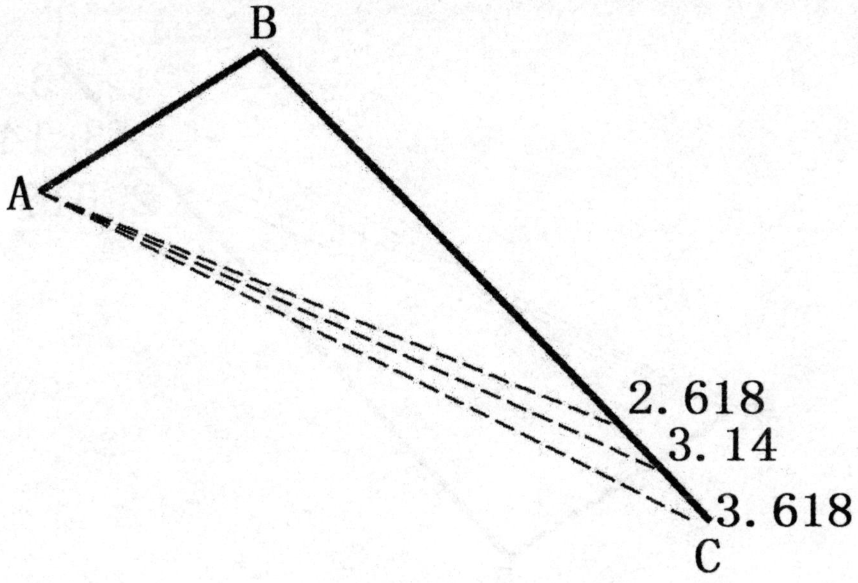

图 2.17

虽然 2.618 明显是由斐波那契序列导出的，但是 3.14 和 3.618 却都是由其他和谐交易比率间接导出的。3.14(π)延伸是一个强大的和谐数字。在大多数形态结构中，3.618 只是一个补充数字。实际上，3.14 和 3.618 最常见的应用是作为螃蟹形态和深海蟹形中的 BC 延伸。

次要导出看跌延伸(极端数字)：2.618、3.14 和 3.618

这些数字通常见于包含极端价格行为的形态中，因此得名(图 2.18)。

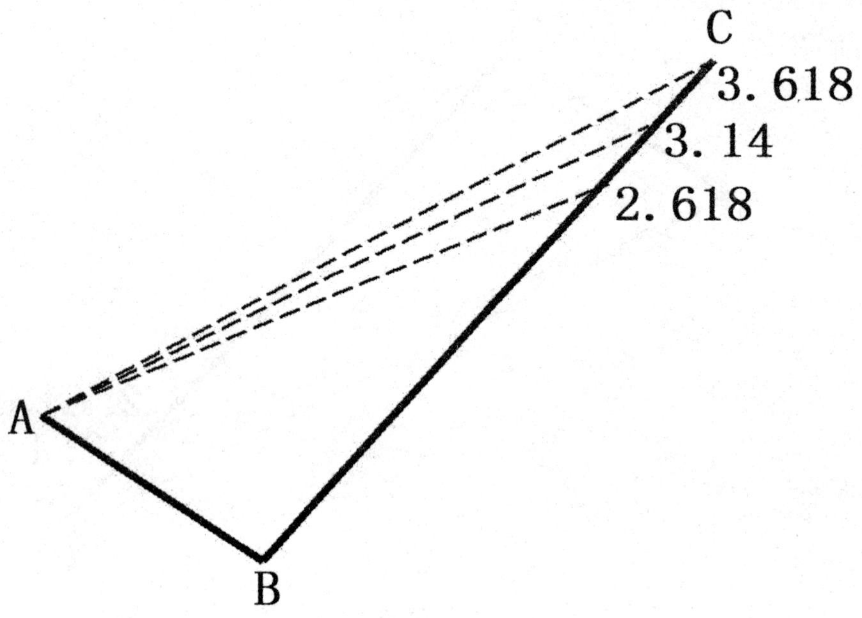

图 2.18

π(3.14)在和谐交易中的重要性

希腊字母 π 是数学中最著名的比率之一，而且是人类已知的最古老的数字之一。π 近似于 3.14，代表着圆的周长与直径的比，是一个常量。大家都知道 π 是一个无限小数，不可能将它计算到一个精确的小数位。另外，没有明显的形态会以这样连续的小数位出现：

3.14159265358979323846264338327950288419716939937…∞(无限)

像黄金比例一样，π 出现在很多生命的自然过程中。行星体具有明显的 π 比例，DNA 的双螺旋也是如此。

所有和谐交易比率的重要意义是它们出现在很多生命的自然过程中。和谐交易的原理起源于自然定律，那些自然定律支配着很多生命的周期性增长过程。当应用于金融市场时，这些比率提供了一种评估价格行为状态的有效方法。此外，这些比率是确认价格结构是否是和谐形态的主要基础。

虽然这些例子存在于整个宇宙中，但是需要注意的是和谐交易并不是占星术。近年来，某些占星术金融分析师和软件程序努力把他们的方法向和谐交易上靠拢，也被称为和谐分析。我相信人们有时会将和谐交易中斐波那契关系的内在自然特性与行星队列相混淆。虽然这些主题看起来可能是相似的，但是它们彼此之间没有关系。

和谐交易揭示了斐波那契分析在金融市场中的频繁滥用。近年来，除了艾略特波浪理论之外，我认为斐波那契比率都没有被清楚地阐述，它们经常被利用为某些个人的营销工具。我相信这本书将会澄清斐波那契方法的混乱，并提供一种有效的方法，根据和谐交易技术的具体应用来定义交易机会。

第3章

形态辨识

什么是和谐形态

和谐形态是通过斐波那契计算量化的特定价格结构来定义的。本质上，这些形态是一些由连续的不同斐波那契回调和延伸构成的价格结构。通过计算具体价格结构的各个斐波那契方面，和谐形态能够指示出一个明确的区域，用于分析价格行为中的潜在反转点。

具体价格结构

和谐交易技术类似于标准的技术价格形态，如头肩形或楔形，因为价格行为的特定形状是关键的有效因素。然而，和谐形态或许是最具体的技术价格形态，因为结构内每个点都有明确的斐波那契度量方法。这些度量方法提供了巨大的优势，它们能够把类似的价格结构量化和分类，使它们成为不同的“技术实体”。根据每个结构内具体的斐波那契比率队列，能够对潜在交易机会进行区分，针对每种情形提供具体到每种形态的策略。实际上，相似的价格结构并不是相同的价格结构，每种形态必须被精确地定义。有了这样的具体定义，就可以获得关于潜在价格行为状态的大量信息。

艾略特波浪理论

和谐价格结构的分析是以简单的几何学要素为基础，类似于艾略特波浪原理的度量技术。我强烈建议您阅读罗伯特·普雷斯特(Robert Prechter)和弗罗斯特(A. J. Frost)的《艾略特波浪理论》(*Elliott Wave Principle*)。这本深奥的著作提升了艾略特的原始著作，综合解释了自然定律的普遍几何关系，因为这些几何关系是与金融市场的价格行为相关的。另外，艾略特的波浪理论和发现是主要技术工作的一部分，这些主要技术工作为根据量化的波浪计数辨识具体的价格结构确立了最基本的技术基础。

不同于艾略特波浪分析的一般结构，和谐交易专注于具体的价格运动。在定义精确的价格结构，区分这些与斐波那契队列相关的运动方面，和谐交易是独一无二的。举例说明，大多数技术分析师都会注意到艾略特波浪分析中解释的“M”和“W”校正形态。这些校正结构——或者是简单的“abc”回撤，或者是复杂的“abcde”形态——对于艾略特波浪理论中波浪计数的确认都是非常关键的。然而，和谐交易把特定结构内的所有斐波那契方面都进行了量化，进一步细化了“M”和“W”形态，使它们成为独一无二的技术形态。

和谐交易与基本艾略特波浪分析的对比：

- 和谐形态的价格点队列是必要的。
- 每个形态必须包含一个精确的队列，不得违反。
- 所有和谐形态中最重要的点是中点(B)。
- 不同于艾略特波浪用数字计数，和谐交易用字母来标记每一个点，把每一段价格运动标记为XA、AB、BC、CD。

和谐交易以难以置信的精度分析和量化价格结构，确认价格结构为精确和谐形态的具体规则是独一无二的，这使得和谐交易不同于其他所有的技术方法。实际上，和谐形态规定的队列不允许有变化的这一点不同于艾略特波浪理论，艾略特波浪理论对价格结构的分析允许有较大的变化空间。

在区分具体的价格结构方面，有很多优势。这种详细的规则可以根据每种情形使用不同的策略。实际上，“所有形态都是不同的”。尽管某些价格结构看起来可能相似，但是应对每一种情形的策略却决定于定义形态的精确和谐比率队列。这是和谐交易法中最重要的规则之一，而且是转形态为利润的关键所在。

江恩与和谐交易

史上最著名的交易者江恩(W. D. Gann)使用的是以时间和价格分析为基础的交易法。虽然江恩的很多学生把注意力集中在他基于圆、正方形和三角形的几何比例的应用上，但是他的工作的真正价值显示在他的很多书中提到的“线之间”，它强调了自然定律在金融市场分析中的重要意义。众所周知，虽然他的方法是准确的——以他在1933年的业绩为证，那一年他做了479笔交易，其中422笔盈利，57笔亏损——他深奥的著作使人们深入认识到什么是分析市场所需的恰当方法。①

应该认为，江恩是和谐交易的主要先驱之一。实际上，对和谐交易的最早引用之一在他1927年的著作《空中隧道》(*The Tunnel Thru the Air*)中提到，其中江恩写道：

“但是数学科学，整个文明世界已经一致同意的唯一真正的科学，已经提供明显的证据证明历史会重演，表明循环理论或和谐分析是我们可以用来探知未来的唯一依靠。”②

虽然“江恩牌”的和谐分析更加复杂，包括他的自然平方计算器的使用，但是两种方法都使用周期性趋势的相对几

---

①引自江恩的网站:http://www.wdgann.com/pages/about_gann.php。

②江恩，空中隧道，兰伯特江恩出版社，1927。

何学价格进行计算，试图定义市场中的关键反转点。

斐波那契形态队列

虽然许多价格结构可能看起来类似，但它们就是不一样。形态区分是底层基础，是和谐交易辨识技术的主要效力所在。像保险箱的密码一样，和谐交易精确的斐波那契价格队列以一种前所未有的方式解锁了有效的市场信号。

在实际交易中，对具有不同斐波那契队列的相似价格结构的详细说明，能够实质性地降低总体风险。另外，对于辨识最佳交易机会和以最有效的方式处理每种行情，区分价格结构的能力是非常必要的。对价格结构的区分是和谐交易成功的关键，首先要做的是明白相似的价格结构是不同的价格结构。

斐波那契队列的这种规范逐渐形成一种纪律化的方法，在交易信号产生之前，需要满足精确的条件。如果特定的形态没有在预期的完成点处反转，那么可能会错过一些机会，但是只有当满足全部条件时，有效的价格结构才会变成交易信号。与对价格行为的灵活解释相比，这种对形态辨识技术的严格应用避开了一些潜在的风险和有缺陷的策略。

本书后面将会回顾的一个例子是蝙蝠形态和理想伽利形态之间的差异。许多人错误地认为它们是同一种形态，实际上不是。蝙蝠形态的斐波那契队列组合与理想伽利形态的完全不同。实际上，过去几年间我看到过 E-mail 和网上的图表帖子辨识出的潜在伽利形态，其比率队列清楚地具有蝙蝠形态的结构。那是一个像这样的不同队列严格应用的例子，使得和谐交易技术有别于其他所有的斐波那契方法。

需要注意的是，任何交易系统的严格应用都是稳定业绩——好业绩或坏业绩的主要基础。虽然这将在第 11 章“和谐交易管理系统”中讨论，但是精确和谐形态的应用提供了一种纪律化的一致性交易方法。

和谐交易的另一条重要规则是相信交易信号来自于市场。由于和谐交易使用历史上重复出现的量化的价格形态，所以需要注意的是，价格行为是定义交易机会的决定性元素。在计算了每种价格结构的相对比率之后，和谐交易技术根据预定的斐波那契队列量化了潜在的支撑区或阻力区。价格行为必须首先满足这些条件，然后才可交易。在这种方式下，是市场提供了采取行动所需的信号。

以形态的完成作为市场信号，是基于这样的想法：关于未来价格行为的可能状态，特定结构内每个片段都能够提供重要信息。和谐交易法对具体的形态用精确的斐波那契队列进行了定义，定义的基础是每种结构内部的价格行为的相对尺寸。这种相对尺寸被称为和谐原理。

和谐原理

20世纪80年代初，赫斯特(J. M. Hurst)在他的《循环过程》(*Cycles Course*)中对和谐交易给出了综合性非常高的描述。他的和谐原理是这样的：

“价格行为中相邻波浪的周期倾向于由一个小整数关联。”[①]

需要掌握的重要概念是价格浪或不同的价格运动是彼此相关的。另外，和谐交易技术使用斐波那契数字和价格形态来量化这些关系，提供了一种确定反转点将出现在何处的方法。从一般意义上说，和谐原理是解释和谐交易的基本前提的技术术语。价格运动的“邻浪”用来辨识和计算潜在的交易机会。和谐交易的焦点位于“斐波那契队列的邻浪”上，从技术角度来看，这使得所有交易决策都是以过去和未来的

①J. M. Hurst. Cycles Course[M]. Greenville，S.C.：Traders Press，1973。

价格运动为基础。不要对可能影响金融市场的市场新闻和其他金融媒体的相关故事等基本面信息进行长时间的讨论，和谐交易领域内的所有决策的焦点都是以纯粹的价格行为为基础的。严格依靠纯粹的价格行为来制定交易决策，对于避免偏见和关注所有可用的技术信号是非常必要的。“邻浪”的相对尺寸的确为潜在市场反转点提供了必需的信号。当买进和卖出的自然涨落正在以特定价格形态为基础而变化时，和谐交易技术便在那些价位处确定市场条件、辨识交易机会。

确认所有和谐形态的精确规则也形成一套系统，使所有交易决策都以定好的技术实体为基础。具体来说，基于单个形态(技术实体)的交易决策属于精确的数值范围，其中所有要素(如执行点、止损点和利润目标)均相对于结构进行了定义。

明白形态创造了一个“确定的交易领域”后，便会给交易者带来安全感，因为所有可能的操作都通过这一范围内的架构和价格行为提前进行了明确的限定。如果用实际的图表作为示例，那么这些概念非常容易理解，本书的后面将会给出许多这样的例子。现在，重要的是要明白，这种方法会产生有效的交易信号，这些交易信号的基础是由斐波那契尺寸和形态识别技术量化的纯粹价格行为。

潜在反转区(PRZ)

潜在反转区(PRZ)的概念最早出现于《和谐交易者》中：

“历史已经证明，斐波那契数字和价格形态的会聚提供了一个高概率反转区……这一会聚区被称为潜在反转区。当三个、四个，甚至五个数字一起出现在某个特定区域内时，你必须注意到某种类型反转的概率非常高。”[①]

①SwttM.Carney.The Harmonic Trader[M], Nevada: HarmonicTrader.com, L.L.C., 1999。

确定区域内包含三个或更多数字的特定价格结构，是定义这些和谐区的基础。之所以称之为“潜在”，是因为当价格行为测试预测的“反转区”时，必须对确定区域进行分析。虽然这一概念将在本书后面的部分中深入讨论，但是需要明白形态是由包含不同的连续斐波那契回调和延伸的特定的价格结构定义的。通过计算具体价格结构的各个斐波那契方面，和谐形态能够指示出一个明确的区域，用于分析价格行为中的潜在反转点。同样地，这一区域被称为潜在反转区(PRZ)。本质上，PRZ 代表着一个关键区域，在这个区域内，买进和卖出流正在发生潜在的变化。这些和谐区尝试辨识失衡的超买和超卖行情正在反转，或者至少回到它们各自平衡价位的那些区域。

任何交易系统都试图站在市场的“正确一方”——低买高卖。和谐交易技术将这些区域量化，根据这些反转点处的价格行为产生买卖信号。另外，这些技术从内在定义和指导交易行为，成为预期价格行为中这些潜在变化的一种方法。

从更广泛的角度来看，和谐价格形态的辨识可以提供对价格行为状态的巨大技术洞察力。过去的形态和历史上重要的斐波那契价位是辨识重要支撑区和阻力区的有效方法。另外，每种形态都会提供关于市场中超买或超卖程度的附加信息，这是其他技术方法望尘莫及的。

PRZ 是一个“和谐窗口”，可以用来监视关于整个价格结构的一个具体价格区域。这种思想把重心放在了这些机会窗口内的价格行为上。另外，这些区域内的价格行为的结果是和谐交易的另一个决定性要素。

从一般角度来看，和谐交易需要一个信念，即市场提供了理解价格行动所必需的信号。由于所有和谐形态代表着相对于以前各自价格行为的买卖总和，所以每一个信号都是由市场自己的运动产生的。以这种方式，如和谐原理所解释的，对过去价格行为的相对分析，对于定义 PRZ、生成交易信号和量化具体结构都是必需的。

必须强调的是，和谐交易使用了很多前所未有的方法来定义关键的支撑区和阻力区。精确的斐波那契比率队列是确认价格结构为和谐形态的主要方法。实际上，PRZ 是一种非常卓越的工具，其他方法都不具有。所有这些概念都需要一些时间来掌握并融合到交易策略中，和谐交易技术始终会提供关于未来价格行为状态的关键信息。

第 4 章

AB=CD 形态

AB=CD 形态是一种四点价格结构，初始价格波段被部分回撤，回撤完成后接着一波与回撤等幅的运动。这种结构已经在以前很多技术著作中讨论过，它代表了所有和谐形态的基础。形态中具体的点应满足斐波那契比率。在 AB=CD 形态中，C 点将是确认形态完成的一个关键点。在这种结构中，虽然 BC 延伸非常重要，但是最重要的和谐数字是 AB=CD 的确切完成点。

AB=CD 倒数比率

在 AB=CD 形态中，结构内的斐波那契比率队列通常表现出特殊的倒数关系。AB 臂的 C 点回调的倒数比例通常显示哪一个 BC 延伸被用于定义潜在反转区(PRZ)。举例说明，C 点处的 0.618 回调将具有一个 1.618BC 延伸，在最接近 AB=CD 形态的完成处收敛。等距 AB=CD 形态内的这种倒数关系为该结构定义了最佳的 PRZ。补充 AB=CD 结构的倒数比率如下：

C 点回调	BC 延伸
0.382	2.24 或 2.618
0.50	2.0
0.618	1.618
0.707	1.41
0.786	1.27
0.886	1.13

这些倒数比率有助于定义该形态的完成。然而，需要牢记的最重要的一点是，BC 延伸应该在接近 AB=CD 形态的完成点处收敛。

看涨 AB=CD 形态

当观察明确的抛售行情时，看涨 AB=CD 形态是一种极好的度量工具。虽然对称性可能改变，但是这种基本结构是所有和谐形态的最低要求(图 4.1)。

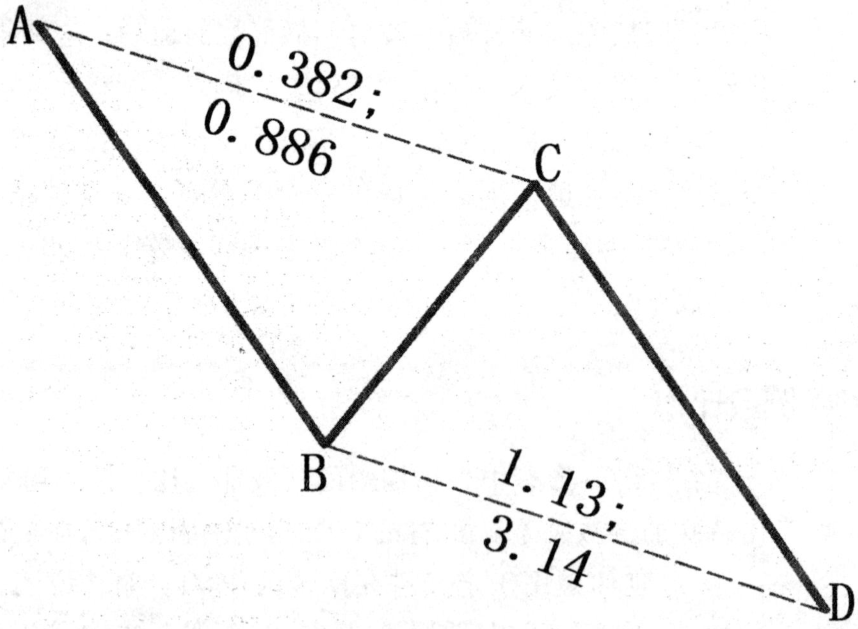

图 4.1

需要指出的是，C 点的“0.382；0.886”斐波那契回调幅度可以是这两个限制比率之间的任何和谐交易比率。因此，C 点可能是 0.382、0.50、0.618、0.707、0.786 或 0.886。参考上页列出的倒数比率，相对应的 BC 延伸可能是 1.13、1.27、1.41、1.618、2.0、2.24 或 2.618。在某些罕见的情况下，也可能用到 3.14 延伸。

谷歌(GOOG)：周线

这张谷歌(GOOG)周线图的第一个例子显示出一具明显的看涨 AB=CD 形态，计算出的完成点在 267(图 4.2)。1.618BC 延伸在 295 处到达这一区域。该形态确定了一个 30 点的潜在反转区(PRZ)用于购买这只股票。每一条价格臂大约是 300 点，需要 6 个月来完成。

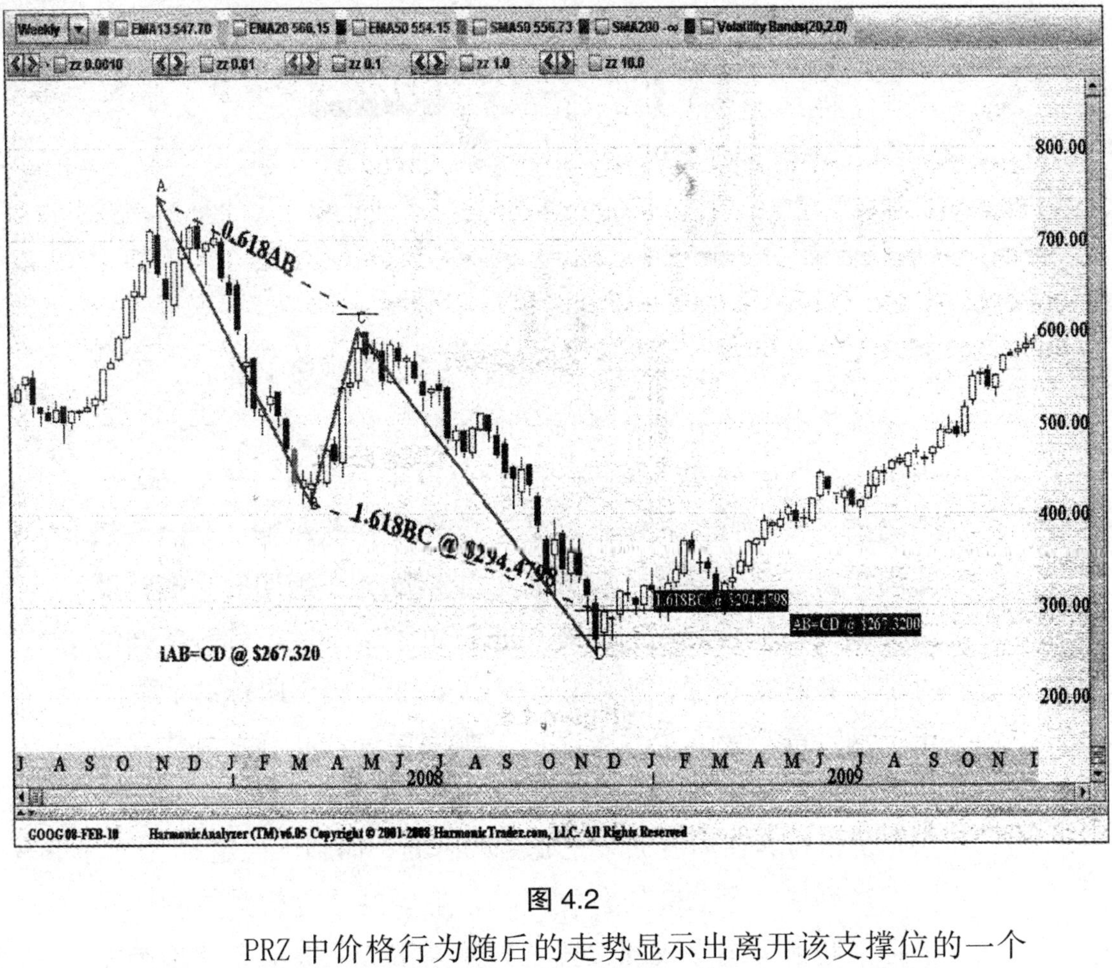

图 4.2

PRZ 中价格行为随后的走势显示出离开该支撑位的一个非常理想的反转(图 4.3)。第一周，谷歌击中了 PRZ 中的数字，股价稳定在支撑区的下缘。股价稳住阵脚后大幅上涨，逆转了下降趋势。下一周，向上突破已被确认。

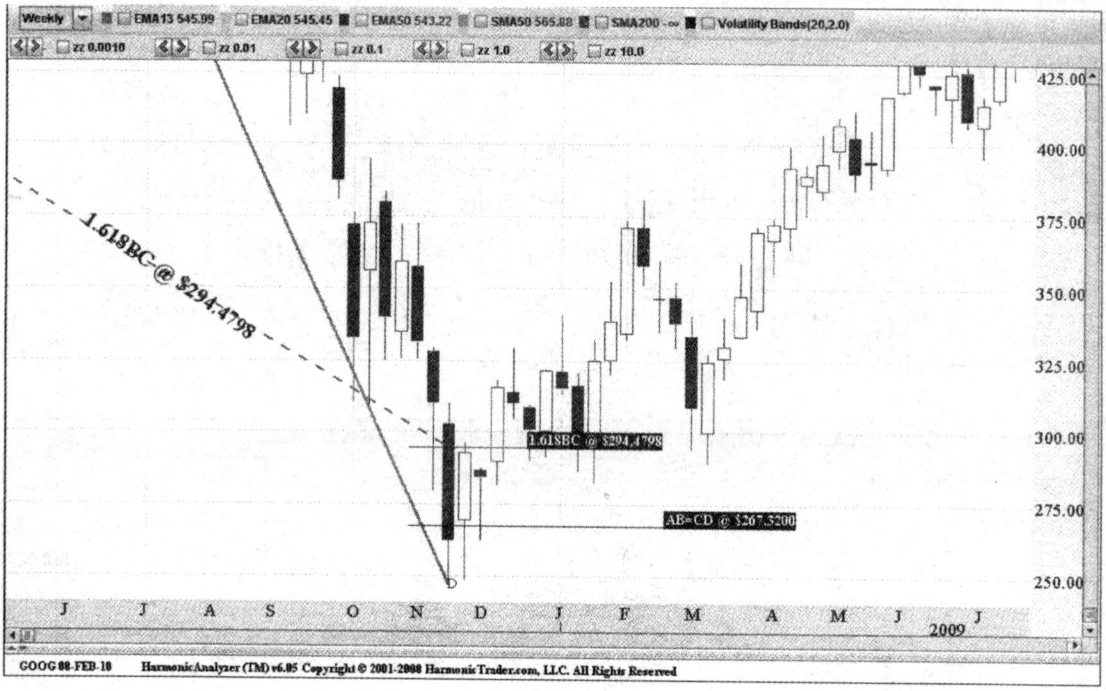

图 4.3

这个例子展示了一个理想的反转。当观察 PRZ 时，重要的是价格行为在和谐数字定义的区域反转。显然，该形态辨识出一个明确的支撑区，在 265～290 美元区域。整个 PRZ 得到测试，价格行为相应地反转。此外，谷歌在整个 PRZ 最初的周线测试低点稳住阵脚并且上涨越过这一预期的支撑，都是有效反转即将到来的极好征兆。由于这一形态具有精确的对称性和时间长度，所以这个例子是非常吸引眼球的。每一条下跌臂都需要 6 个月来完成，幅度接近 350 点。虽然谷歌超出了 267 处精确的完成点，股价逼近心理上的 250 价位，但是价格行为在周线 PRZ 完成测试后的一周趋于稳定。

当评估一个 PRZ 的有效性时，重要的是分析具体的区间来定义和谐形态完成的位置。虽然看涨 AB=CD 形态的精确完成点低于 1.618 延伸，但是两个数字都限定了 300 以下的区域来准备买进这只股票。在这些情况下，AB=CD 形态的完成点是该形态中最重要的数字。实际上，AB=CD 形态的完成点应该用作执行交易前的强制性要求。1.618BC 延伸作为完成点区域的补充要求，确认形态的有效性。关键是密切监视 PRZ 中的价格行为，在 PRZ 限定的总体区间内寻找强势下跌趋于稳定的信号。在 AB=CD 形态中，交易将在靠近精确的形态完成点处执行，但是该架构的有效性将在 PRZ 被测试后不久确定。

欧元(EUR_A0-FX)：60 分钟

图 4.4 所示为欧元(EUR_A0-FX)60 分钟图上的一个例子，显示出一个明确的看涨 AB=CD 形态，计算完成点在 1.3426。1.27BC 延伸在这一区域的 1.3432 处完成。同样，重要的是考虑 PRZ 限定的区域。在这种情况下，AB=CD 形态在 1.3430 处的完成点是该架构的触发信号。在近三个交易日抛售后，欧元在完成逆转前显然稳定下来。

图 4.4

PRZ 中价格行为随后的走势显示出这一和谐支撑区内比例数字处的反转(图 4.5)。在两次测试 PRZ 后，价格开始向上反转。

图 4.5

虽然反转需要一些整固来逆转下跌趋势，但是和谐支撑辨识出了略低于 1.3430 的关键支撑。需要注意的是，精确的 AB=CD 反转是非常明显的行情。然而，任何反转的有效性都取决于所有数字被测试后的 PRZ 区域内的价格行为。有时，有效的反转是自动的。价格行为击中和谐数字后便形成漂亮的反转。而在其他情况下，反转可能需要一些整固。无论需要多长时间，重点应该保持在比率数字已经被测试后的 PRZ 内的确定区间上。以这种方式，PRZ 形成一个明确的窗口，用来分析和评估形态提供的结构信号的有效性。

道琼斯工业平均指数($INDU)：5 分钟

图 4.6 所示为道琼斯工业平均指数 5 分钟图上的一个精确的看涨 AB=CD 形态。该工业指数以几乎相等的时间和精确的价格波段形成这一日内形态。每一条下跌臂接近 70 点。AB 臂需要 8 条价格棒线，而 CD 臂需要 7 条价格棒线。

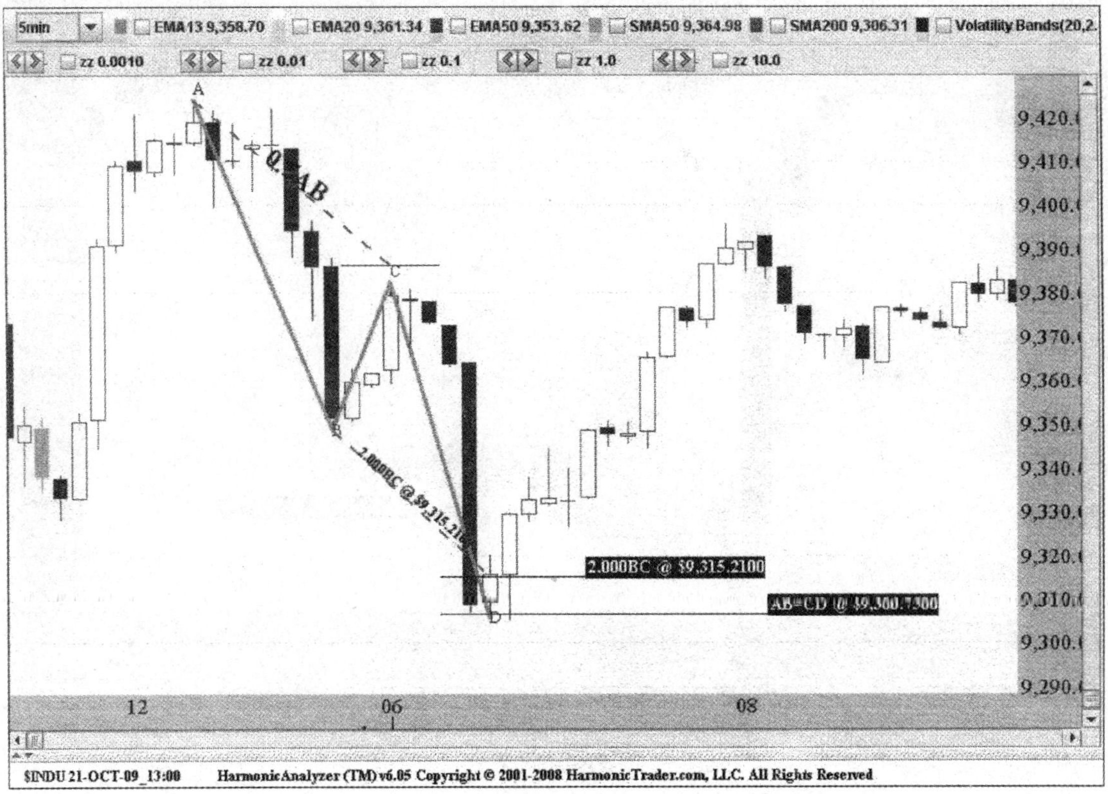

图 4.6

AB=CD 形态的计算完成点在 9306.75。2.0BC 延伸在这一区域的 9312.21 处完成。PRZ 中价格行为随后的走势显示在这一支撑区的完全测试处接近完美的反转。这一时段初期下跌超过 70 点，随后，道琼斯工业平均指数在略高于 9300 处击中形态完成点，开始企稳。

虽然最初测试几乎击中 PRZ 中的全部数字，但是第三条价格棒线明显成为反转的触发信号。图 4.7 展示了整个 PRZ

的技术重要性。该指数在初次测试这一预期的和谐支撑后趋于稳定，然后形成一波优美的日内反弹。接下来的几条 5 分钟价格棒线确认反转在即，持续上涨显示出该形态完成点的力量。

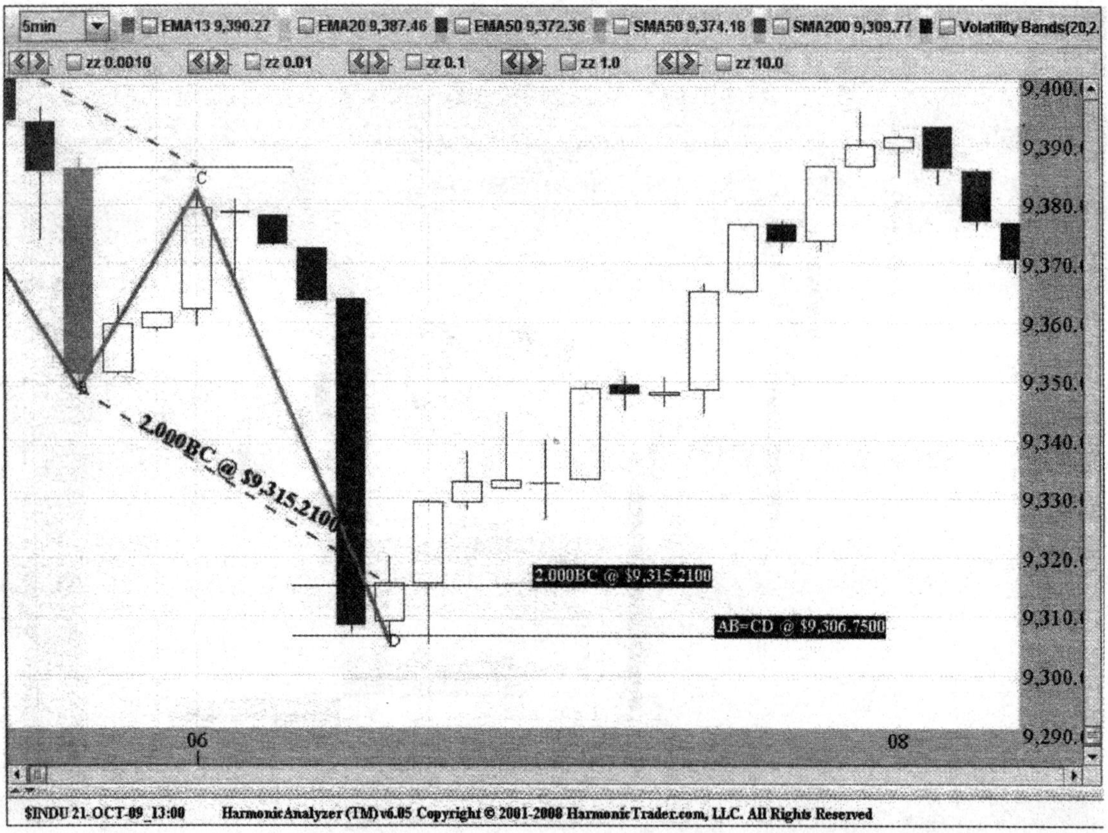

图 4.7

另一条需要考虑的因素是进入 PRZ 的快速下跌。虽然剧烈的价格行为预示着形态可能失败，但是该指数在击中 PRZ 后立即趋稳的能力是确认成功反转的一个强有力因素，更不用说反转在 AB=CD 完成点被击中后立即加速这一条了。

不管什么时间框架，这些都是有效反转的理想征兆。虽然这是一张 5 分钟图，但是相同的原理适用于更长的时间框架——60 分钟图、日线图、周线图。应该使用相同的技术规则来确定从 PRZ 开始的反转的有效性。

纳斯达克迷你合约(连续)—(NQ_#F)：15 分钟

图 4.8 中纳斯达克 100 连续迷你合约以实例展示了有效形态在 PRZ 内展示的理想稳定性。NQ 在这张 15 分钟图上形成一个相当不错的 AB=CD 形态。BC 延伸几乎刚好在该看涨 AB=CD 形态的完成点处收敛。两个数字都定义 1353 区域为重要的日内支撑。

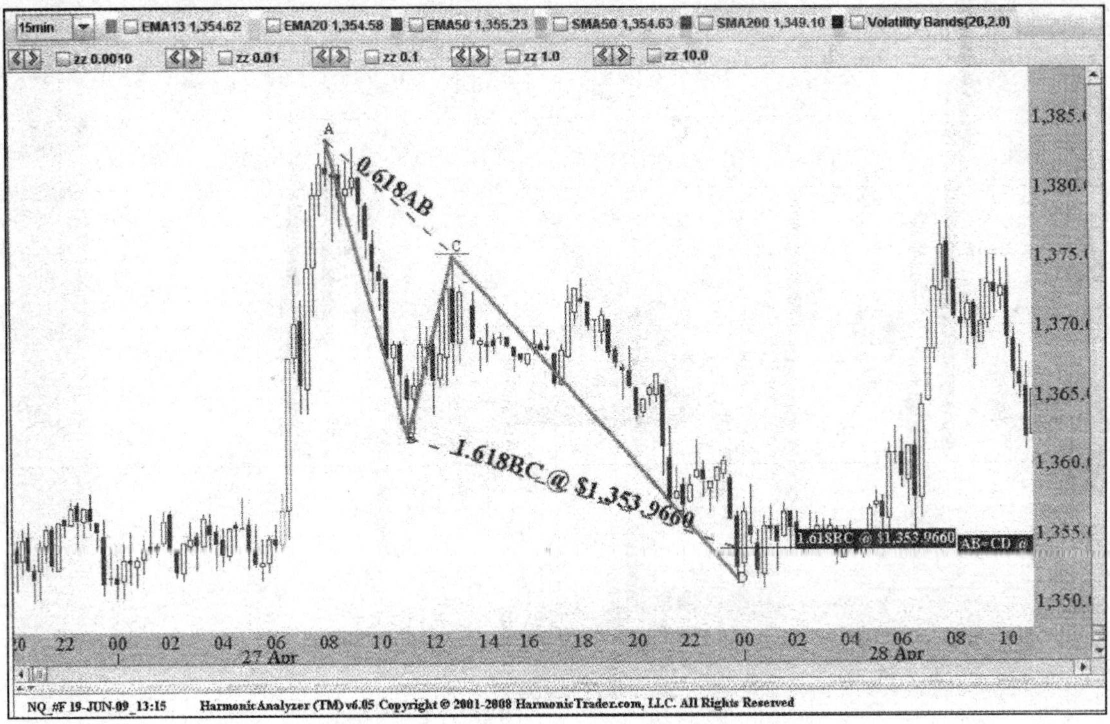

图 4.8

这个例子中的 PRZ 需要几次测试才能成为有效的和谐支撑。在这些情况下，价格行为需要一些整固来化解先前的跌势，然后反转。虽然这一概念将在第 11 章“和谐交易管理系统”中深入讨论，但是重要的是要考虑到有效反转所需的时间一般与形态的大小有关。在这个例子中，价格行为在测试了 PRZ 中的所有数字后趋于稳定。不管整固如何，该看涨 AB=CD 形态明确辨识出了一个多头头寸的精确区域。

图 4.9 所示为 AB=CD 形态在完成点处的价格行为。尽管有些剧烈下跌进入 PRZ，但是 1.618BC 延伸在 1353 价位完成了 AB=CD 形态。在看涨 AB=CD 潜在反转区内，价格行为在测试所有数字后见底。这种行情提供了在这一区域做多的大好机会，NQ 在这一形态完成后形成优美的反转。

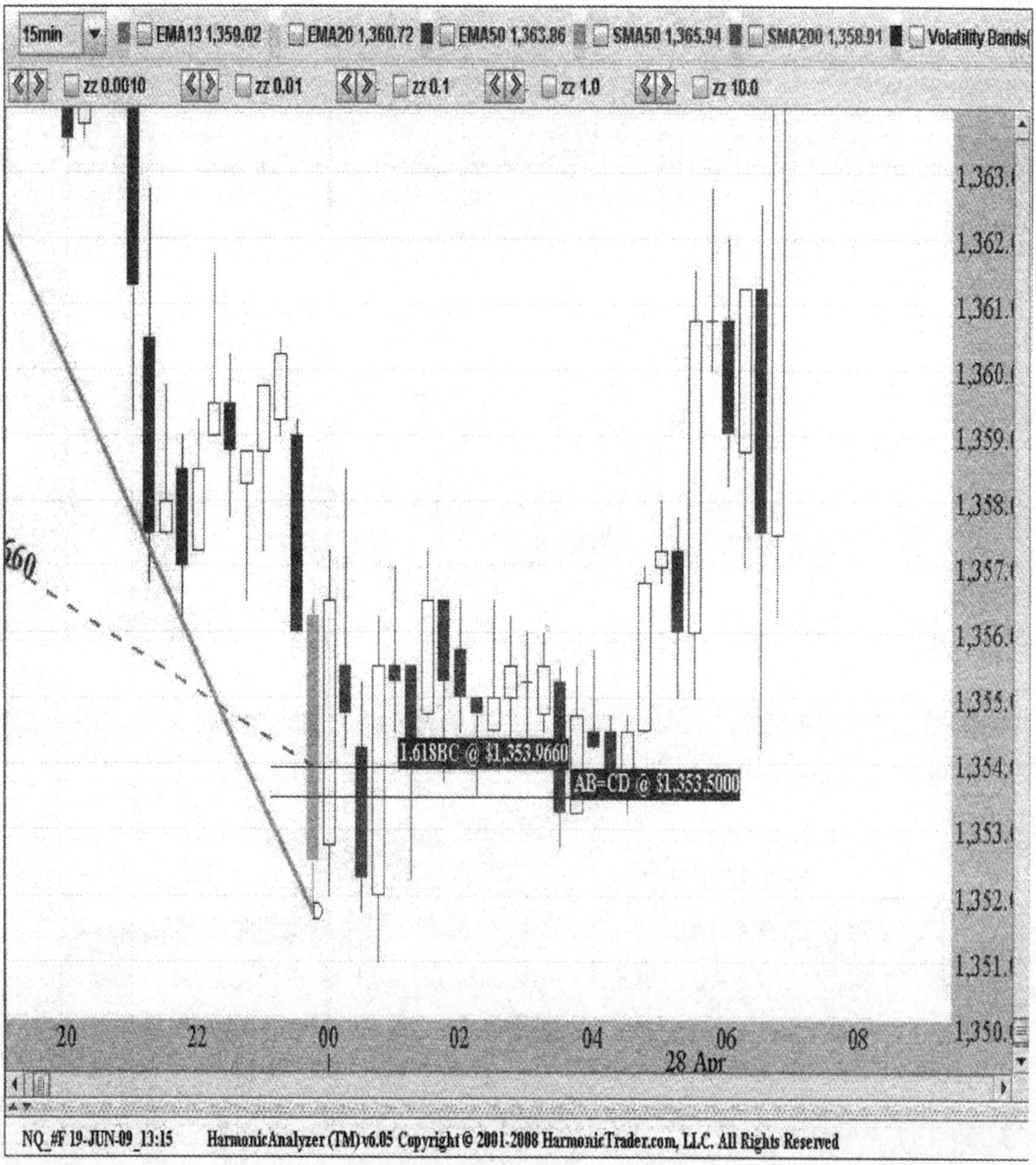

图 4.9

看跌 AB=CD 形态

看跌 AB=CD 应该包含一个明显的对称，形态的完成点补充 BC 延伸，定义一个精确的 PRZ(图 4.10)。

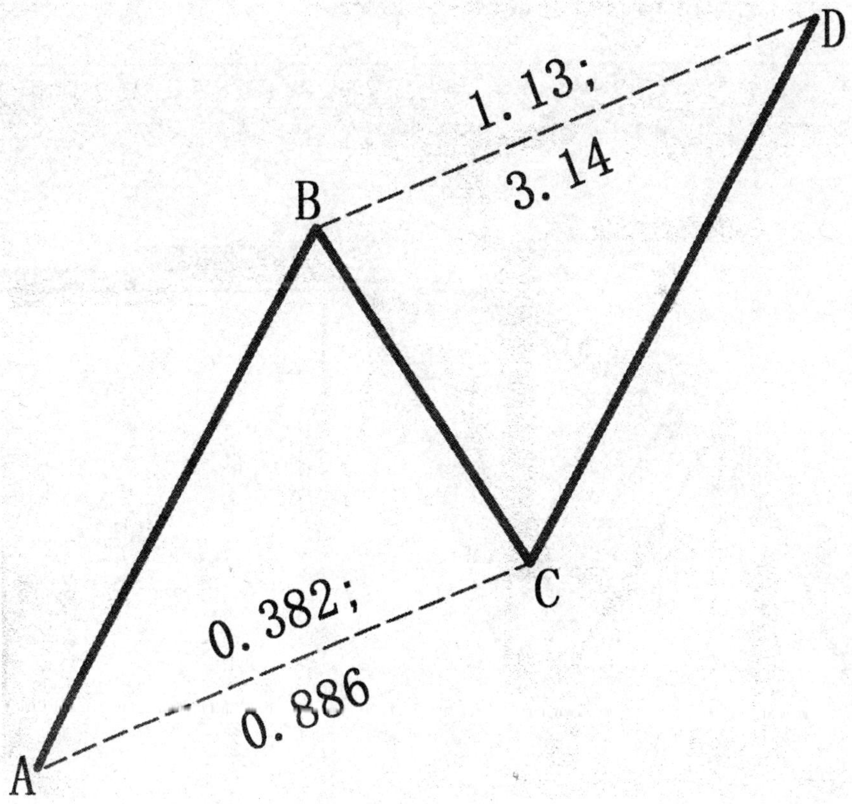

图 4.10

需要指出的是，C 点的“0.382；0.886”斐波那契回调幅度可以是这两个限制比率之间的任意一个和谐交易比率。因此，C 点可能是 0.382、0.50、0.618、0.707、0.786 或 0.886。参考倒数比率，相对应的 BC 延伸可能是 1.13、1.27、1.41、1.618、2.0、2.24 或 2.618。在某些罕见的情况下，也可能用到 3.14 延伸。

高盛(GS)：15 分钟

这个例子是高盛(GS)的一张日内图表，展示出理想的看跌 AB=CD 结构(图 4.11)。该形态的计算完成点在 147.28，1.41BC 延伸在 146.95 完成这一区域。

图 4.11

这两个数字定义 147 区域为关键的短期阻力区。需要注意的是，股价在 AB=CD 完成点被测试后反转。虽然 BC 延伸是该形态的 PRZ 内一个重要的计算结果，但是等距 AB=CD 结构的完成才是定义极限。PRZ 中价格行为图表显示在略高于 PRZ 的 147 处形成接近完美的反转。

股价在测试整个 PRZ 后停止，几条价格棒线之后反转，在形态的完成点处停止(图 4.12)。这是又一种理想的反转走势。PRZ 内的价格行为明确定义了做空该股的孤注一掷的机会窗口。

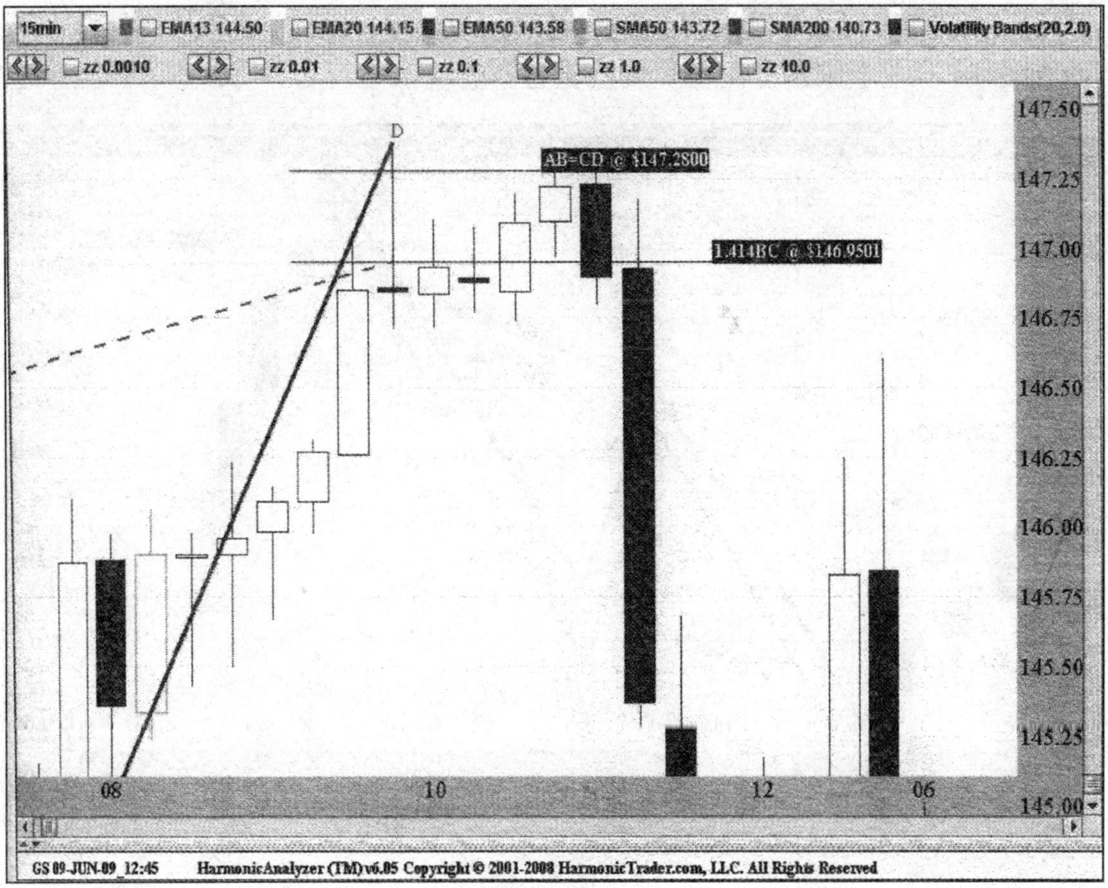

图 4.12

虽然和谐交易使用多种形态来定义潜在反转点，但是相同的技术原理都适用于确定 PRZ 内的价格行为。这个例子展示了理想的反转行情，应该仔细研究。另外，相同的原理适用于各个时间框架。这个例子是一张 15 分钟日内图，但如果这是一张 60 分钟图或周线图，对价格行为停止在 PRZ 内的评估原理也是相同的，唯一的区别是时间框架显然会长一些。

费城金银矿业指数(^XAU)：日线图

图 4.13 所示日线图展示出了明显 AB=CD 形态的效力。不用说，和谐形态可以在所有市场中找到，尤其是期货市场。黄金可能是极为和谐的，因为与其他市场相比，它的价格行为看起来对斐波那契价位更为“敬重”。

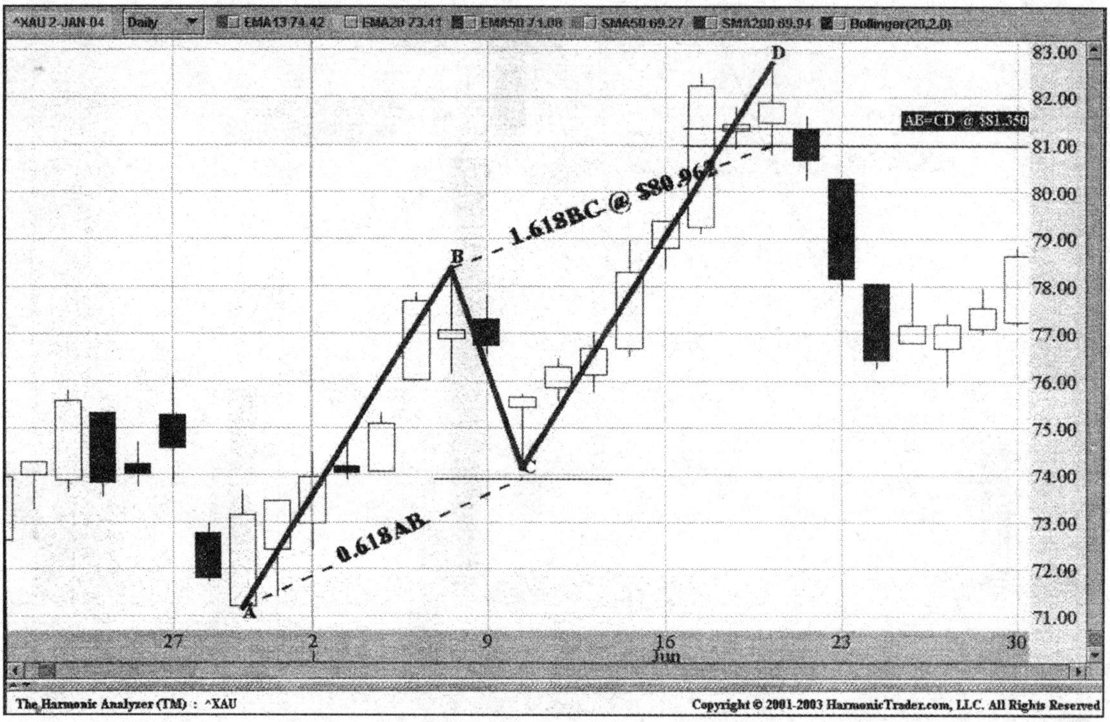

图 4.13

这张日线图展示了看跌 AB=CD 形态的要素和有效性。XAU 形成这一形态，第一条臂(AB)需要 7 天，随后是一波近乎完美的 0.618C 点回调和一条 CD 臂，共花 8 天时间完成。这种形态中的 PRZ 是精确的，AB=CD 形态在 81.35 的完成点成为区间上限。XAU 在高于这一价位 1 点处反转。虽然这不是刚好从完成点处开始反转，但是紧凑的 PRZ 和明显的 AB=CD 结构(完美的 0.618 和 1.618 比率)定义了这一形态。

澳元(AUD_A0-FX)：15 分钟

这个澳元(AUD_A0-FX)的例子显示出一个明显的看跌 AB=CD 形态，给出一个极好的短线外汇交易机会(图 4.14)。该形态的计算完成点在 0.9301，1.27BC 延伸在 93.13 完成这一区域。

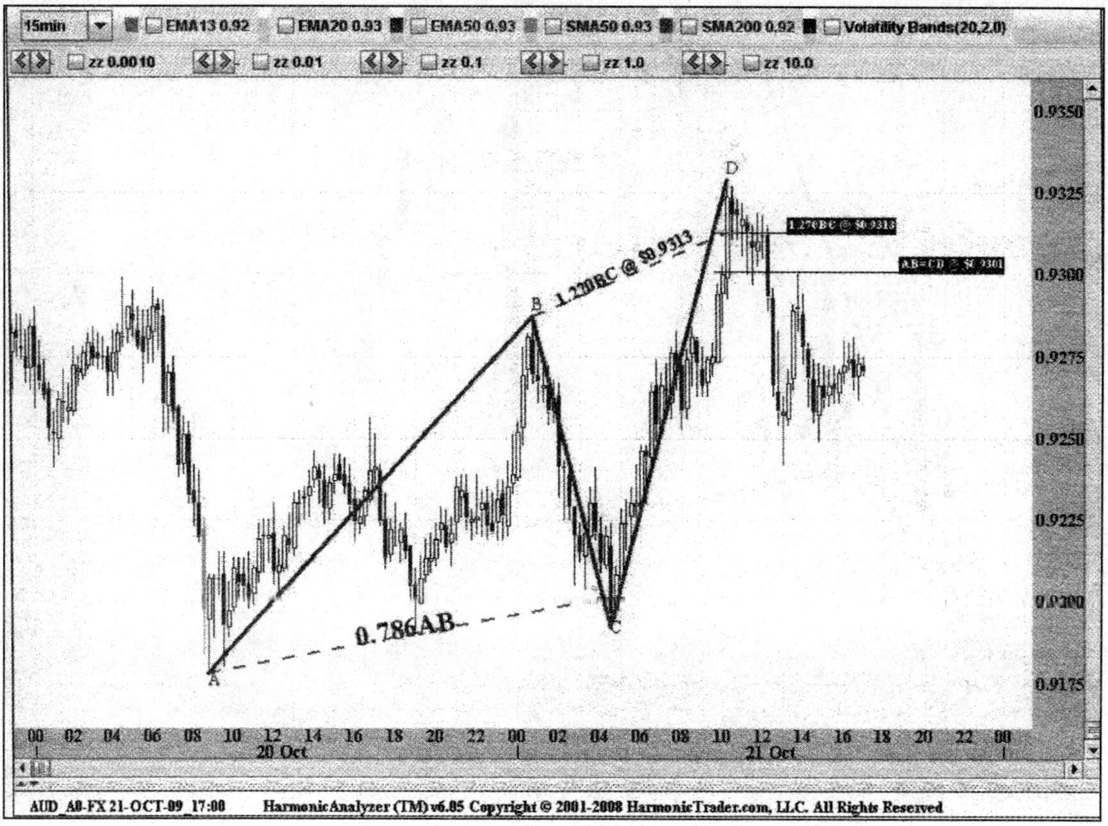

图 4.14

澳元在两个完整的时段上形成这一形态，其中每条上涨臂大约是 100 个基点。该架构清楚地表明初始短期阻力略高于 0.93 区域。在向上迅速反弹进入 PRZ 后，价格行为在比率数字处停止，显示出阻力征兆。实际上，价格行为在测试了区域内所有比率数字后未能继续上涨。图 4.15 所示为价格行为测试整个区域后的反转。

图 4.15

这个例子包含几个有趣的方面，很多有效的反转都会表现出这些特点。该形态是清晰的，而且完成点非常确定。潜在反转区(PRZ)内价格行为明显的变化表明主要趋势即将发生改变。PRZ 内停滞的价格行为有有效反转的典型标志。在这种情况下，澳元在略高于 0.93 处形成一个紧凑的数字区间，可用于做空。

标准普尔500　2003年9月迷你合约（ES_U3）：60分钟

几天前，我提供了一项每日建议服务。我会通过描述接近完成的各种关键比率和形态来辨识潜在交易机会。随后的一些例子来自这些报告，反映了真实的交易行情。这些报告可以在HarmonicTrader.com上找到。此外，这些例子展示了这种方法的实时应用。这些例子均展示了标普普尔500　2003年9月迷你合约(ES)中的日内看跌AB=CD形态(图4.16)。

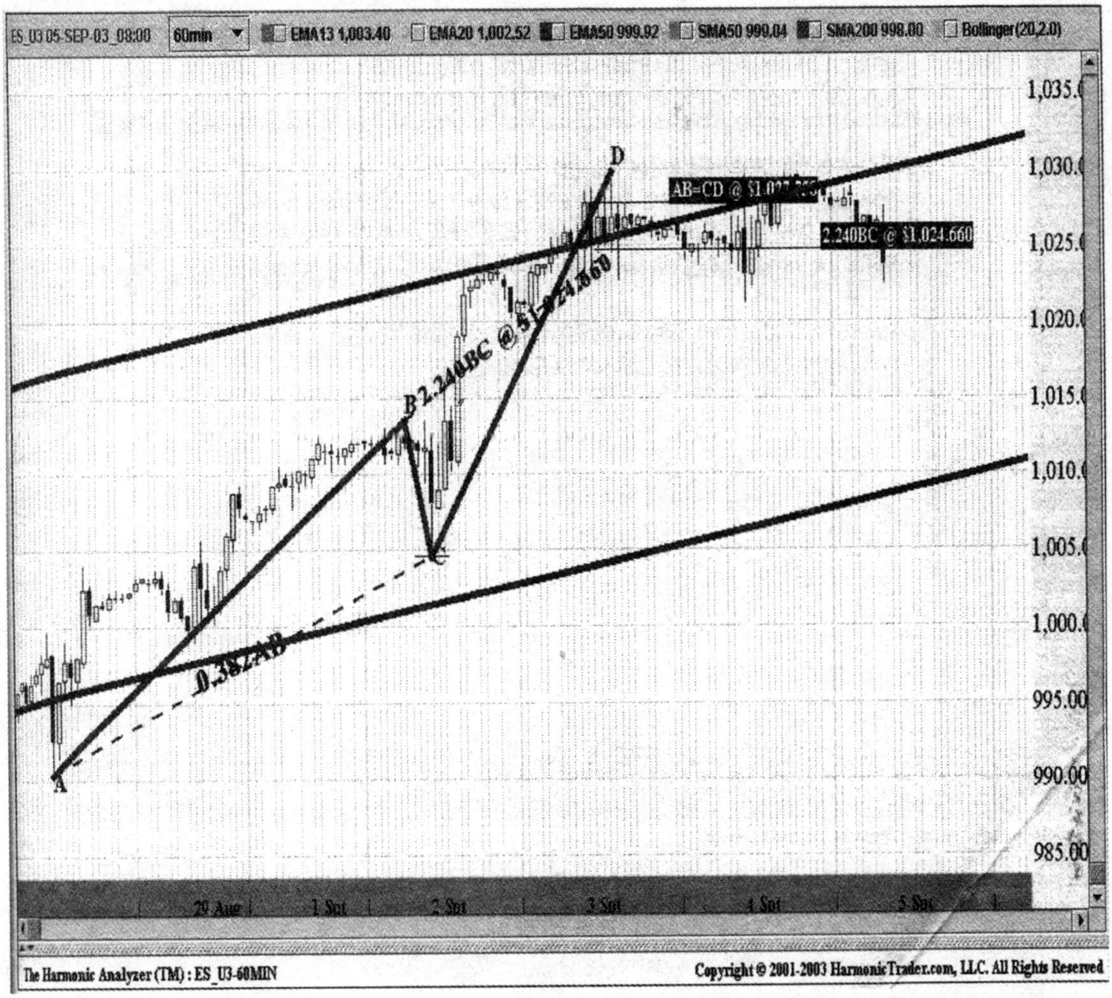

图4.16

我定期交易这份迷你合约，经常使用 AB=CD 形态作为确定日内轴点的方法。在这一天，ES 形成一个日内看跌 AB=CD 形态，完成点在 1023.75，2.24BC 延伸在 1024.65。潜在反转区（PRZ）内价格行为的下一张图清楚地显示出价格在看跌 AB=CD 形态的完成点 1027.75 的反转。

作为网站上的每日评论，我在市场开盘前发了一个帖子。根据当时的形态，我在标准普尔 500 指数迷你合约中辨识到一个明显的短线交易机会。在那个特别的早晨，我正在评价在这个 PRZ 中辨识出卖出机会的那个看跌 AB=CD 形态。9 月 4 日开盘前，我写道：

“今天 ES 开盘将会下跌 $2\frac{1}{2}$ 点。ES 很可能会重新测试 1028 处的看跌 AB=CD 形态，补上今天的上涨缺口。这应该会提供一个较早的做空机会。

“在 ES 测试看涨通道的上沿时，我认为 ES 会对本周离开阻力的反弹进行调整，形成一波运动，测试 1020 处的这个看涨 AB=CD 形态。这一区域也是 1020 处这一看跌 AB=CD 形态先前的和谐阻力区，现在将作为支撑。”①

①参见 HarmonicTrader.com，09/04/03；http://www.HarmonicTrader.com/members/harmonic/home/miniroom090403.htm。

图 4.17 中 PRZ 内价格行为的走势显示 ES 在过去三天经历的阻力(2003 年 9 月 3—5 日)。看跌 AB=CD 形态指明了卖出 ES 的区域，最终反转前，价格行为三次测试这一阻力。9 月 4 日这一天，ES 向上反弹，重新测试 1028 价位处看跌 AB=CD 形态的完成点。次日，ES 击中 1020 前一早晨报告中提到的利润目标。

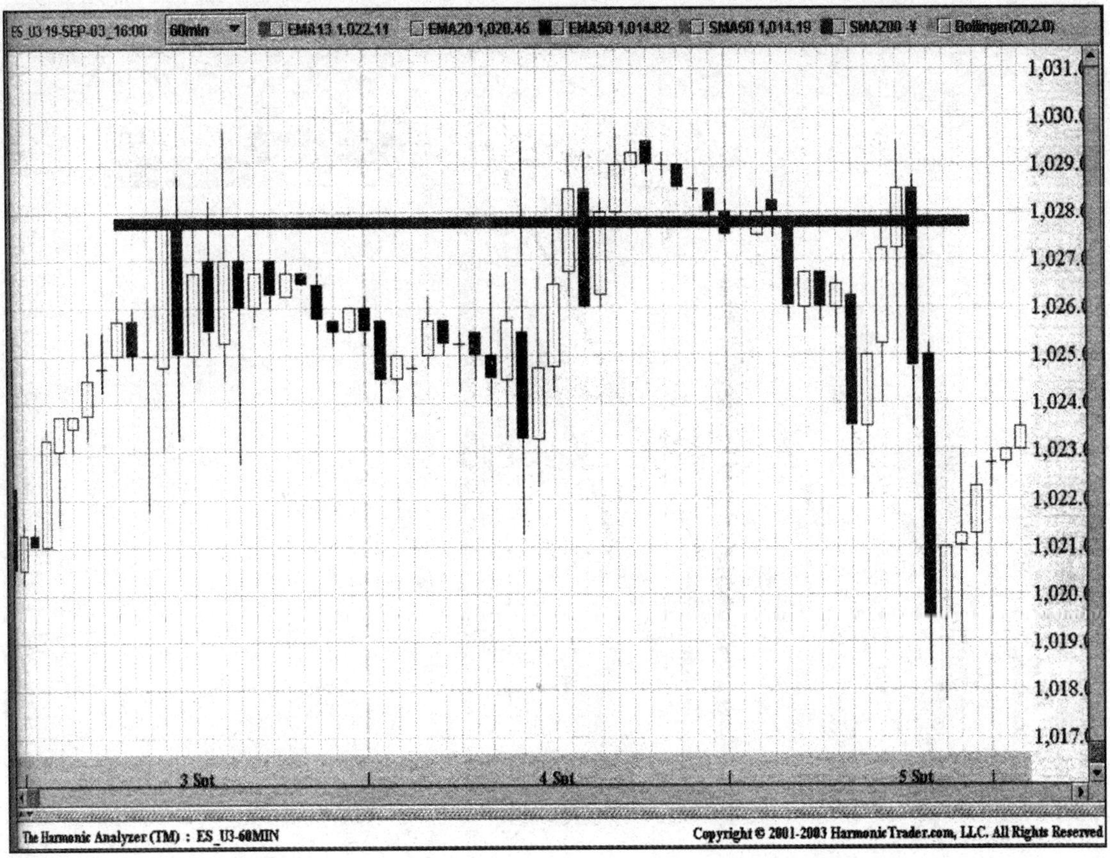

图 4.17

根据 PRZ 内开始的价格行为，我认识到这个看跌 AB=CD 形态是有效的短期阻力。前一天对 PRZ 的第一次测试受到了很强的阻力，原因是 1028 区域确定了精确的短期阻力。虽然需要对这一 PRZ 再次测试，但是该形态已经明确定义了理想的做空区域。

需要注意的是，对明确 PRZ 的多次测试是很常见的，特别是在类似这样的短线交易行情中。另外，对和谐形态的多重测试可以用来确认支撑位和阻力位。ES 的情况就是这样。

下一张标准普尔 500　2003 年 9 月迷你合约(ES_U3)的 60 分钟图显示出又一个看跌 AB=CD 形态，价格从形态的完成点处迅速反转(图 4.18)。

图 4.18

图 4.19 中 PRZ 内价格行为的走势显示在形态完成点上方 1/4 点处一个精确的反转。虽然价格没有达到 1012.50 处的 1.27BC 延伸就下跌，但该形态清楚地表明 1012 区是一个卖空机会。

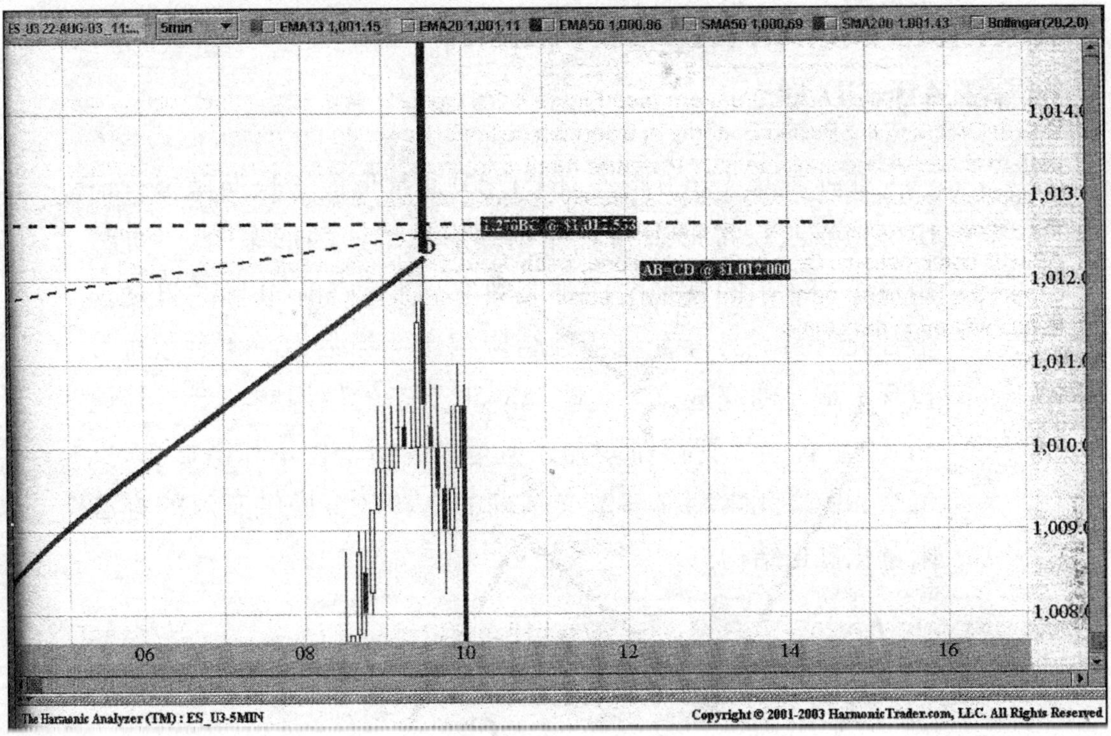

图 4.19

有时，类似这样的迅速反转是很难抓住的。这个例子展示出看跌 AB=CD 形态具有的精确性，尤其是对于日内反转，不过长期走势也同样精确。关键是辨识出形态的完成点，并且在 PRZ 内执行交易。最重要的一方面是把精力集中于整个区域已经被测试后的价格行为上。有效反转应该清楚地开始在比率数字处停止，并且改变主要趋势的方向。

变种 AB=CD 形态

由于 AB=CD 形态是所有和谐形态的基本框架，所以它是定义任何潜在反转区(PRZ)时必须考虑的因素。虽然 AB=CD 等距形态已经被技术分析师们使用了相当长的时间，但是定义其他和谐形态的变种计算思想却是《和谐交易者》原创的。变种形态提供了一种有效的方法来补充其他重要的斐波那契计算，尤其是当等距 AB=CD 与某个架构不相关时。变种 AB=CD 形态也用来区分相似的结构。

变种看涨 AB=CD 形态

变种看涨 AB=CD 形态(图 4.20)通常形成于长期抛售行情中类似看涨螃蟹形态和看涨蝴蝶形态这样的形态中。然而，相对于 PRZ 中的其他斐波那契数字，变种 AB=CD 形态只是一个补充元素。另外，与变种结构相比，等距 AB=CD 形态通常包含更重要的完成点。1.618AB=CD 形态的使用频率低于其他 AB=CD 组合。尽管存在差异，但是当应用于校正和谐形态时，每个 AB=CD 元素都能够定义精确的反转区，提供有效的方法来量化价格结构。

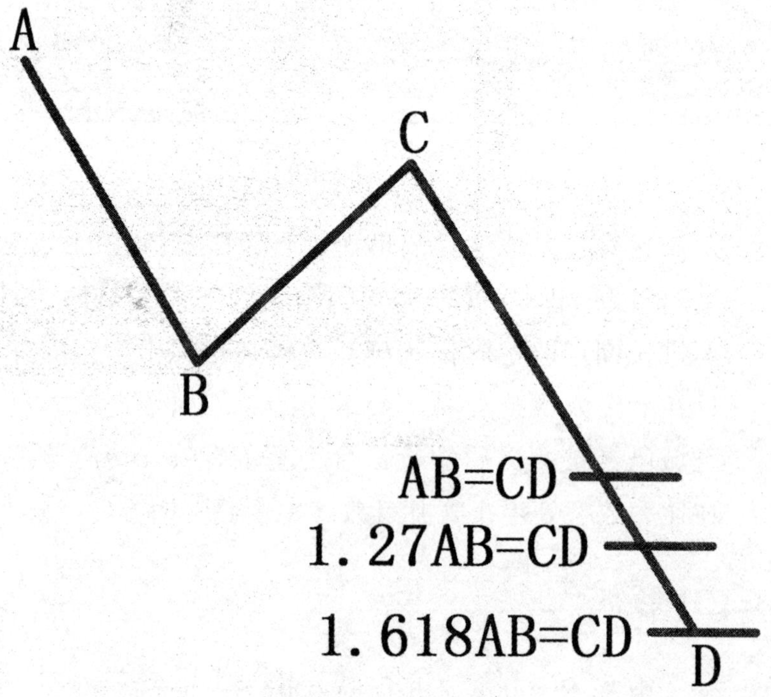

图 4.20

变种看跌 AB=CD 形态

需要注意的是，AB=CD 形态——等距或变种——是所有和谐结构的基础(图 4.21)。大多数结构中，等距 AB=CD 形态是入场的最低要求。当与其他重要的斐波那契回调和延伸结合使用时，AB=CD 形态能够确定极好的反转区。

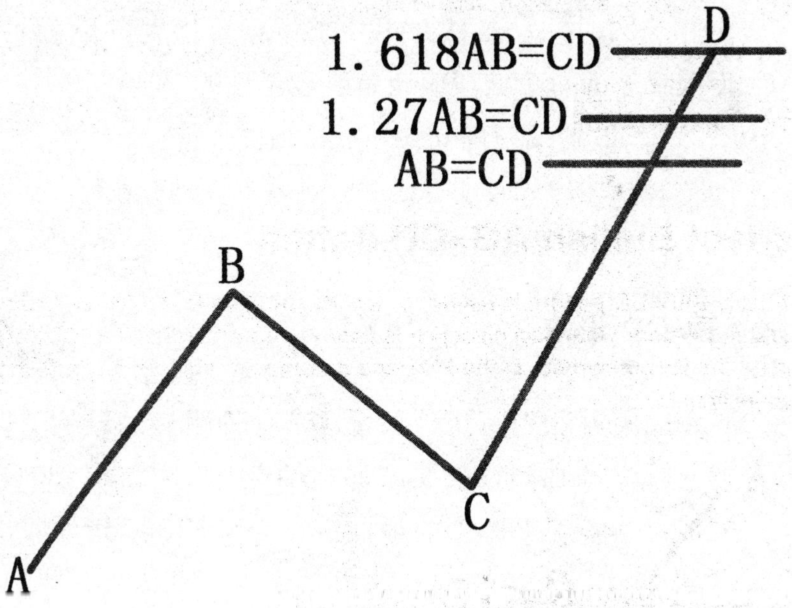

图 4.21

AB=CD 形态的变种常见于那些拥有延长 CD 段的形态中。不同于使用等距 AB=CD 的伽利形态，蝙蝠结构通常拥有变种的 1.27AB=CD 形态。这两种相似的形态需要完全不同的 AB=CD 条件来确认它们相应的结构。然而，这种区分程度增加了形态辨识技术的准确性，通过定义最精确的 PRZ，降低了整体风险。

完美 AB=CD 形态

完美 AB=CD 形态主要由 C 点定义，C 点应该是 AB 段的精确 0.618 回调。理想情况下，B 点应该被测试，但不能超过某种程度。0.618C 点回调确立了 1.618BC 延伸。从斐波那契角度来看，虽然 1.618 延伸通常指示出一个极端区域，但是它们通常产生重要的反应，特别是在完美 AB=CD 形态中。

这些结构通常是相当对称的，并拥有最理想的几何结构。由于显而易见的原因，完美 AB=CD 形态中的 0.618 和 1.618 代表着从斐波那契序列直接导出的最和谐比率。完美 AB=CD 形态的另一方面是一般的时间考虑，其中每条臂应该持续完全相等的时间。虽然并不要求每条价格臂的准确时间长度，但是形态的每个波段应该是明显对称的。

1. AB 臂的精确 0.618C 点回调。
2. 1.618BC 延伸。
3. 每条臂的持续时间相等。

完美看涨 AB=CD 形态

完美看涨 AB=CD 形态通常是一种明显的结构，拥有精确的对称性和强制性的斐波那契轴点(图 4.22)。AB=CD 形态的完成点应该是 PRZ 中的最低点，与 1.618BC 延伸收敛于同一区域。

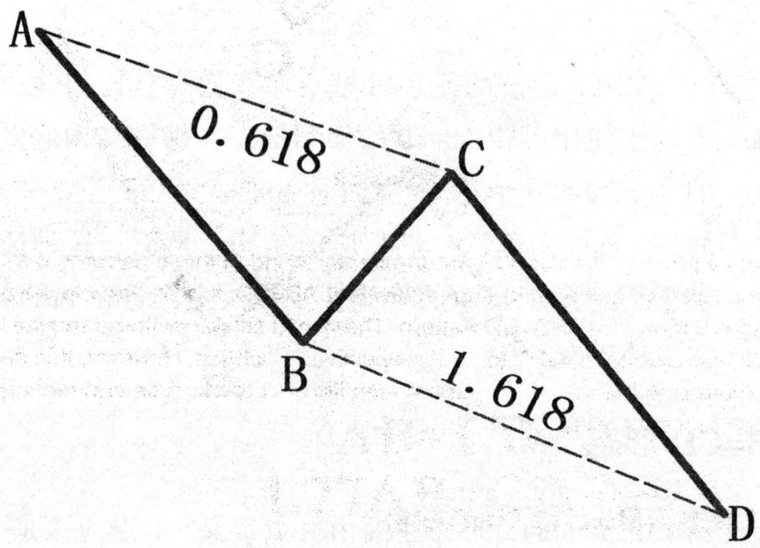

图 4.22

纳斯达克 100　2004 年 3 月迷你合约(NQ_H4)：10 分钟

图 4.23 所示为完美看涨 AB=CD 形态的一个清楚的示例，计算的完成点和 1.618BC 延伸收敛于一个紧凑的区间内。另外，这个形态的对称性是非常明显的。在这种情况下，每一条下跌臂(AB、CD)都是 6 条 10 分钟棒线。需要注意的是，1379 处 AB=CD 形态的完成点是 PRZ 中的限制条件。在一个完美看涨 AB=CD 形态中，AB=CD 的完成点应该位于 1.618XA 延伸的下面。

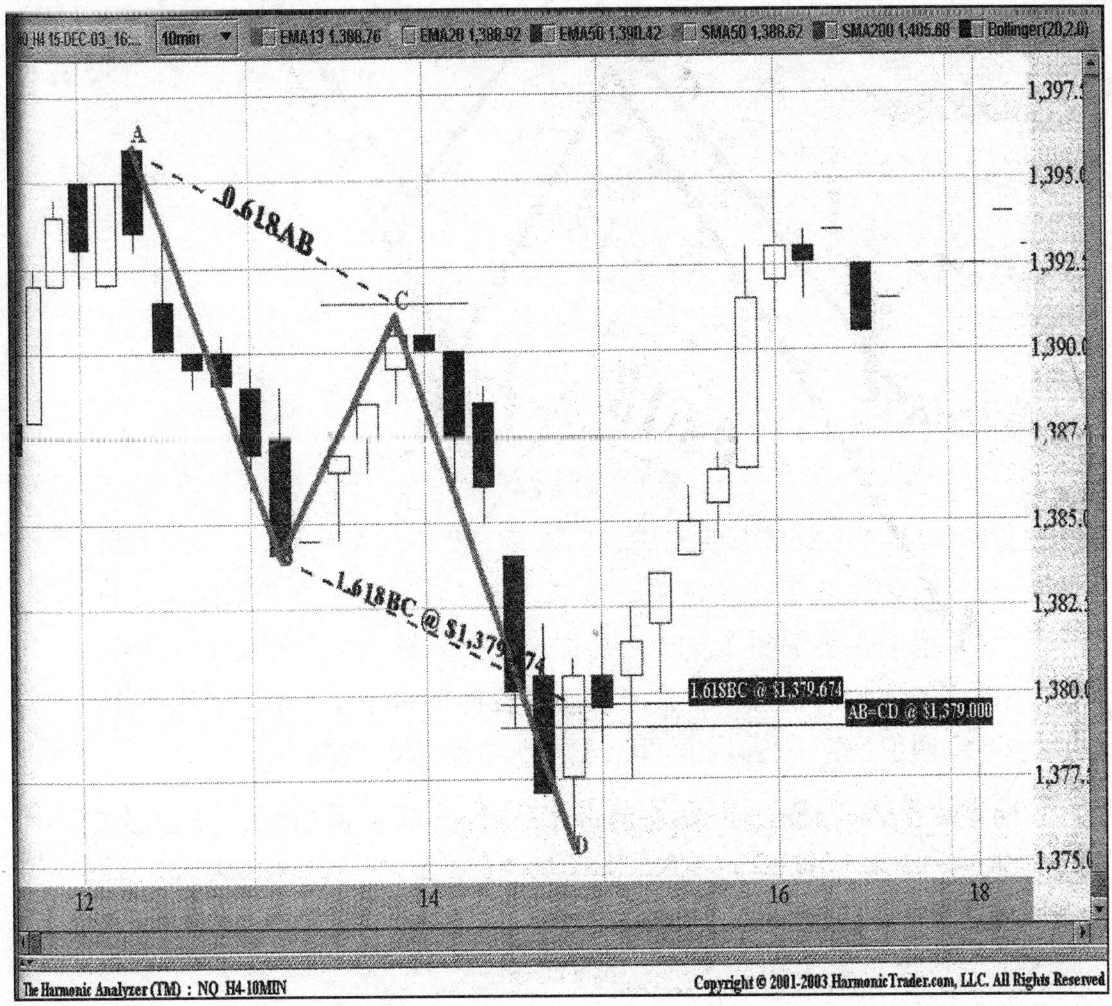

图 4.23

完美看跌 AB=CD 形态

完美看跌 AB=CD 形态是一种明显的结构，拥有精确的斐波那契轴点(图 4.24)。

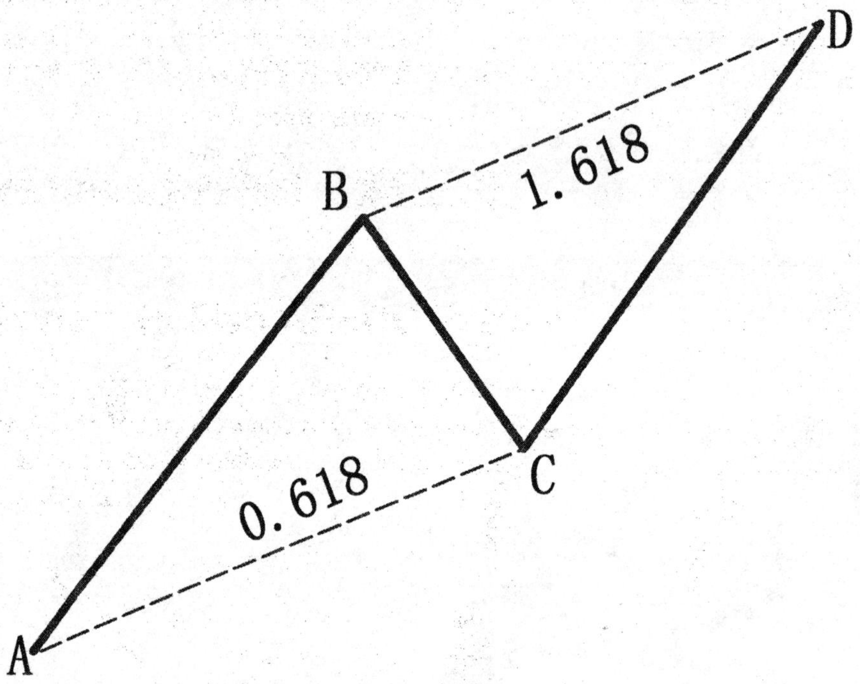

图 4.24

AB=CD 形态的完成点应该是 PRZ 中的最高点，与 1.618BC 延伸收敛于同一精确的区域。C 点必须位于 0.618 回调，这也确立了倒数 1.618BC 延伸。完美看跌 AB=CD 形态是一种极好的和谐架构，常常形成于日内时间框架上。在许多期货市场中，完美看跌 AB=CD 形态通常标志着日内高点。

标准普尔 500　2010 年 3 月迷你合约(ES_H0)：60 分钟

这个完美看跌 AB=CD 形态在 60 分钟图上定义了一个紧凑的 PRZ(图 4.25)。该结构的对称性是完美的，ES 形成这一形态，每条臂(AB)需要 18 天完成。

图 4.25

PRZ 中价格行为随后的走势显示出这一形态完成后的迅速反转(图 4.26)。需要注意的是，1119 处 AB=CD 形态的完成点是 PRZ 中的限制条件。在一个完美看跌 AB=CD 形态中，AB=CD 的完成点应该位于 1.618XA 延伸的上面。

图 4.26

在这种情况下，定义 PRZ 的数字在相同的价位精确地完成。

AB=CD形态总结

虽然基本的AB=CD结构可能包含各种各样的斐波那契比率，但是在两条连续的明显价格臂完成点处存在支撑或阻力的思想，是所有和谐形态的本质。

变种AB=CD形态强调了使用基本结构来定义具体形态完成的重要性。无论哪种AB=CD形态，BC延伸都应该是形态完成点的补充元素。重要的是，要记住C点与BC延伸的倒数关系。完美AB=CD形态使用0.618回调和1.618延伸，对于该形态，它们是最和谐的斐波那契比率队列。我相信这一形态应该拥有具体的特征使它成为一个有效的和谐结构，并且定义一个交易机会。

1. AB=CD完成的最低要求是每条价格臂相等。

2. C点回调可能在0.382和0.886之间变化，不过0.618是首选。

3. BC延伸可能在1.13和3.618之间变化，具体取决于C点回调。

4. 变种AB=CD形态存在。

需要说明的是，许多斐波那契分析师近年来对这种形态进行了简化。交易完成的每一个AB=CD形态的想法都是荒谬的。许多人认为这种形态是“终极”价格结构，其实他们并不明白，AB=CD形态需要许多其他的考虑因素，以确认和补充完成点。在更好的情况下，该结构应具备其他斐波那契回调或延伸。然而，最重要的概念是AB=CD是所有和谐形态的基本结构。

第5章

蝙蝠形态

蝙蝠形态是我在2001年发现的一种精确的和谐形态。在整个和谐交易工具库中，蝙蝠形态或许是最精确的形态。该形态包含许多明确的元素，定义了极好的潜在反转区(PRZ)。该形态通常代表着对支撑或阻力的再次深幅测试，这种测试常常非常迅速。从蝙蝠形态PRZ开始的迅速反转很常见。实际上，从蝙蝠形态开始的有效反转常常包含非常极端的价格行为。

该形态包含强大的0.886XA回调，是PRZ中的决定性元素。B点回调必须小于0.618，最好是XA臂的0.50或0.382。最理想的B点比率是XA臂的50%。B点是区分蝙蝠形态和伽利形态的主要方法之一。如果一个形态正在形成，B点刚好在XA臂的0.50处，那么它很可能是一个蝙蝠形态。

蝙蝠形态使用的BC延伸至少是1.618。BC延伸可以长达2.618。然而，蝙蝠形态中最理想的BC延伸是1.618或2.0。需要注意的是，BC延伸一定不能是1.27，因为，如果BC延伸小于1.618，那么该结构将失败。另外，1.27BC延伸通常见于伽利结构。

蝙蝠形态中的AB=CD也是该结构有别于其他结构的要素。该形态通常是延长的，在理想情况下，蝙蝠结构中包含一个1.27AB=CD计算结果。然而，等距AB=CD形态的确是令任何蝙蝠形态成为有效架构的最低要求。

蝙蝠形态的准确性令人难以置信，所需止损远小于其他大部分形态。0.886 回调是 PRZ 中最重要的数字，但是，对于结构内的其他和谐数字而言，紧密收敛以限定一个精确的区间是共同的特征。

蝙蝠形态的要素：

- B 点低于 XA 的 0.618 回调，最好是明显的 50%或 38.2%回调。
- BC 延伸至少是 1.618。
- AB=CD 形态通常是延长的。
- 0.886XA 回调。
- C 点在 0.382 和 0.886 构成的区间之内。

看涨蝙蝠形态

B 点低于 0.618 回调，最好是 XA 臂的 0.50 或 0.382，那么就定义了看涨蝙蝠形态(图 5.1)。在这一架构中，看涨 0.886 回调非常关键。通常，看涨蝙蝠形态是一种极好的 5 点调整结构，出现于已经明确确定的支撑位。

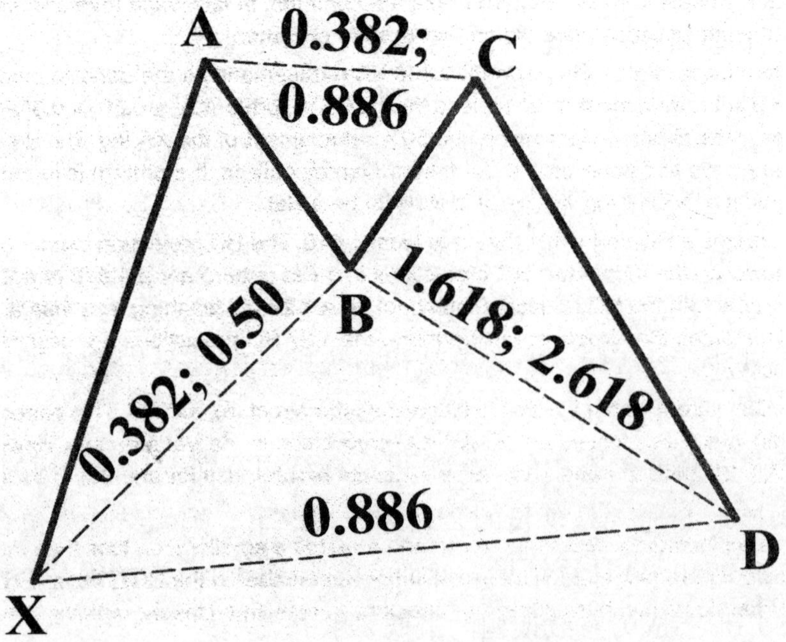

图 5.1

英镑(GBP_A0-FX): 15 分钟

图 5.2 所示英镑的第一个例子展示了一个明显的看涨蝙蝠形态，具有一个精确的 PRZ。比率队列相当精确，特别是 50%B 点和延长的 BC 延伸。PRZ 的三个数字在 1.6242～1.6218 之间定义了一个紧凑的区域用来做多。具体地说，该架构包含一个位于 1.6232 的 1.618AB=CD 形态，一个位于 1.6218 的 1.618BC 延伸和一个位于 1.6242 的 0.886 回调。

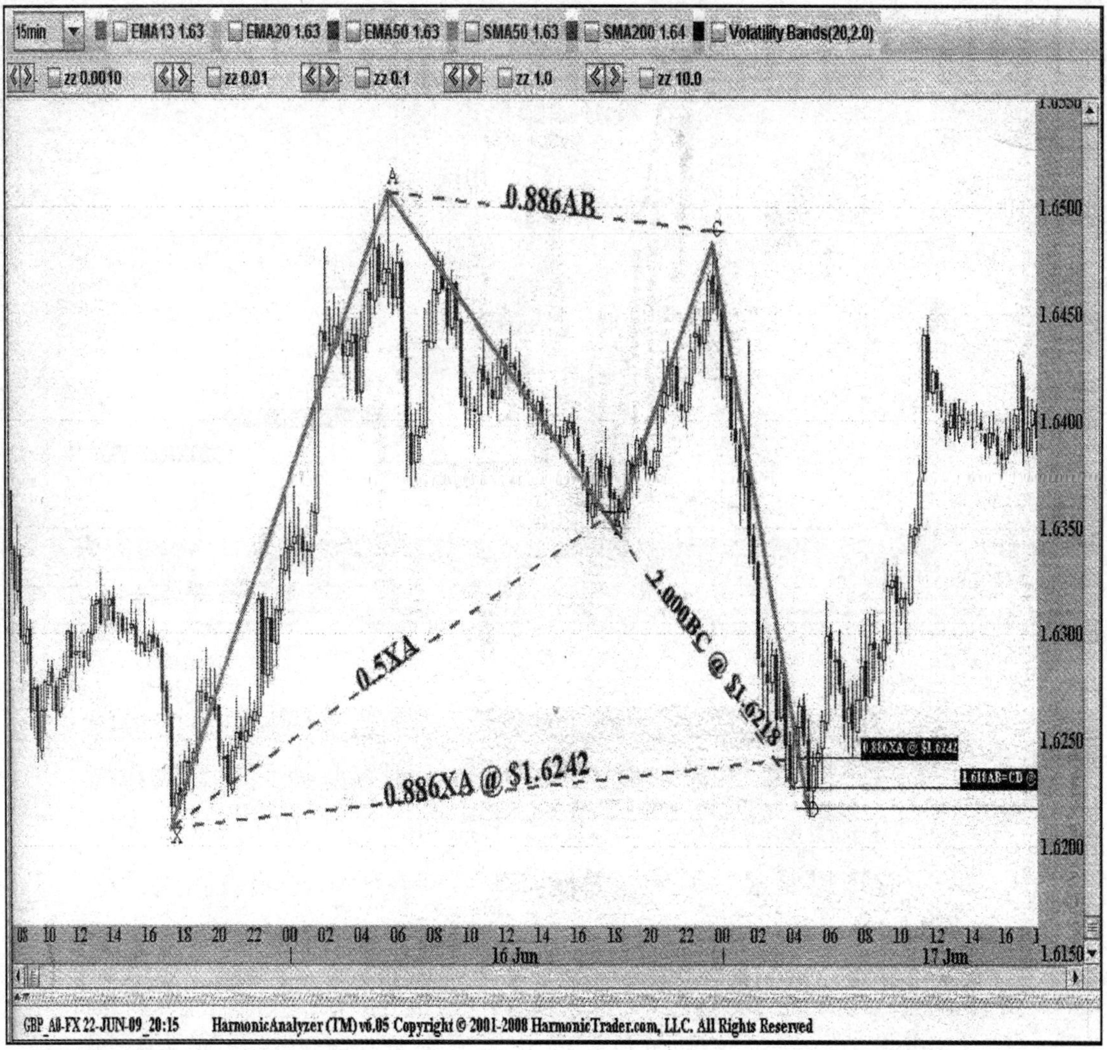

图 5.2

在形态完成时，除了理想的斐波那契队列之外，该价格结构还具有明显的对称性，形成于这张日内图表上，提供了一个清楚的短线交易机会。图 5.3 中，PRZ 内价格行为随后的走势显示在这一支撑区的首次测试处形成接近完美的反转。在价格行为测试整个 PRZ 后，英镑从这一区域迅速反弹。GBP 在整个 PRZ 下方两个基点处见底，接下来的几个小时形成优美的反转，确认了新的日内上升趋势。

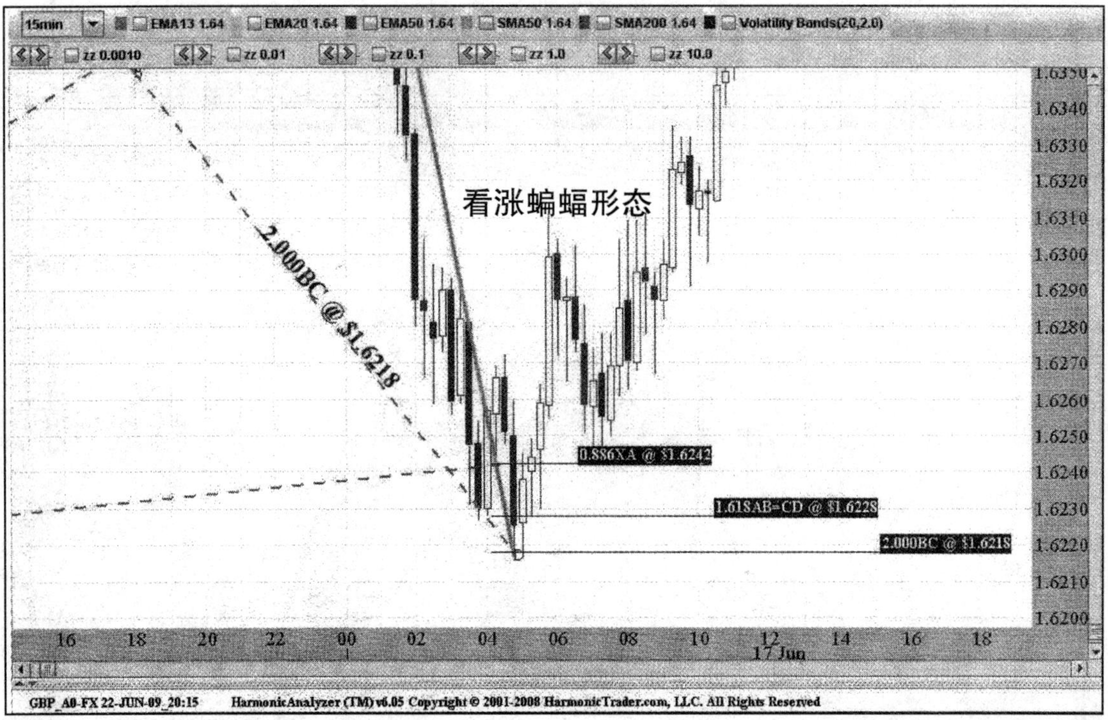

图 5.3

这个例子是一个理想的场景。对于这个明显的看涨蝙蝠形态，从 PRZ 开始形成迅速的反转，刚好是我们在有效和谐架构中预期的价格行为。这个形态包含有效买进信号所需的所有理想要素。另外，关键技术事件在整个区域被测试后立即发生。在这个例子中，英镑清楚地稳定在比率数字处，并且在形态完成后果断地改变了方向。更不用说，PRZ 中紧凑的数字队列以及明确的对称形态结构进一步证实它是极其和谐的架构。

道琼斯工业平均指数(^DJI)：周线

图 5.4 所示为一个看涨蝙蝠形态，其重要性是难以置信的，因为从这一形态开始的反转标志着 2003 年牛市的开始。这张周线图显示了三个数字，在 7400～7500 区域中定义了一个紧凑的区域。该形态包含一个位于 7500 的 1.618AB=CD 形态，而 2.24BC 延伸和 0.886 回调在略低于 7400 标记处收敛。

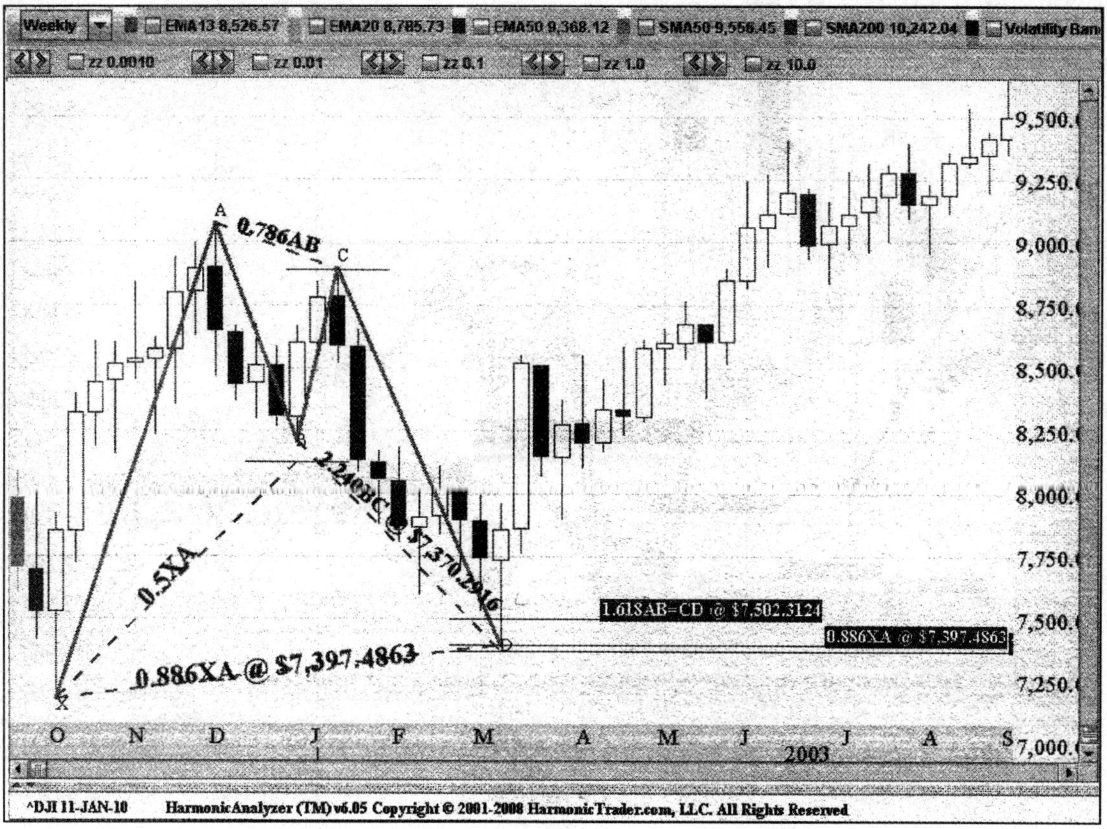

图 5.4

另外，这一形态非常重要，因为在我的网站咨询服务中，我对该指数 $2\frac{1}{2}$ 年的看跌建议发生了转变，而它正是决定因素。从这一 PRZ 的快速反转和明确的结构清楚地显示出这一形态的力量。

PRZ 中的价格行为走势(图 5.5)展示了从该形态完成处开始的快速反转。需要注意的是，7400 处 0.886 回调是 PRZ 中的决定性限制条件。实际上，道琼斯工业平均指数几乎刚好从这一回调处反转。

图 5.5

变种 1.618AB=CD 补充了 PRZ 中的其他数字。这种情形展示出看涨蝙蝠形态用作强大的 5 点调整结构和在整体趋势内定义精确技术价位的能力。

瑞士法郎(CHF_A0-FX)：60 分钟

下一个看涨蝙蝠形态的例子来自瑞士法郎，在外汇市场的明确支撑处形成又一个极好的和谐形态(图 5.6)。这张 60 分钟图包含一个明确的形态，清楚地定义了关键支撑。该形态形成了所需的斐波那契队列以确认蝙蝠结构的有效性，价格行为在测试整个 PRZ 后优美地稳定下来。该形态标志着主要日内趋势的重要延续。

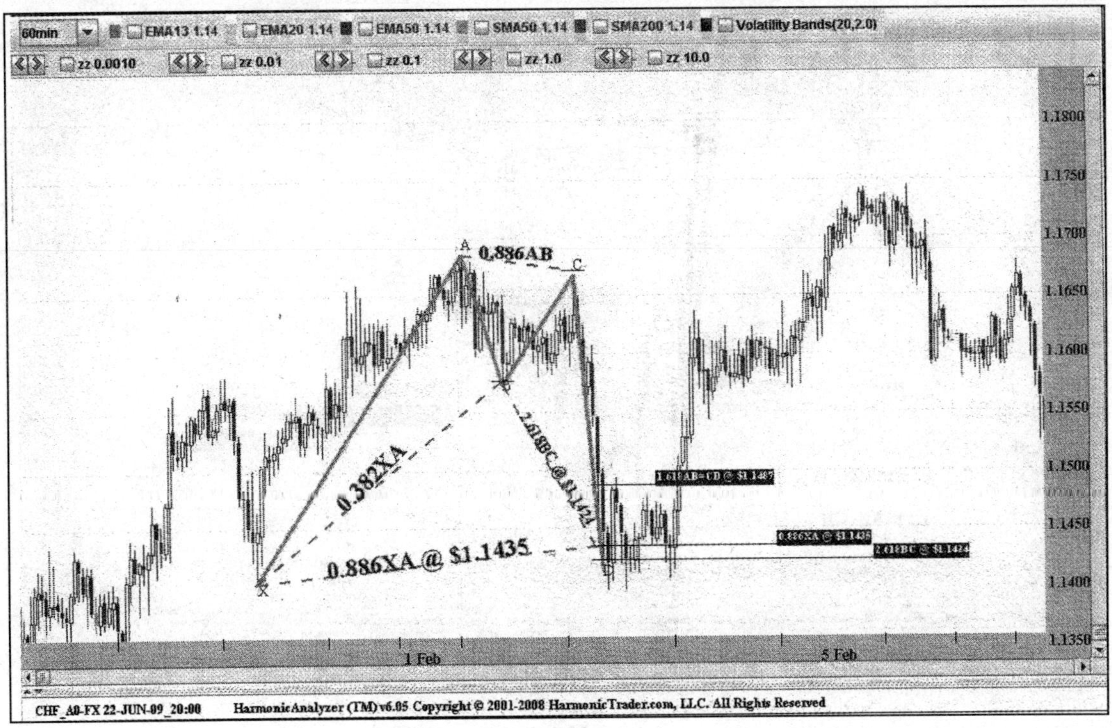

图 5.6

这些情形频繁出现于外汇市场的所有时间框架中。类似瑞士法郎示例中这样明显的形态很常见，但重要的是等待结构最清楚的架构。虽然该形态在大约宽 50 个基点的区间内包含三个数字，但是 0.886 回调定义了 PRZ 的极限。另外，所有数字被测试后，价格明显趋于稳定，这是书中所说的有效反转的另一个信号。

潜在反转区（图 5.7)是确认反转的理想价格行为的又一个例子。已经确定的延伸和谐支撑非常有力，该形态的完成点是一个极好的做多入场价位，利用多头趋势的恢复去投资。虽然趋势内的形态将在本书的后面部分讨论，但是需要注意的是，有效的结构信号通常形成于已经确立的趋势中部。虽然所有形态的相对位置都应该考虑，但是 PRZ 中所有数字被测试后的价格行为仍然是技术分析中最重要的考虑因素。

图 5.7

这个例子需要注意的另一方面是价格向 PRZ 下跌的剧烈程度——如果测试支撑区的价格行为略微稳定一点，那么从时间上来看完成点会更为理想。在形态完成之前的几个小时内，CD 臂急剧下跌。尽管对 PRZ 的测试有点过早，但是该结构仍然是一个明确而有效的架构。

这个例子说明价格相对于时间更加重要。我想花点时间评论一下这种争议。技术分析师们已经对“价格 vs 时间”争论了几十年。虽然时间是很多技术分析方法中的一个重要元素，但是我认为和谐交易领域内的重点必须放在对价格的度量上。在使用形态时，我会利用对时间的度量。实际上，和谐交易者能够计算出有效的时间延伸点，作为和谐形态结构的补充。但是，任何一种技术方法的时间元素必须把价格作为交易决策的首要基础。

高盛(GS)：日线

图 5.8 所示为高盛中一个看涨蝙蝠形态，PRZ 明显地使用了一个等距 AB=CD 形态。需要注意的是，等距 AB=CD 是蝙蝠形态的 PRZ 中的最低目标。该股走势拥有确认蝙蝠结构必需的斐波那契队列，包括一个 1.618BC 延伸和一个 0.886 回调。在图 5.9 中，价格在 PRZ 内的走势形成一个从这一形态完成开始的快速反转。

图 5.8

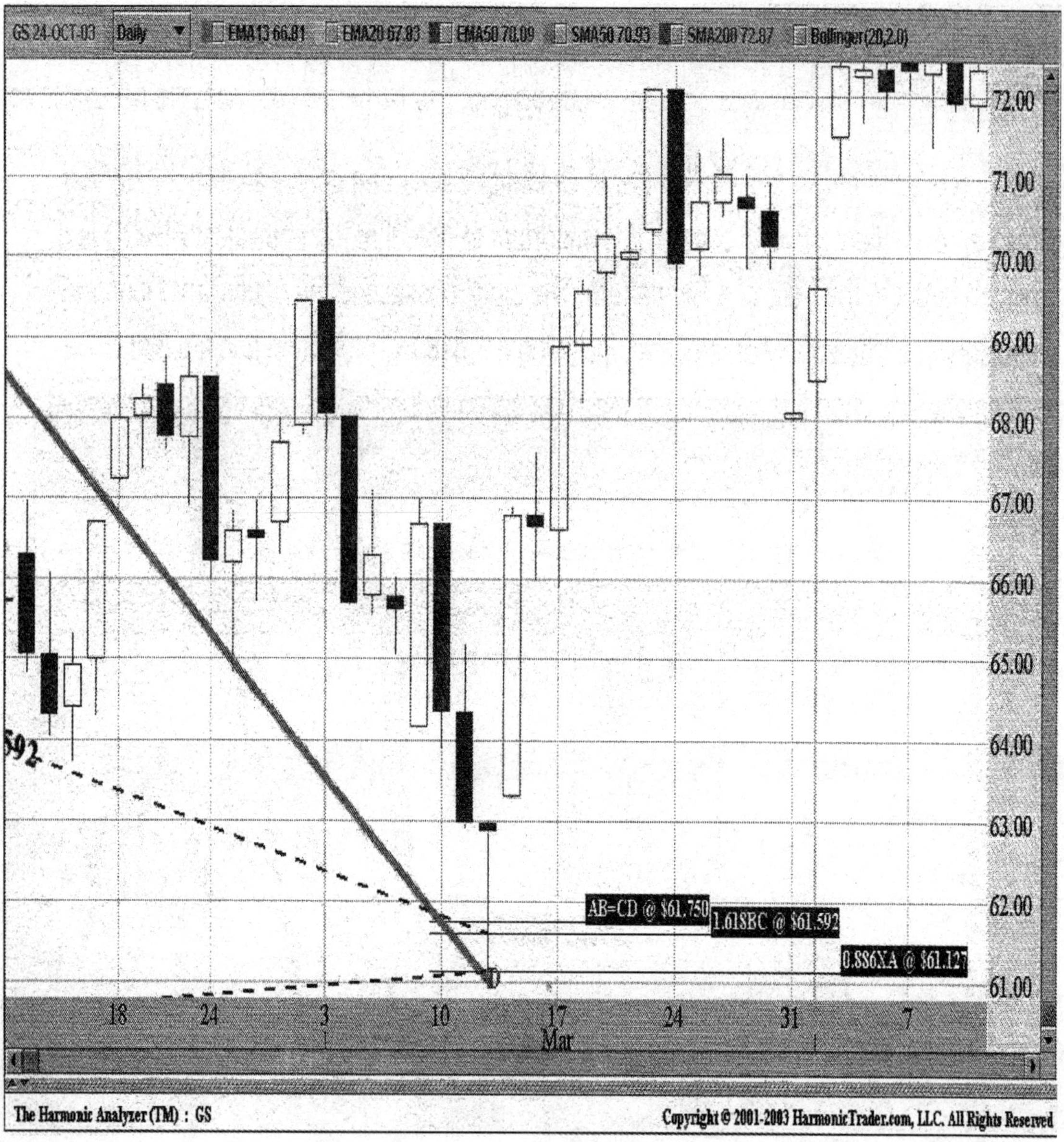

图 5.9

在测试完 PRZ 中的所有数字后，股价令人信服地上涨。同样，需要特别注意的是，略高于 61 的 0.886 回调是 PRZ 中的决定性限制条件，应该把它看作形态完成中最重要的数字。

雪佛龙－德士古(Chevron–Texaco)(CVX)：日线

下一个例子来自雪佛龙－德士古，一个明显的看涨蝙蝠形态形成于日线图上(图 5.10)。该股拥有确认蝙蝠结构所必需的斐波那契队列，特别是精确的 50%B 点。在测试完 PRZ 的整个区间后，股价反转。虽然反转紧接着发生在击中完成点之后，但是这个明显的形态清楚地辨识出一个买进机会，略低于 60 美元。

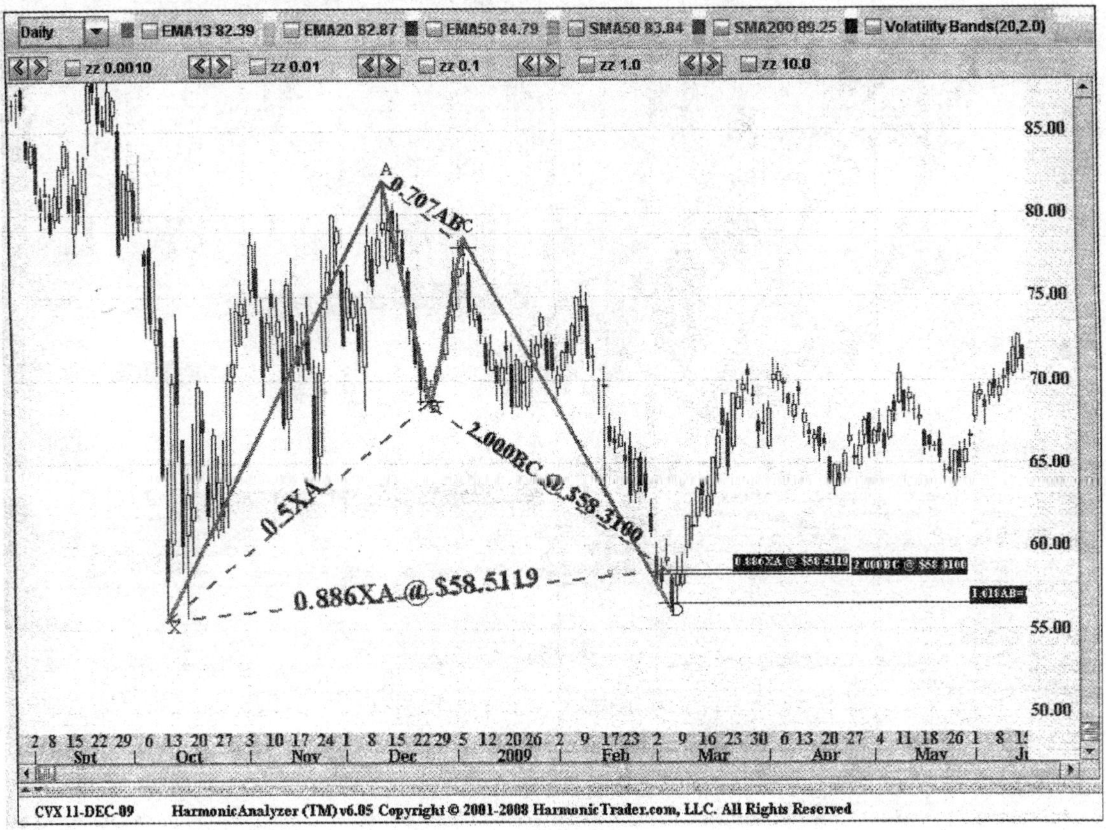

图 5.10

图 5.11 中，股价在测试 PRZ 的整个区间之后，显示出迅猛的反转。在 56.50 处，0.886 回调刚好与 2.0BC 延伸和看涨变种 1.618AB=CD 延伸会聚在同一区域。虽然变种 AB=CD 比其他两个数字低 2 点，但是这个例子突出说明了 PRZ 中每个数

字的重要性。股价在测试整个 PRZ 后令人信服地上涨，并且在该架构初次测试后的几天内确认了反转。

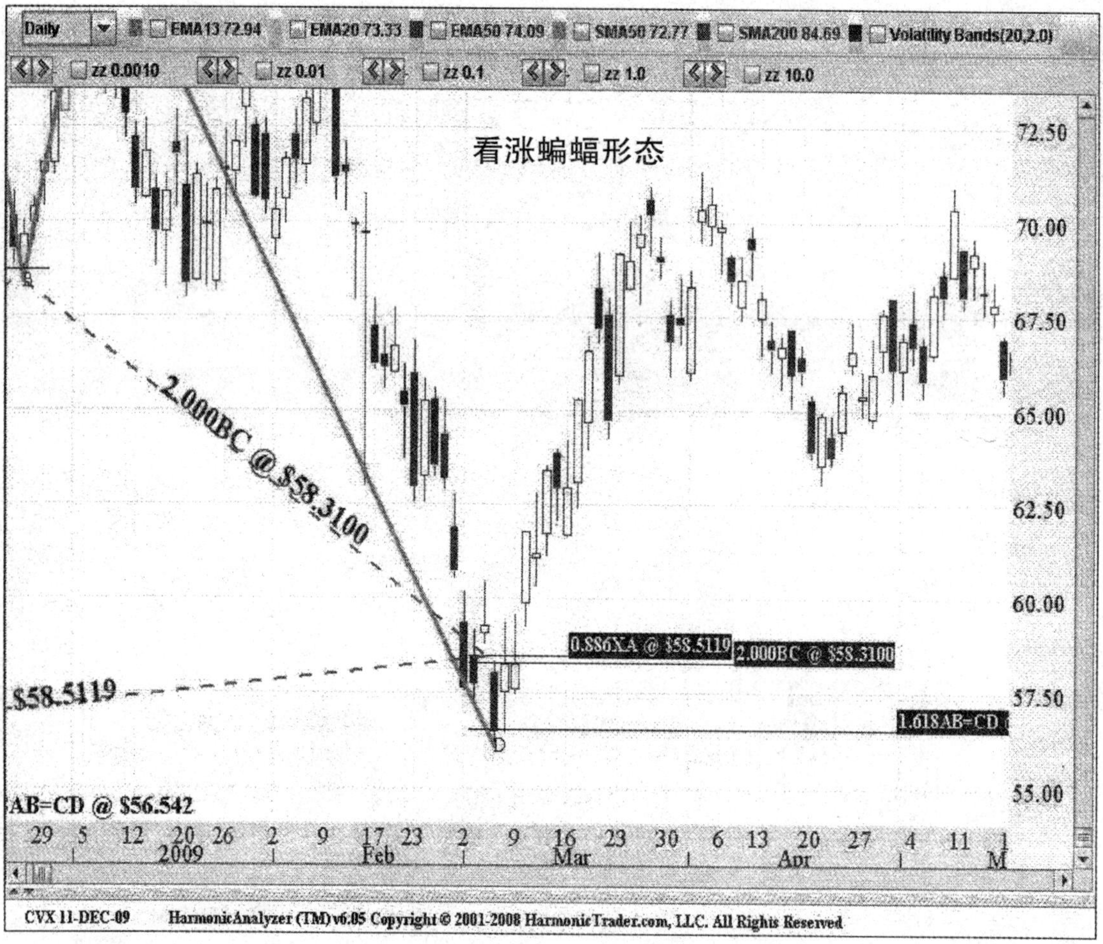

图 5.11

尽管有些情况可能比其他情况更难衡量，但这一例子表明了重点关注 PRZ 整个区间的重要性。在这个例子中，看涨蝙蝠形态完成时，雪佛龙－德士古形成一个和谐支撑，略低于 60 美元价位。当股价跌破 60 美元时，价格行为看起来相当剧烈。然而，雪佛龙－德士古很快稳定下来，测试 PRZ 后开始反转。即便执行延迟了一两天，该形态还是清楚地标志出股价的一个反转点，在价格行为的总体趋势内定义了一个做多的最佳入场。

看跌蝙蝠形态

B 点低于 0.618 回调，最好是 XA 臂的 0.50 或 0.382，那么就定义了看跌蝙蝠形态(图 5.12)。看跌蝙蝠形态是非常出色的 5 点调整结构，常常在回调至一个关键高点后形成。另外，当这些结构形成于明显的阻力位时，它们是极好的交易机会。

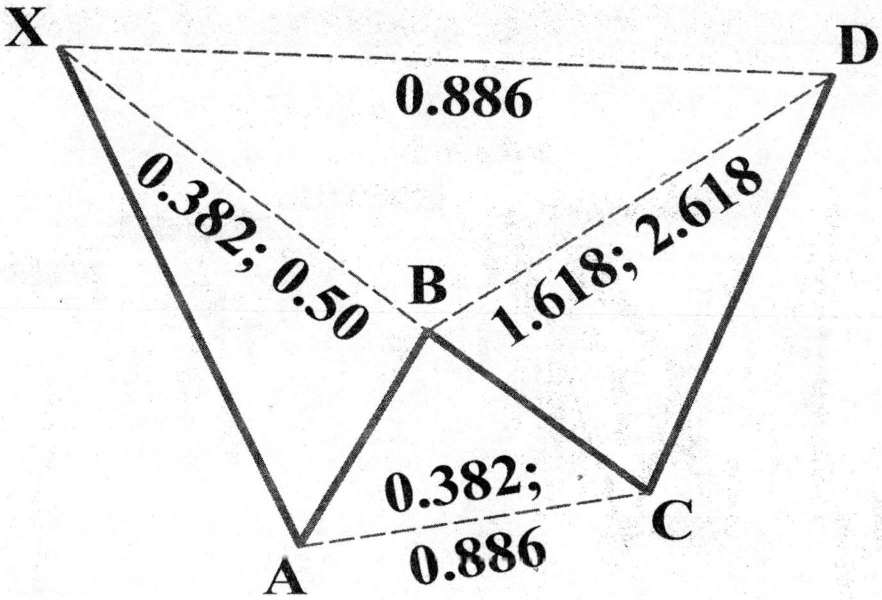

图 5.12

0.886XA 回调是看跌蝙蝠形态中最关键的价位。由于这一回调的出现靠近前一高点——形态的初始起点(X)，所以价格行为代表了对先前阻力的重大挑战。蝙蝠形态表现出的结构性信号是一个重要的技术因素，其重要性高于其他简单的再次测试。在明显阻力位形成的蝙蝠形态常常表明趋势中将出现实质性的改变——任何时间框架上都是如此！等待这样明确的机会是非常重要的。不用说，我喜欢等待整个 PRZ 区间被测试，以确认形态的完成。虽然这可能使交易的执行略有延迟，但是有效反转将在形态完成后不久提供决定性的信号。

摩根大通(JPM)：周线

摩根大通在这张周线图上形成一个明显的看跌蝙蝠形态，精确的 PRZ 在 48 美元区域(图 5.13)。该形态包含三个数字，在 47.20～48.05 之间定义了一个紧凑区域，以便做空这只股票。

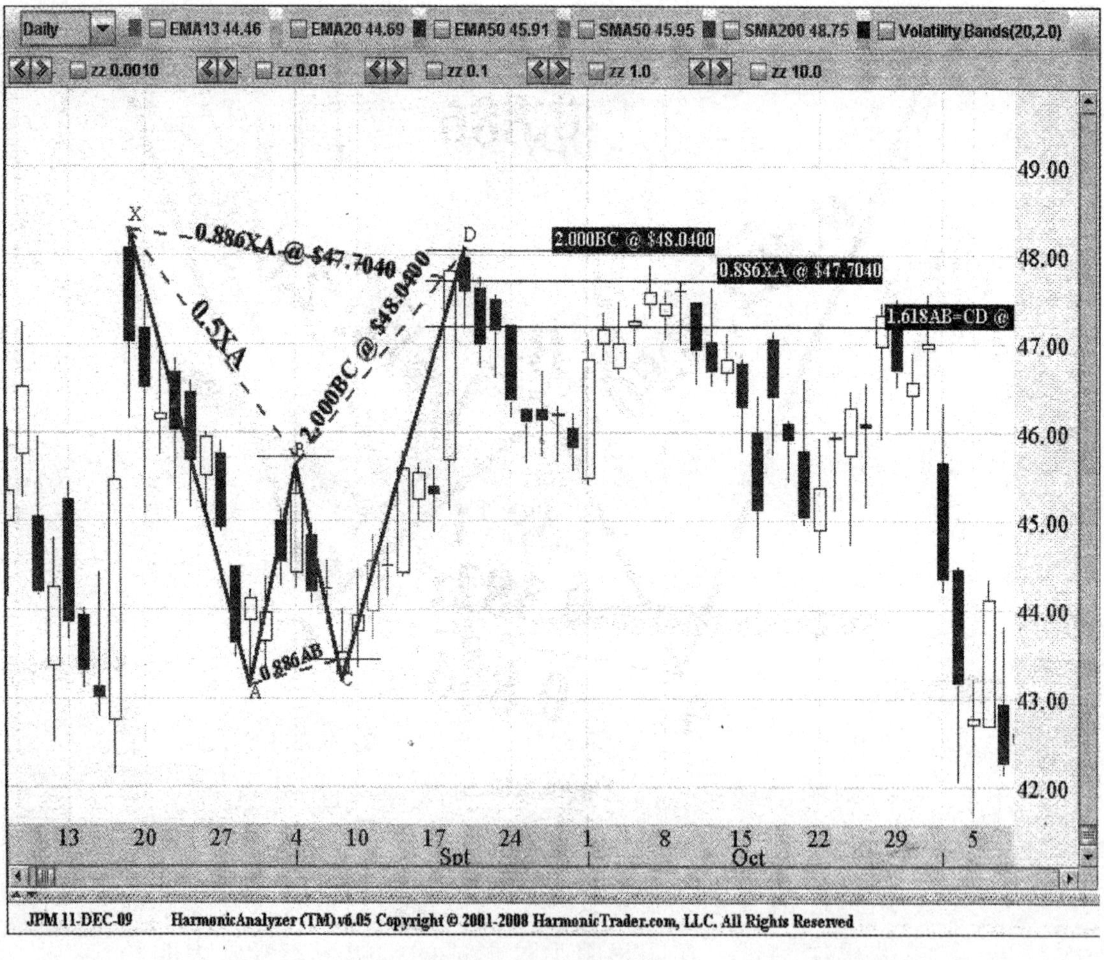

图 5.13

该形态拥有一个 1.618AB=CD，与 2.0BC 延伸会聚在相同区域。由于股价在测试整个 PRZ 后迅速反转，所以 47.70 处的 0.886 回调是这一架构决定性的上涨限制。

图 5.14 中，价格在 PRZ 内的走势显示在 0.886 回调被测试后，出现一个理想的反转。在理想情况下，有效反转中的 PRZ 应该被测试。实际上，与其他大多数形态相比，看跌蝙蝠形态在有效结构中更加倾向于测试它的整个 PRZ。这一点不同于伽利形态那样的 5 点调整结构，在那些结构中，PRZ 内价格行为使用的方法不那么严格。

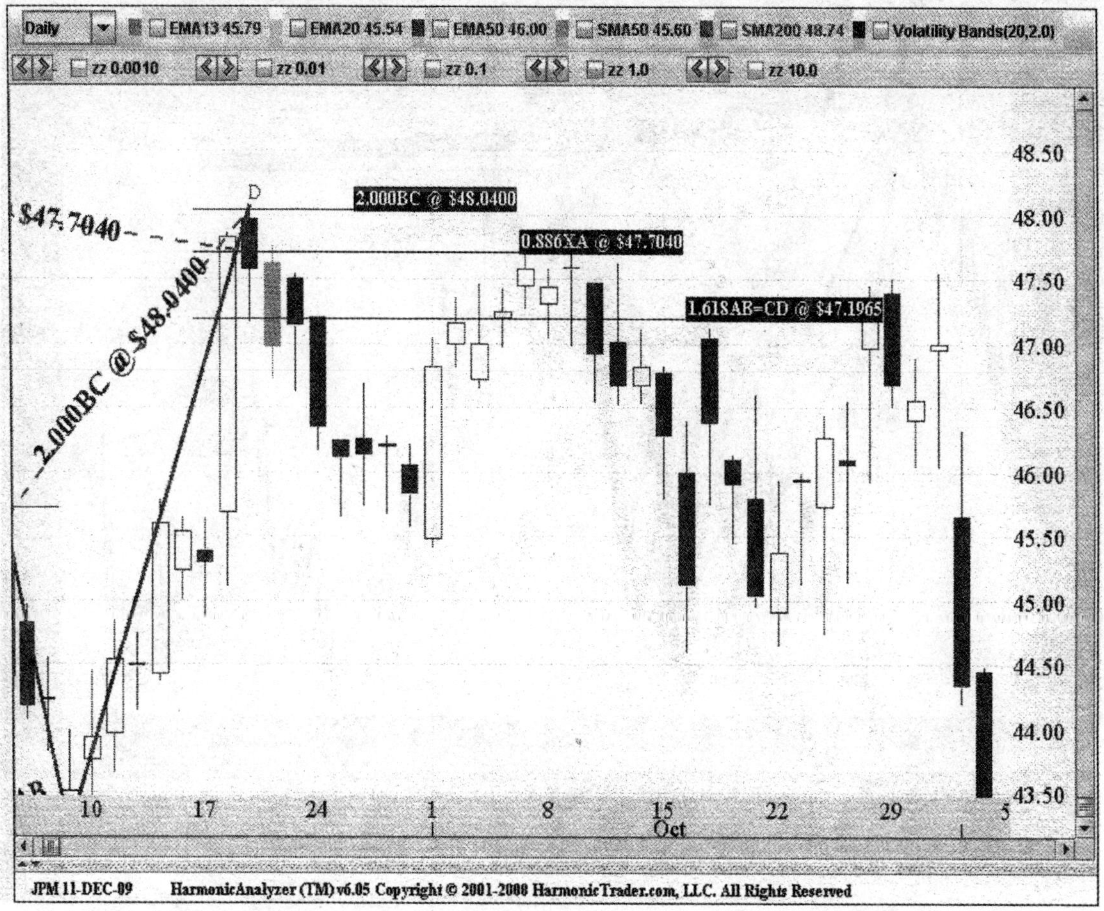

图 5.14

摩根大通的这个例子展示了等待蝙蝠 PRZ 被整体测试的优点。股价上涨，进入 47.20 和 48 之间的和谐数字区间，完全测试了 PRZ，确认了 0.886 回调处的最终反转。随后几周走势确认了反转，股价在蝙蝠形态完成后立即下跌。

欧元(EUR_A0-FX)：60 分钟

欧元中形成一个非常理想的看跌蝙蝠形态，形态的完成点便是交易的最佳入场价位(图 5.15)。理想的对称性和精确的结构比率队列清楚地确认了这一形态。

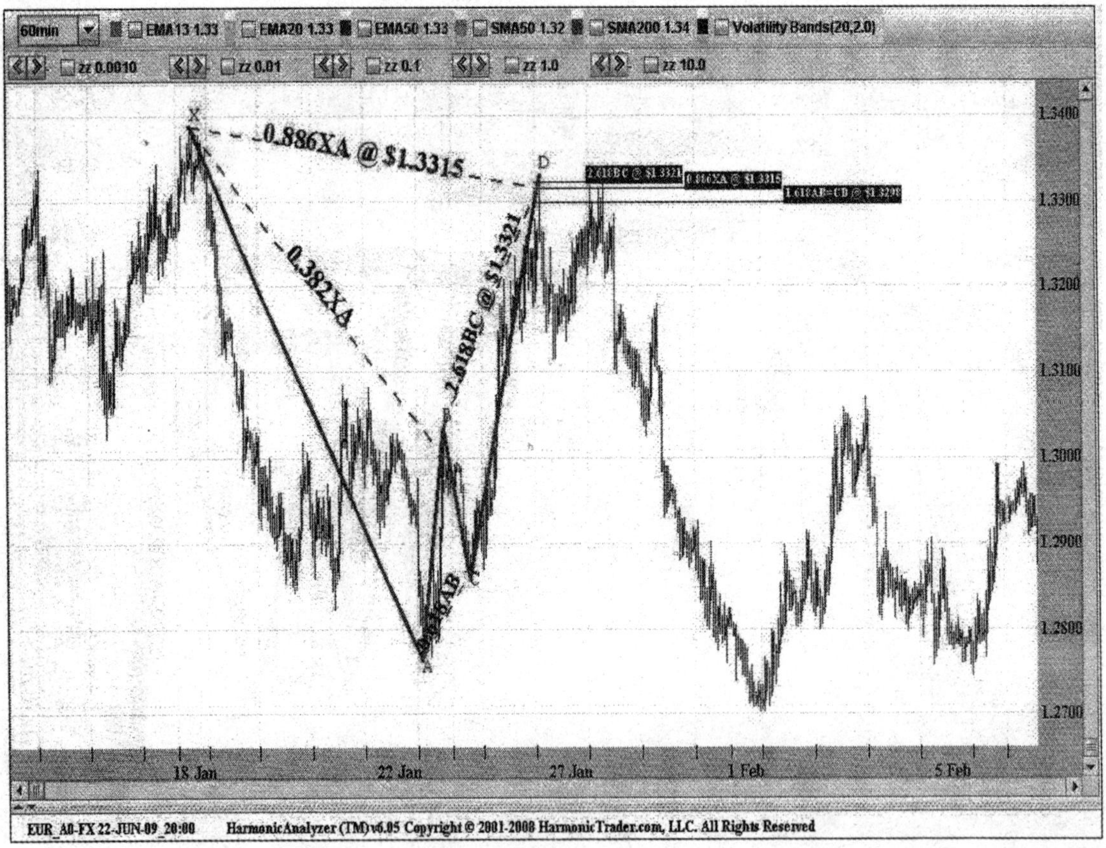

图 5.15

价格行为在对整个 PRZ 测试后反转。初始测试后形成一波临时性回撤，欧元在 1.4419 和 1.4437 之间的和谐阻力区间内整固，在二次测试整个 PRZ 后反转。同样地，1.4437 区域内的 0.886 回调是该形态的决定性因素，是区域内最重要的数字。另外，0.886 回调通常是执行交易的最佳区域。图 5.16 中的图表展示出 PRZ 内的价格行为。尽管 PRZ 之前出现了强势上涨，但是价格在测试和谐阻力后明显地停止，确认了看跌蝙蝠形态。

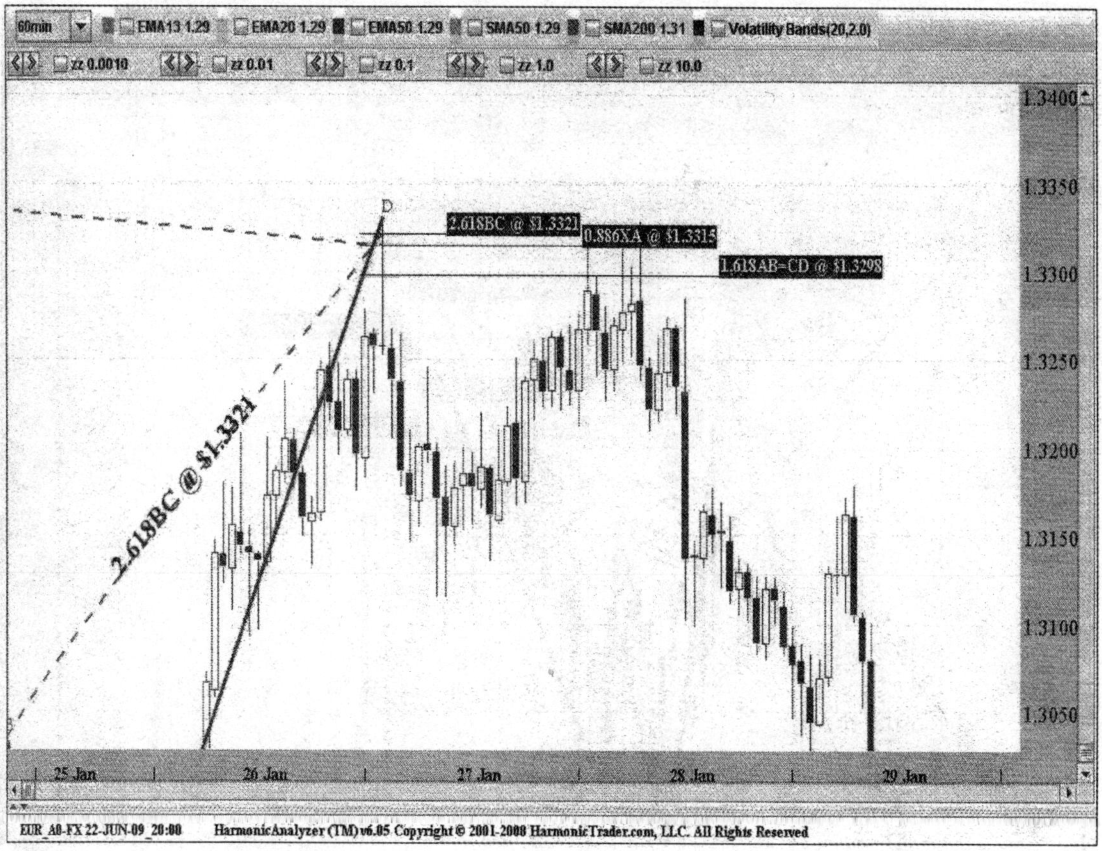

图 5.16

上涨了数百个基点之后，欧元形成一个锋利的看跌蝙蝠形态，不仅在形态完成处反转，而且几乎刚好是在 PRZ 的高端形成顶部。初始测试产生了一个有效的短期反转。更加实质性的运动需要二次测试和进一步整固，然后才会形成引人注目的反转。在这一区域整固之后，欧元实际上在二次测试时形成一个较小的看跌蝙蝠形态(图 5.17)。这一“形态中的形态”只是多种多重和谐形态中的一种，应该把多重和谐形态看作对架构的附加性结构确认。在这种情况下，多重形态的会聚对于反转区域可能拥有更强大的暗示，说明它是未来潜在趋势的关键反转点。较小的看跌蝙蝠形态完成于

1.3325，与较大的 0.886 回调完成于同一价位。二次测试之后的反转是一个清楚的确认信号，确认这些形态为关键和谐阻力。

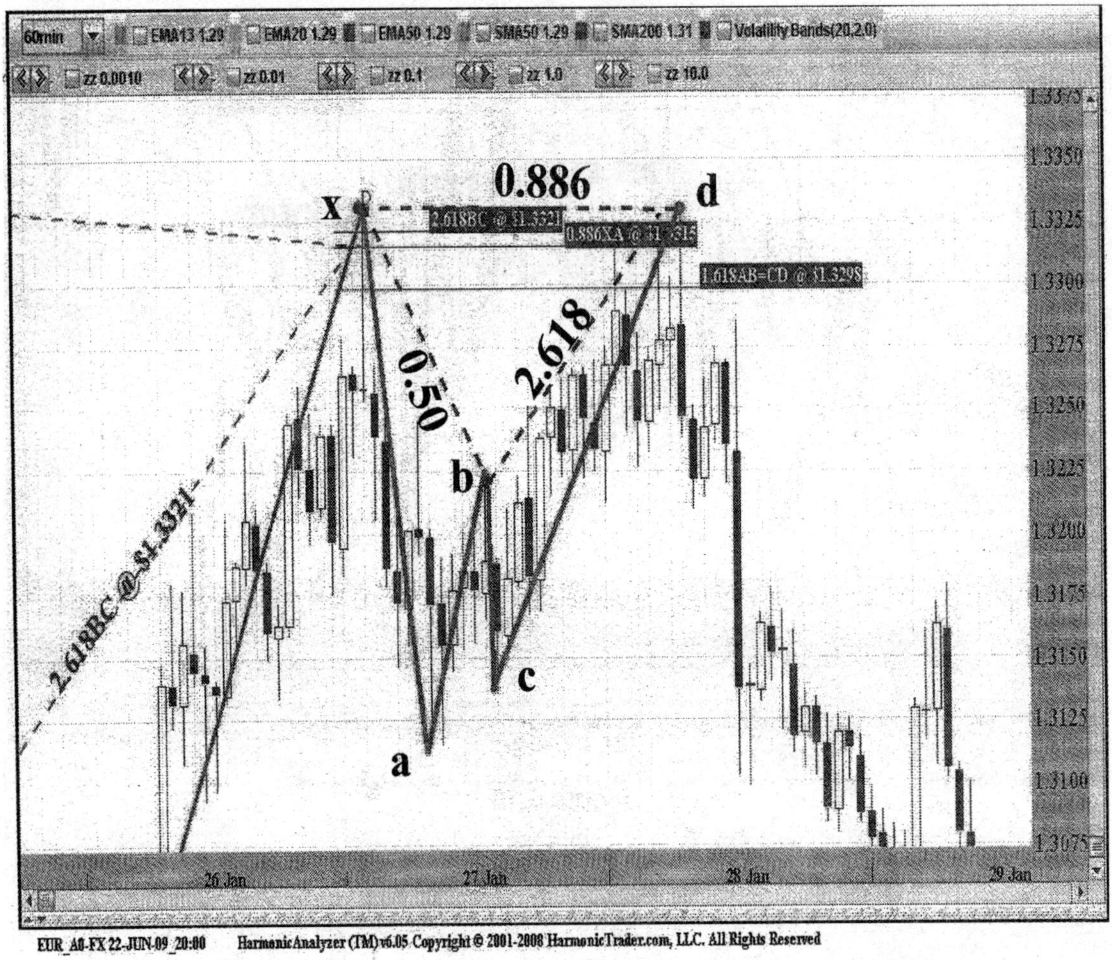

图 5.17

虽然多重和谐形态不会每次都出现，但是许多有效反转都会经历某种类型的重要架构的二次测试，然后才形成决定性的反转。实际上，在第一次测试整个 PRZ 时出现某种类型的反应是很常见的。在一些有意义的整固之后，名义上对 PRZ 的再次测试常常出现，标志着反转加速的开始。这些情形是极好的交易机会，因为它们提供了充足的时间来分析价格行为和执行交易。

可口可乐(KO)：周线

可口可乐在图 5.18 中的这张周线图上展示了一个长期看跌蝙蝠形态。该形态包含一个精确的 PRZ，三个数字在 34.55 和 36.30 之间定义了一个紧凑的区间。股价在(再次)测试整个 PRZ 后反转，0.886 回调作为这一区间内的决定性数字。

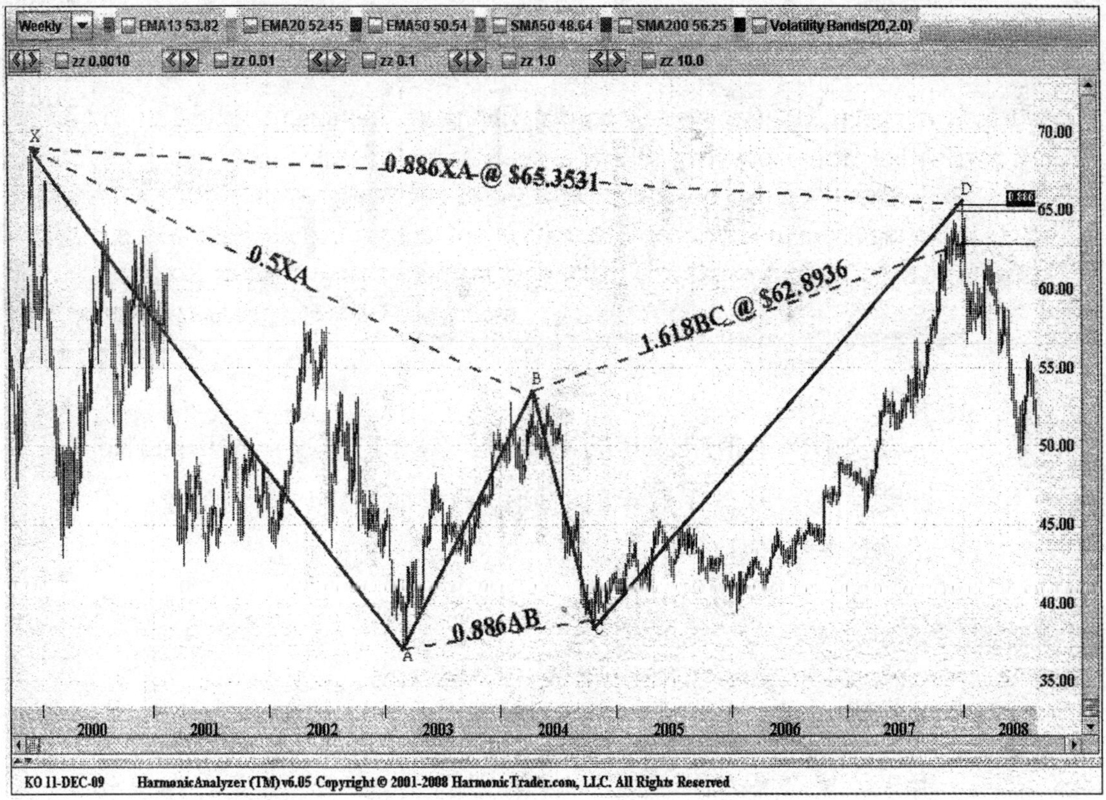

图 5.18

这个例子展示了有效蝙蝠形态通常具有的理想队列。精确的 50%B 点回调，加上变种 1.27AB=CD 形态和 2.0BC 延伸，是定义这一精确 PRZ 的理想结构元素。虽然 0.886 是这个架构的决定性元素，但是另外两个价位也是这一区域非常理想的补充。图 5.19 展示出清晰的反转，在测试完区域内的所有数字后，反转开始。

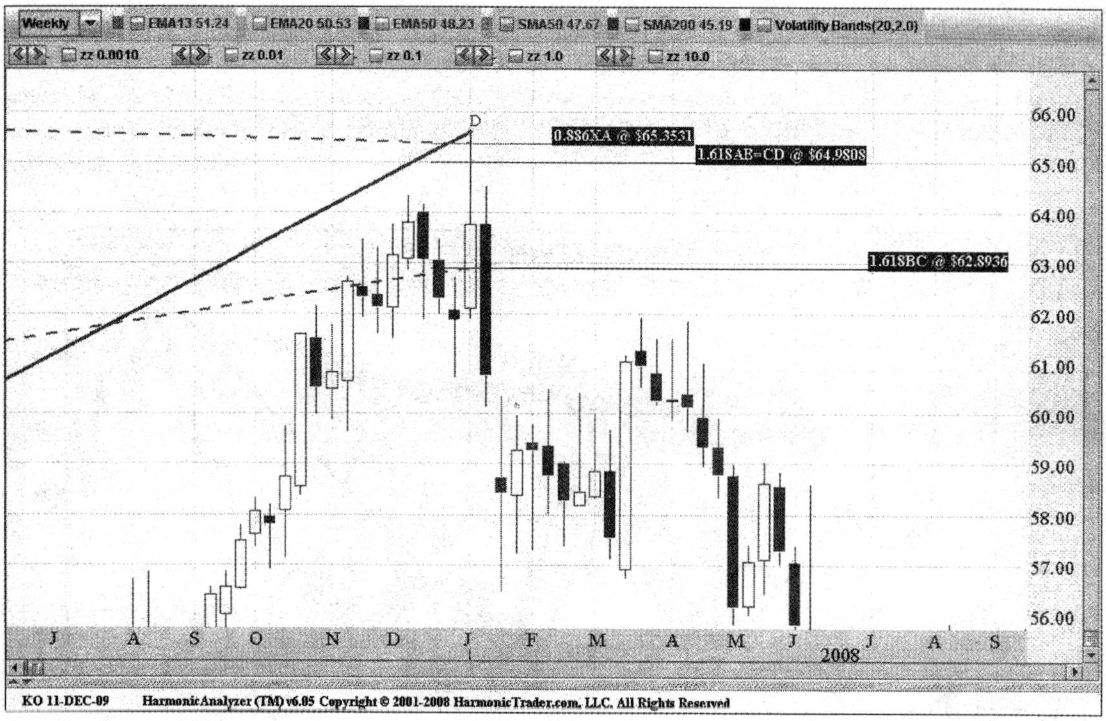

图 5.19

这个例子值得注意的一点是，需要形成这一结构的时间长度。这一形态在七年的时间段上形成，难以置信的是，上升趋势在股价击中完成点后反转。

完美蝙蝠形态

完美蝙蝠形态由结构内具体的斐波那契数字队列呈现出来。完美蝙蝠形态是一种清楚的结构，由定义潜在反转区(PRZ)的三个数字确定一个紧凑的区间。中点主要由精确的 0.50%[1]B 点回调确定。变种 1.27AB=CD 和 2.0BC 延伸的完成点应该靠近 0.886 回调，0.886 回调是该形态中最关键的数字。

完美蝙蝠形态的要素：

1. 强制性的 XA 臂的 50%B 点回调。

① 此处原著可能笔误，应为 50%——译者注。

2. XA臂精确的0.886D点回调，作为PRZ内的决定性限制。

3. 2.0BC延伸。

4. 需要变种1.27AB=CD形态。

5. C点应该在50%～61.8%区间内。

完美看涨蝙蝠形态

完美看涨蝙蝠形态主要由B点处的精确50%回调来定义(图5.20)。PRZ必须包含一个0.886回调，作为决定性限制，而且这一区域应该由一个带变种1.27AB=CD形态的2.0BC延伸作为补充。需要指出的是，C点的“0.50；0.618”斐波那契回调区间是唯一允许的“随意队列”。C点区间是最理想的回调至确立一个2.0BC延伸。

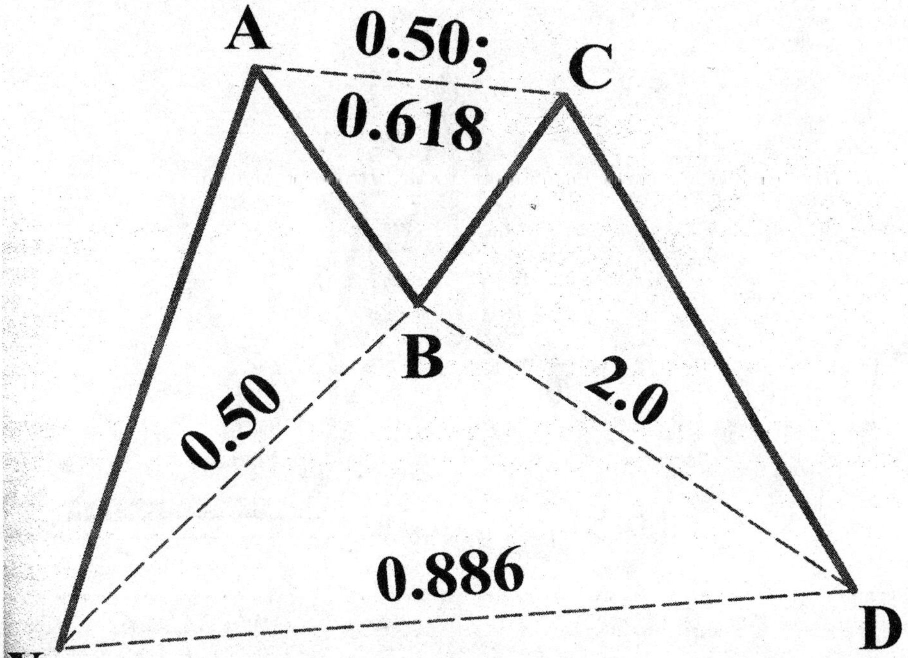

图5.20

英特尔(INTC)：60 分钟

英特尔在图 5.21 中的日内示例展示了一个带精确潜在反转区(PRZ)的看涨蝙蝠形态。比率队列相当精确，特别是 50%B 点和延长的 BC 延伸。PRZ 的三个数字在 15.80 区域定义了一个紧凑的做多区域。具体地说，该架构包含一个 1.27AB=CD 形态，位于 15.75，带一个 BC 延伸和一个 0.886 回调，会聚于 15.80。

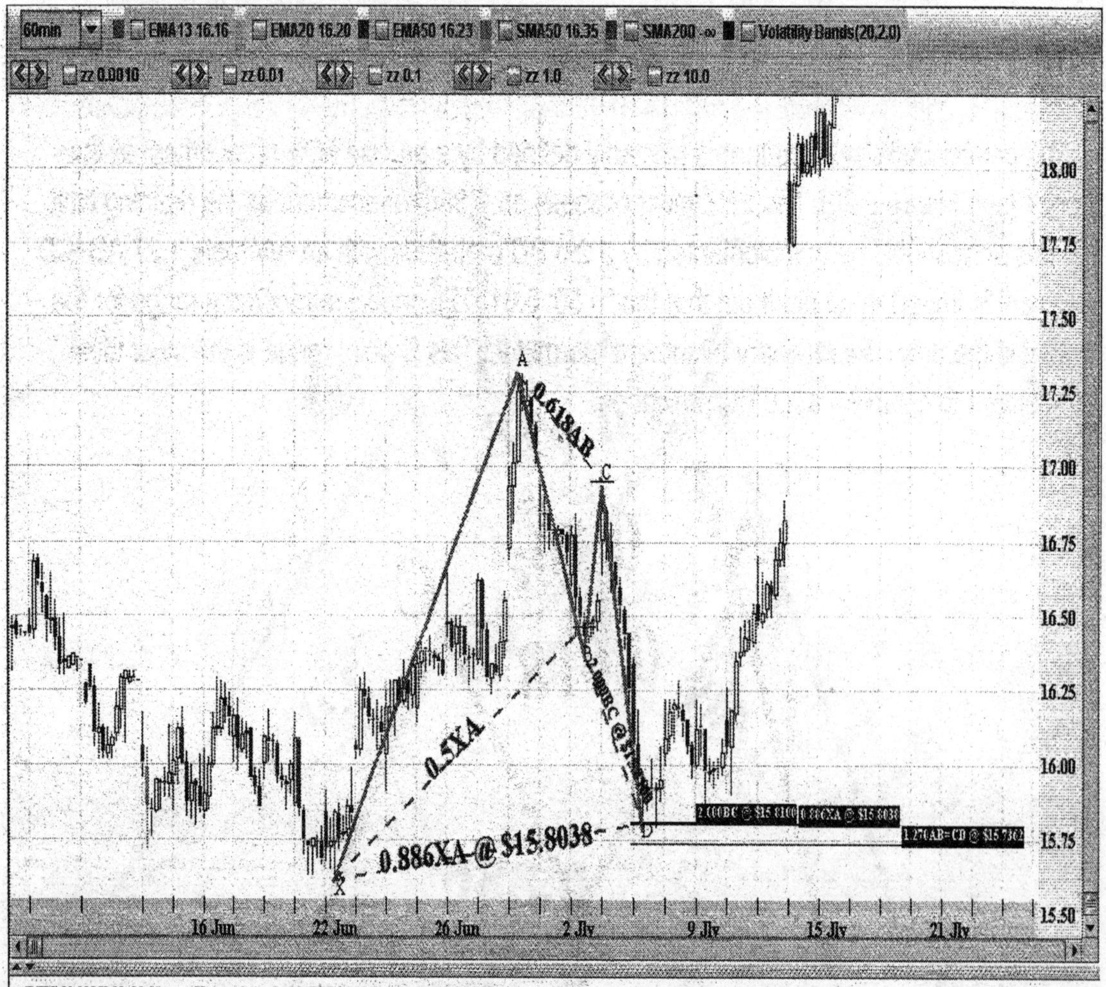

图 5.21

除了以理想的斐波那契比率队列来确认完美的结构之外，该形态明显的对称性是这种短期架构的又一理想要素。图 5.22 中，PRZ 内价格行为随后的走势显示在这一支撑区的首次测试处形成接近完美的反转。价格进入 PRZ 后稳定下来，从 0.886 回调反转。股价在接下来的几个时段果断上涨，确认了新的日内上升趋势。

图 5.22

这个例子展示一个理想的场景。对于这个明显的看涨蝙蝠形态，从 PRZ 开始形成迅速的反转，刚好是我们在有效和谐架构中预期的价格行为。这个形态包含有效买进信号所需的所有理想要素。更不用说，PRZ 中紧凑的数字队列以及明确的对称形态结构，进一步证实它是一种极度和谐的架构。

完美看跌蝙蝠形态

完美看涨蝙蝠形态主要由 B 点处的精确 0.50 回调来定义。PRZ 必须包含一个 0.886 回调，作为决定性的上限，而且这一区域应该由一个带变种 1.27AB=CD 形态(图 5.23)的 2.0BC 延伸作为补充。

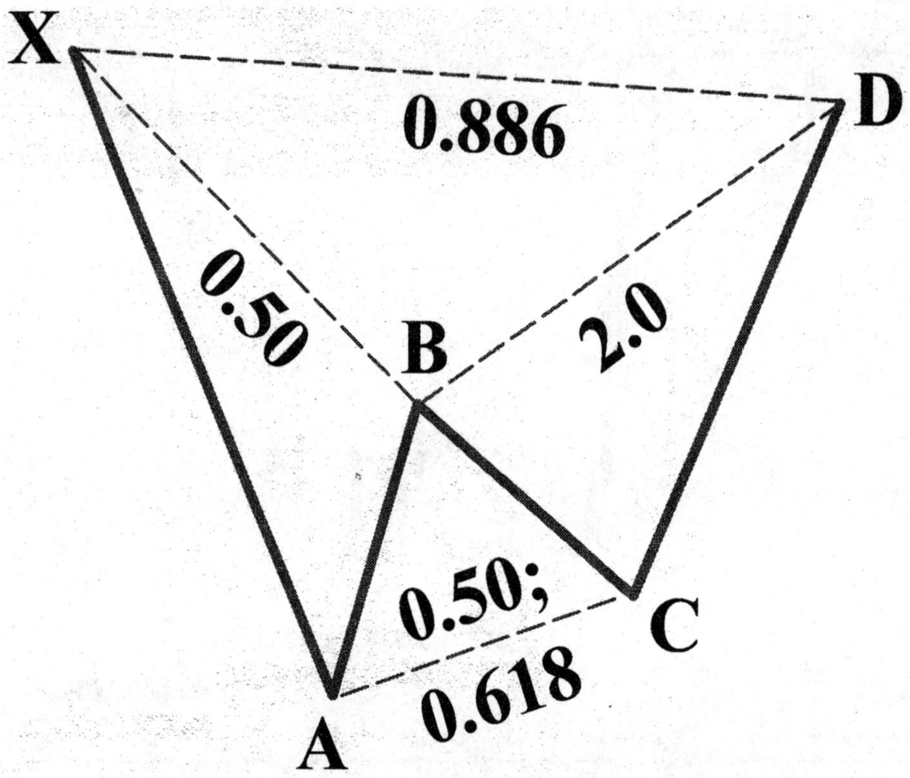

图 5.23

需要指出的是，C 点的“0.50；0.618”斐波那契回调区间是唯一允许的“随意队列”。C 点区间是最理想的回调至确立一个 2.0BC 延伸。

纳斯达克 100 指数跟踪股(QQQQ)：5 分钟

这个例子中的看跌蝙蝠形态包含一个完美的结构，拥有所需的精确的斐波那契比率队列来确认这一形态。从一个完美的 50%B 点回调开始，价格行为形成一个变种 1.27AB=CD 形态，与 2.0BC 延伸刚好完成于同一区域。结合 0.886XA 回调，PRZ 在 10 美分的区间内包含三个数字，在略高于每股 30 美元处定义了一个阻力区。

完美形态结构在任意趋势中都可有效地确定关键反转点，图 5.24 中的图表便清楚地说明了这一点。在这个例子中，完美看跌蝙蝠形态确定了一个做空 QQQQ 的最佳执行区。

图 5.24

蝙蝠形态总结

蝙蝠形态是一种精确的和谐形态，常常带来准确而迅速的反转。0.886 回调是一个强有力的完成点，是 PRZ 之内的决定性限制。虽然 0.50 或 0.382 回调更好，但是任何小于 0.618 的 B 点都会定义一个有效的蝙蝠结构。蝙蝠形态也需要最少 AB=CD 完成来确认结构有效。不过，变种 1.27AB=CD 最为常见，是完美蝙蝠结构中的决定性元素。另外，BC 延伸应该补充 PRZ 中的其他数字，而且它必须至少是 1.618 延伸。

1. XA 臂的 B 点回调必须小于 0.618，希望是 0.50 或 0.382 回调。

2. XA 臂精确的 0.886D 点回调，作为 PRZ 内的决定性限制。

3. 最低 1.618BC 延伸，可能出现极度延伸（2.0～2.618）。

4. 最低 AB=CD 完成，不过，变种 1.27AB=CD 更为常见，而且更受欢迎。

5. C 点回调可能在 0.382 和 0.886 之间变化。

蝙蝠形态或许是所有和谐形态中最和谐的形态。蝙蝠结构代表着强大的调整信号，辨识出再次测试重要支撑位或阻力位的极佳交易机会。最佳结构通常清晰可辨，并且包含精确的斐波那契比率队列来确认形态的完成。

第6章

伽利形态

《伟大的伽利辩论》

交易界最著名的和谐形态或许就是伽利形态。虽然很多人已经撰文描述这一形态，但是伽利形态却是源自彻头彻尾的错误信息。伽利(H.M.Gartley)在他的著作《股市中的利润》(*Profits in the Stock Market*，兰伯特江恩出版，1935)第222页首次对这种形态的基本结构进行了描述。尽管与许多人声称的相反，但是伽利并没有把斐波那契比率赋予这种价格结构。实际上，《股市中的利润》整本书中都没有提及任何关于斐波那契比率的信息。我知道这一点是因为我有这本书，其中真的没有。我认为重要的是更正关于这种形态的那些流行的错误概念。

需要注意的是，其他人已经把各种各样的斐波那契比率加在了伽利形态的框架上。然而，他们在D点使用了大量的斐波那契数字，实际上把任意AB=CD形态都贴上了伽利形态的标签。这种假设认为，如果任意反转完成于0.618或0.786，那么它就是有效的，而不用考虑总体结构队列。这在技术分析界制造了很大的混乱，已经威胁到这种形态的名声。这种辩论是我最初对这种形态进行精练时遇到的最早的挑战之一。我与很多人争论，“所有的伽利形态不都是相同的。”如果有什么区别的话，最有效的伽利形态需要一个精确的斐波那契比率队列来确认这种结构。虽然一般结构以前已经被描述出来，但是直到《和谐交易者》在1999年出版，B点在

0.618 和 D 点在 0.786 的具体回调规则才被赋予这种形态。这一队列现今已成为技术分析界的标准，而且现在通常被称为伽利形态。

精确的 0.618B 点要求只是对该结构的这种解释中的一个条件。《和谐交易者》还描述了 AB=CD 形态和 BC 延伸规则的重要性，我们需要具体的条件来确认该结构。

伽利形态的潜在反转区(PRZ)还包含其他若干元素，使得该结构不同于其他形态。该形态应该包含一个明显的等距 AB=CD 形态，与 0.786XA 回调会聚于相同区域。实际上，等距 AB=CD 形态和 0.786 回调的完成是有效伽利形态的最低要求。通常，在 PRZ 中 0.786XA 回调是与 AB=CD 重叠的。在这些情况下，这种会聚通常代表着 PRZ 的决定性价位。

BC 延伸是另一个确认该架构的具体条件，而且它一定不能超越 1.618。虽然 PRZ 中 BC 延伸的重要性不如在其他形态中，但是 1.618 限制有助于区分伽利结构。通常，大于 1.618 的 BC 延伸出现于蝙蝠结构中。无论 PRZ 中需要什么数字，伽利形态必须包含一个精确的 0.618B 点回调，以确认这种结构。实际上，伽利形态需要所有和谐形态的最精确 B 点队列来确定最佳交易机会。

伽利形态的要素：

- XA 臂精确的 61.8%B 点回调。
- BC 延伸一定不超过 1.618。
- 等距 AB=CD 形态是最常见的。
- 0.786XA 回调。
- C 点在 0.382～0.886 回调构成的区间之内。

根据我的经验，任何小于理想伽利斐波那契队列的结构最终通常成为“更深的”调整结构，有利于蝙蝠形态的完成。

虽然这种对伽利队列的严格应用减少了形态匹配的数量，但关键是辨识出有效的形态，并且有效区分这两种类似的结构。

需要注意的是，伽利形态仅仅是一种“M”或“W”形的艾略特波浪调整形态。虽然结构上类似，但是蝙蝠形态是一种明显不同的结构，需使用其他规则来定义其架构。如此规范的价格结构，由斐波那契数字进行量化，是和谐交易中非常必要的。就伽利形态而言，该架构产生最有效的反转，是《和谐交易者》中举例说明的一个形态。

对于其他所有和谐形态，每种结构内的斐波那契点的具体说明，在决定有效交易机会方面是极为关键的。伽利形态举例说明了这种规范化的必要性，因为它在完成时常常类似于蝙蝠形态。

关于和谐形态的最后一点，《和谐交易者》概述了许多前所未有的策略，根据具体的价格点队列来区分形态。这种区分增加了有效性，并且有助于减少这些方法的整体应用中的混乱。另外，必须强调的是，虽然其他人也已在他们的价格形态分析中使用斐波那契数字，但是，由斐波那契数字量化的精确而规范的价格结构，使得和谐交易脱颖而出。

看涨伽利形态

一个明显的 AB=CD 形态和一个 0.786 回调，定义了看涨伽利形态中的潜在反转区(PRZ)(图 6.1)。然而，这些条件仅在 XA 臂的 0.618B 点回调满足时才有效。

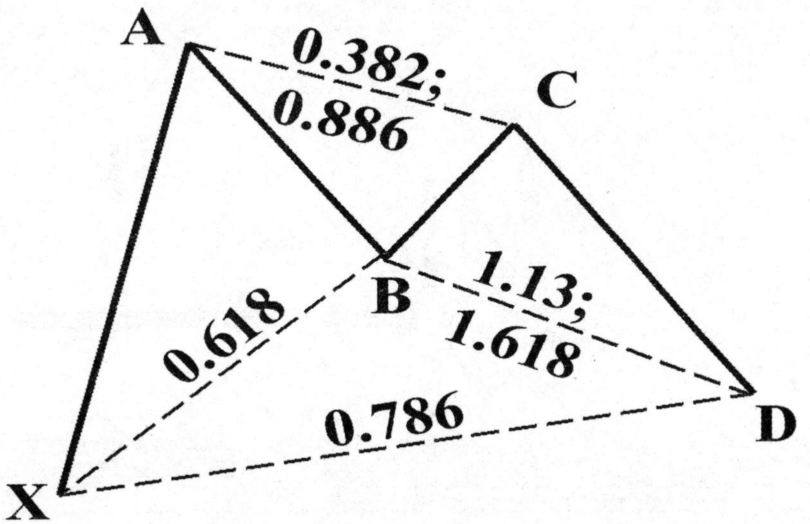

图 6.1

BC 延伸应该作为 PRZ 中其他数字的补充，1.13、1.27、1.41 或 1.618 延伸应该会聚于同一区域。需要注意的是，伽利形态并不使用任何大于 1.618 的 BC 延伸。任何大于 1.618 的 BC 延伸通常见于蝙蝠结构。需要指出的是，C 点的“0.382；0.886”斐波那契回调幅度可以是这两个限制比率之间的任何一个和谐交易比率。因此，C 点可能是 0.382、0.50、0.618、0.707、0.786 或 0.886。

纽蒙特矿业(NEM)：周线

第一个例子来自纽蒙特矿业(NEM)的周线图，以实例说明了理想看涨伽利形态的要素(图 6.2)。从一个精确的 0.618B 点队列确认该结构，19.30 处明显的 AB=CD 形态完成点与 19.35 处的 0.786XA 回调差不多会聚在一起。1.41BC 延伸在 18.70 处作为这区域的补充。尽管这一区域略有超越，但是该形态清楚地指明了 19 美元价位附近的和谐支撑。

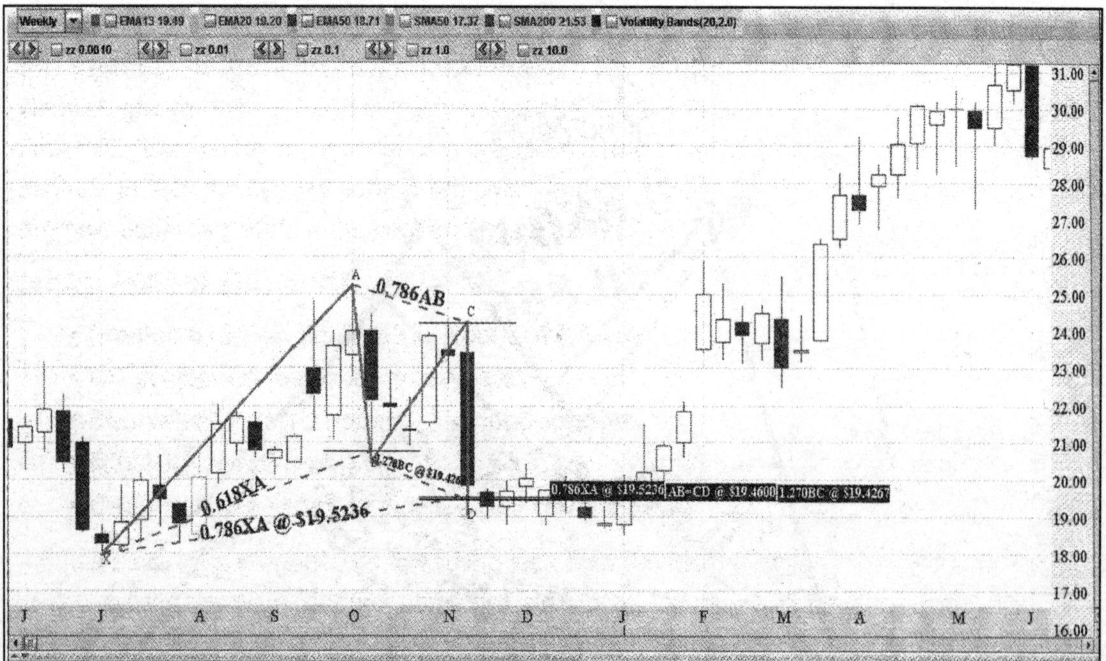

图 6.2

图6.3中，价格在PRZ内的走势显示在1.41BC延伸被测试后，出现一个理想的反转。这一反转有趣的一点是价格稳定出现在0.786和AB=CD完成点被测试后。虽然纽蒙特矿业反转前需要几周的整固，但是看涨伽利形态准确地辨识出了这只股票的关键支撑。

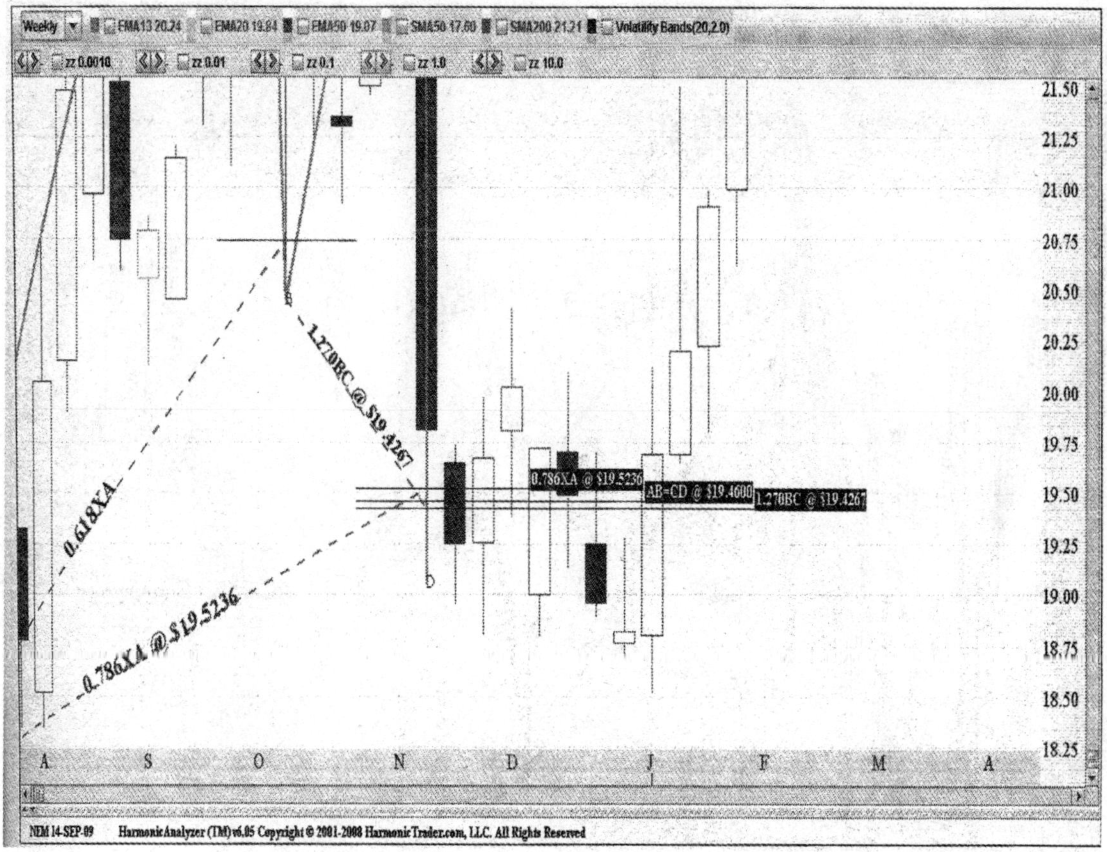

图6.3

虽然这一概念听起来可能有点重复，但强调伽利形态与蝙蝠形态的区别还是很重要的。这种5点调整结构与蝙蝠形态的最重要的区别是XA臂的0.618价位处的B点回调。如果这是一个蝙蝠结构——由一个0.50或更小的B点回调来定义，那么相应的BC延伸和变种1.27AB=CD形态将会计算出一个较低的PRZ，结果错过交易。

标准普尔 500　2003 年 6 月迷你合约(ES_M9)：5 分钟

ES 在这张 5 分钟图上形成一个明显的看涨伽利形态。这是一个非常漂亮的结构，一组理想的和谐数字在 920 区域定义了一个明确的日内 PRZ(图 6.4)。

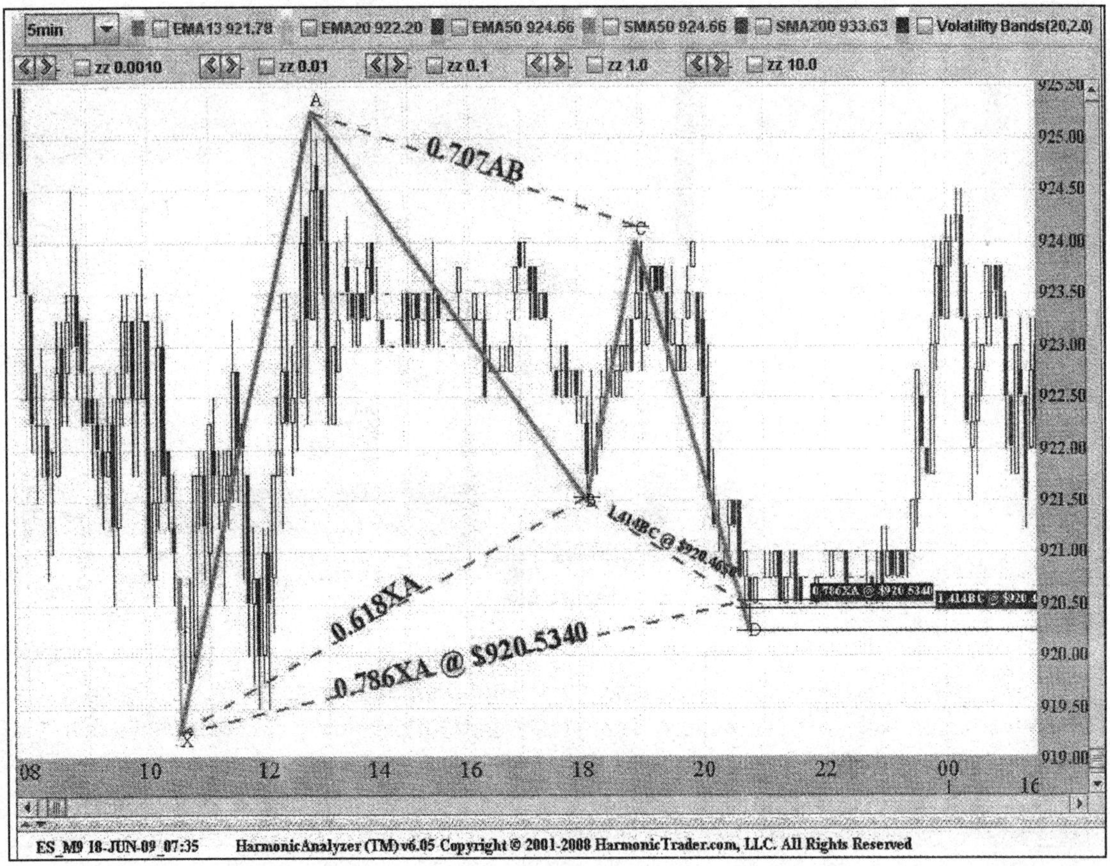

图 6.4

AB=CD 和 0.786 回调的重叠定义了 PRZ 内的关键区，ES 在测试这一区域后迅速反转。需要强调的是伽利 PRZ 中这两个数字的会聚。虽然在大多数形态中我喜欢等待和谐数字的整个区间被测试，但是伽利形态常常在测试 AB=CD 完成点和 0.786 回调后反转，更不用说这些数字在 920 价位的会聚清楚地定义了关键的日内和谐支撑。

纳斯达克100　2003年9月迷你合约(NQ_U3)：日线

NQ迷你合约2003年9月在日线图上形成这个明显的看涨伽利形态，标志着一轮巨幅上涨的开始。这个形态包含明显的结构，理想的和谐数字队列定义了一个明显的PRZ，位于1203.40和1213.50之间(图6.5)。

图6.5

AB=CD完成点和0.786XA回调的会聚是PRZ的决定性要素，该合约在测试这一区域后迅速反转。虽然1.41BC延伸补充了PRZ，但是它没有被测试。这证明了PRZ中的AB=CD和0.786XA回调对于伽利形态的重要性。

道琼斯工业平均跟踪股票(DIA)：日线

DIA 在日线图上形成这个看涨伽利形态(图 6.6)，三个数字在 118～120 之间的紧凑区间内。该形态包含一个明显的结构，带有一个完美的 0.618B 点回调。

图 6.6

这是另一种情形，其中伽利 PRZ 由 AB=CD 完成点和 0.786XA 回调来确定。虽然 BC 延伸标志着 118 美元处的低点，但是 AB=CD 完成点和 0.786 回调的会聚辨识出 PRZ 中最重要的区域。对于 DIA 来说，这是一个重要的结构化形态，因为它确认了关键的熊市低点。

微软(MSFT)：60 分钟

在这张 60 分钟图上，经过一轮剧烈下跌后，微软经过几个时段的整固后形成一个明显的伽利形态(图 6.7)。

图 6.7

B 点回调反转靠近 0.618XA 回调，确立了这一形态的结构。AB=CD 完成点、0.786XA 回调和 1.41BC 延伸，会聚于 23.15～23.25 之间紧凑的 10 美分区间内。整个 PRZ 被测试后，股价在接下来的两周内上涨。

看跌伽利形态

看跌伽利结构主要是由 XA 臂的 0.618B 点回调来辨识(图 6.8)。形态的其他要素——AB=CD、BC 延伸和 0.786 回调——收敛时应该彼此接近，以便定义 PRZ。

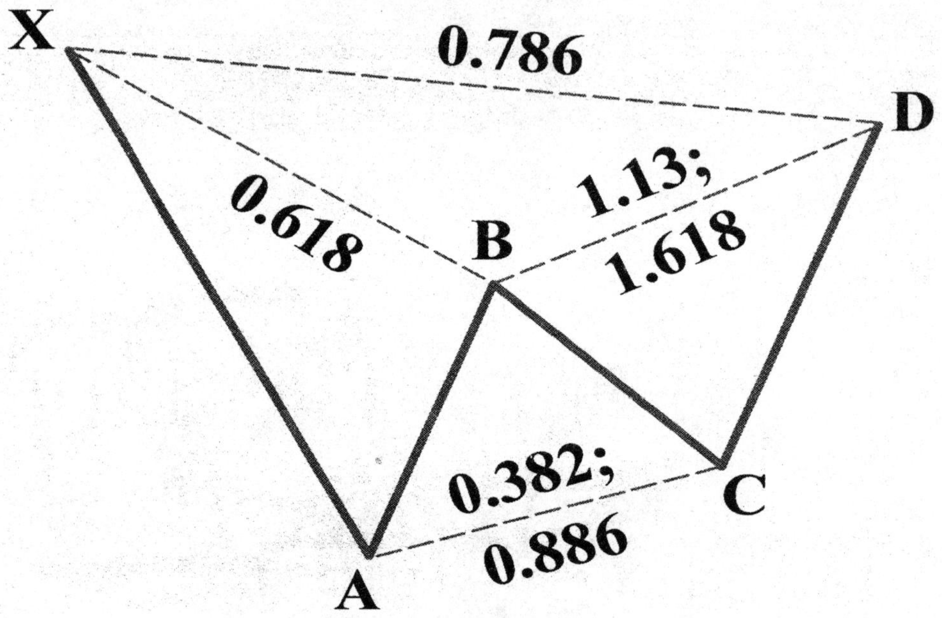

图 6.8

标准普尔 500 指数(^SPX)：周线

这第一个看跌伽利形态的例子对于金融市场来说具有难以置信的重要意义。标准普尔 500 指数在其历史高点完成了这个看跌伽利形态，标志着为期三年的熊市的开始。明显的 AB=CD 形态完成点和 0.786XA 回调得到 1.27BC 延伸的补充，把略高于 1500 处的区域定义为关键阻力区(图 6.9)。

虽然价格行为超出了区间顶端，但是反转发生于价格行为测试整个 PRZ 区间后的那一周。

图 6.10 显示出这一完整测试后的一个理想反转。

整个 PRZ 被测试后的行为以实例证明了有效形态的理想

反转。在这个例子中，标准普尔500在这一和谐阻力处停止，在反转后的几周内继续下跌。

图 6.9

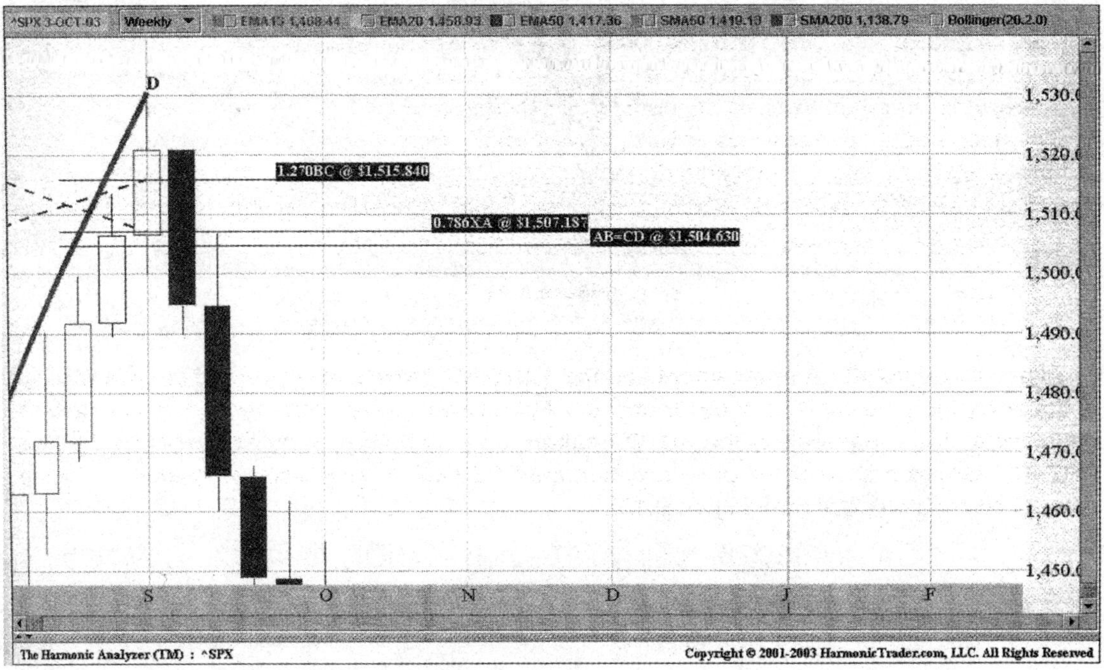

图 6.10

瑞士法郎(CHF_A0-FX)：60 分钟

看跌伽利形态的下一个例子来自瑞士法郎，在外汇市场中形成又一个极好的和谐形态(图 6.11)。这张 60 分钟图包含一个明显的形态，清楚地定义了关键和谐阻力。该形态形成了所需的斐波那契队列，确认结构有效，特别是精确的 0.618B 点。价格行为在测试整个 PRZ 后优美地稳定下来，该形态代表着一个极好的日内做空机会。

图 6.11

虽然 0.786XA 回调和 1.618BC 延伸会聚在区域的下区间，但是直到 AB=CD 完成，反转才开始。另外，这个例子也强调了 AB=CD 形态作为伽利 PRZ 强制性要求的重要意义。PRZ 中价格行为接下来的走势展示出由 AB=CD 完成点确定的阻力(图 6.12)。

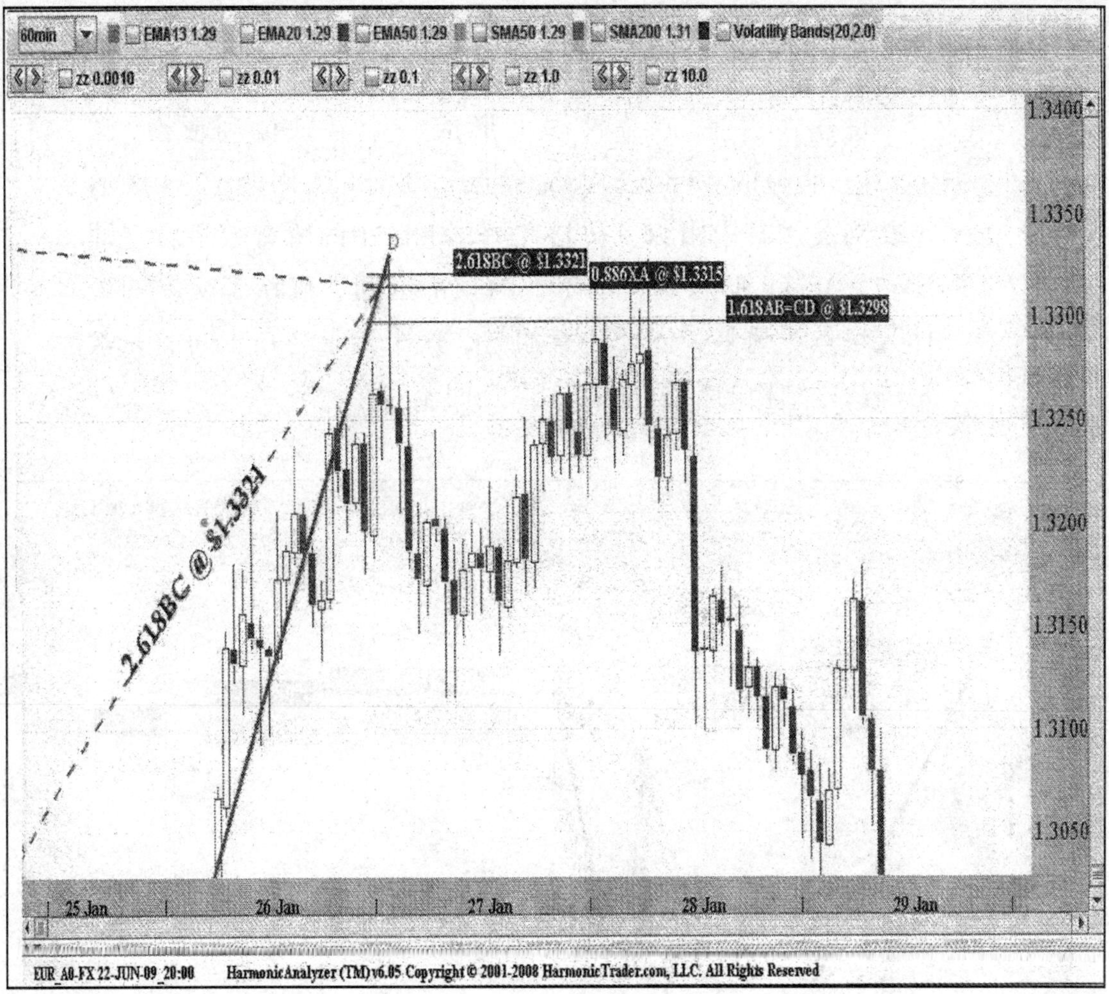

图 6.12

价格行为明显停止于区域内，在测试完形态完成点处的所有数字后果断地反转。明显的结构为逼近的反转提供了一个清楚的信号。这些情形形成于所有市场中的任意时间框架上。不过，和谐形态在外汇市场中常常提供更为确定的机会，因为这些日内架构会频繁出现。虽然较小的日内反转提供相似的交易机会，但是 15 分钟和 60 分钟时间框架上较大的形态通常会更加成熟，会提供更为清楚的反转信号。

美国石油基金 ETF(USO)：15 分钟

USO 在这张 60 分钟图上形成一个看跌伽利形态(图 6.13)。明显的 AB=CD 形态完成点和 0.786XA 回调把 44 区域定义为关键日内阻力。价格在测试 PRZ 中的所有数字后立即反转。AB=CD 形态定义了阻力的顶部区间，确认了交易的最佳入场点。另外，需要注意的是，这个例子与众不同的元素是确认该结构的精确的 0.618B 点回调。

图 6.13

PRZ 中随后的价格行为显示在 AB=CD 和 0.786XA 回调被测试后形成一个理想的反转(图 6.14)。这个反转有趣的一点是反转完成后发生的继续下跌。不过，形成完成处发生的快速测试可能导致错过机会。当价格进入 PRZ 时，它在下个交易日的开盘反转。

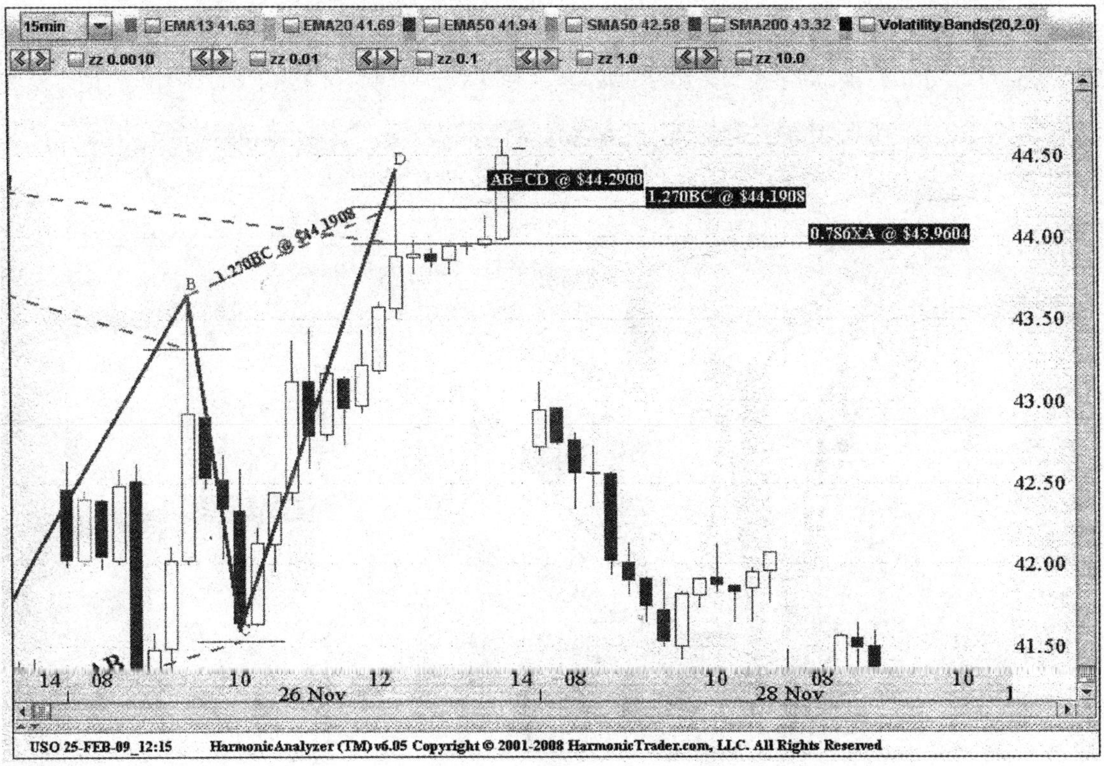

图 6.14

虽然执行技术将在本书第 11 章“和谐交易管理系统”中阐述，但是这个例子强调了在区域内执行的重要意义。看跌伽利形态清楚地指示出略高于 44 美元价位处的区域为理想的做空入场区域。当价格行为击中这一区域时，出现一个明显的执行交易的机会窗口。

正如我在第 5 章所提到过的，这是又一个价格重于时间的例子。不必参与漫长的辩论，价格目标作为交易执行的决定性要素，其重要性必须高于时间预测和市场行为的预期。在 USO 的例子中，重点应该放在 AB=CD 形态的完成点上。

新西兰元(NZD_A0-FX)：15 分钟

下一个例子出现在新西兰元中，展示了有效看跌伽利形态应该具有的理想结构。图 6.15 所示 15 分钟图上明显的和谐形态确定了外汇市场中的又一个极好的日内交易机会。该架构辨识出 0.5330 区域的关键和谐阻力。该形态形成了所需的斐波那契队列，确认结构有效，特别带有一个精确的 0.618B 点。价格行为在测试整个 PRZ 后停止，其后不久反转。

图 6.15

图 6.16 显示出形态完成时的价格行为。上涨刚好在数字处停止，而且在测试 PRZ 后立即反转。先前上升趋势特征的明显改变是反转有效的压倒一切的征兆。做空的执行应该集中在整个预测的和谐阻力区间上，这个例子展示出一种理想的价格行为，从架构完成处形成完美的反转。

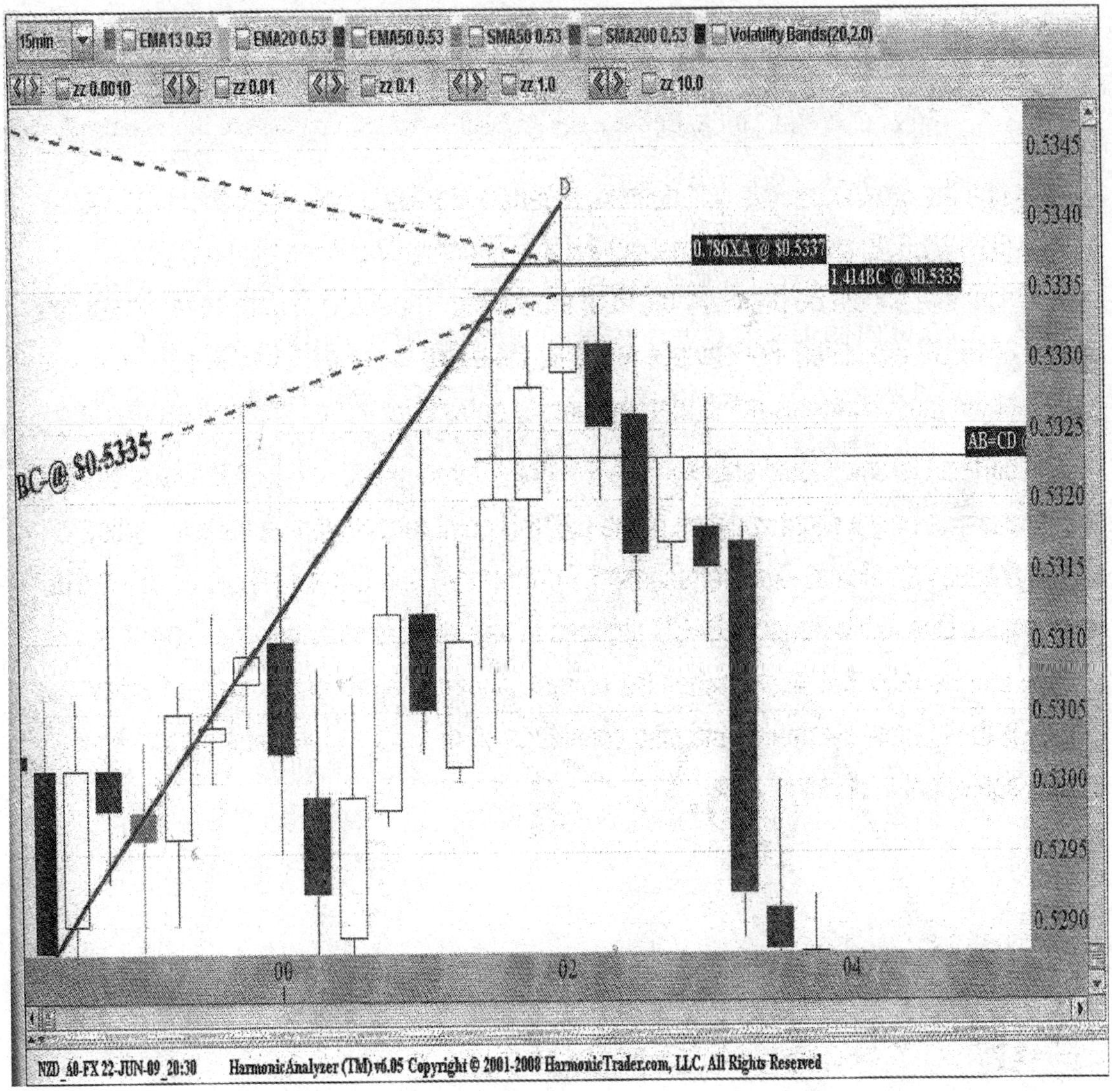

图 6.16

完美伽利形态

完美伽利形态应该包含以下要素：

1. 精确的 XA 臂的 0.618B 点回调。

2. PRZ 中 XA 臂精确的 0.786D 点回调。

3. 强制性的 1.618BC 延伸。

4. 完美的等距 AB=CD(0.618/1.618)，每条臂都拥有明确的对称性和时间长度。

5. C 点在 0.618 回调处。

虽然理想伽利形态是明确定义的，但是完美伽利形态使用了完美 AB=CD 形态(0.618/1.618)结构。完美 AB=CD 主要由 C 点回调定义，C 点应该是 AB 臂的精确的 0.618。0.618 C 点回调确立了 1.618BC 延伸。由于显而易见的原因，0.618 和 1.618AB=CD 形态代表着从斐波那契序列直接导出的最和谐的比率。

完美伽利形态必须有一个精确的 B 点回调。虽然理想伽利结构允许 0.618B 点回调有轻微的变化，但是完美伽利形态应该包含几乎完全准确的回调。另外，C 点应该位于 0.618 回调处。由于需要完美 AB=CD 来确认这种结构，所以 C 点是区别这种形态的又一个精确的比率。完美伽利形态的另一方面是结构的一般对称性和时间长度，每条臂的长度刚好相等。

完美看涨伽利形态

完美看涨伽利形态主要是由 C 点处精确的 0.618 回调来定义的(图 6.17)。虽然理想的价格行为应该测试潜在反转区(PRZ)的整个区间，但是最低要求 AB=CD 和 0.786XA 臂仍然代表着完成形态中最重要的数字。这种结构应该明显且具有理想的对称性。另外，AB=CD 应该是完美的看涨结构，0.618 和 1.618 比率在相应的点处。这些要素的结构定义了一种引人注目的理想架构，拥有特别重要的 PRZ。虽然这些结构是稀有的，但是它们代表着所有伽利变种的最佳队列。

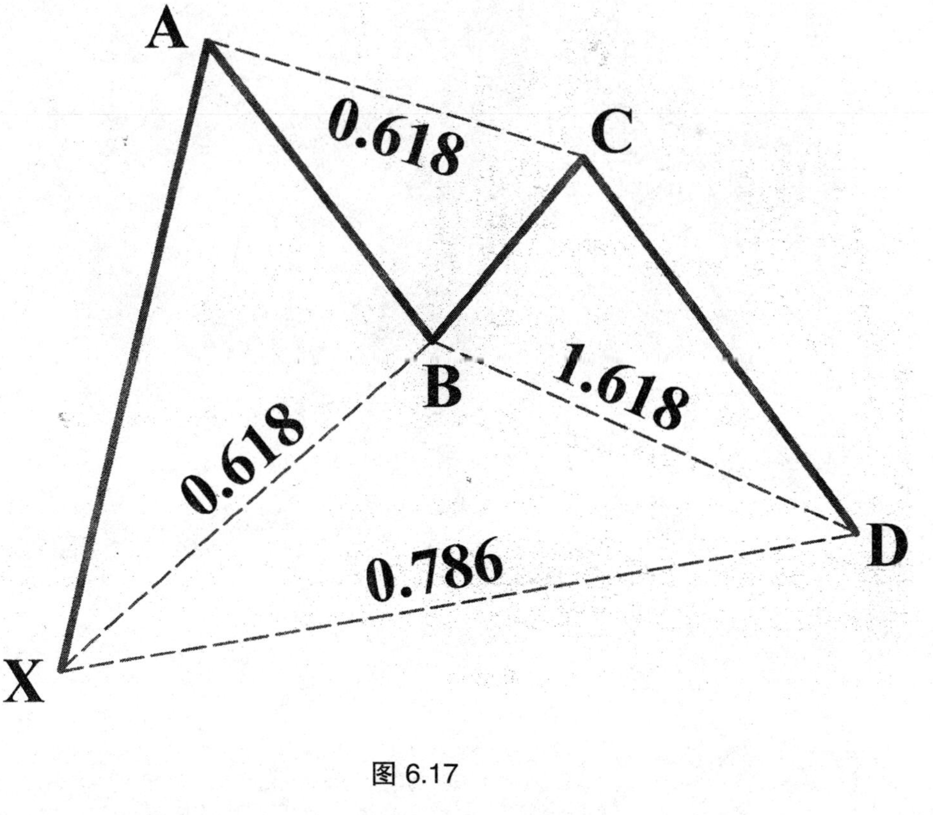

图 6.17

标准普尔 500 跟踪股票(SPY)：5 分钟

下面 SPY 中的完美看涨伽利形态展示了确认这种形态所需的结构和斐波那契比率队列(图 6.18)。从一个几乎完全准确的 61.8%B 点回调开始，价格行为形成一个完美的 AB=CD 形态，刚好在形态的完成点处反转。

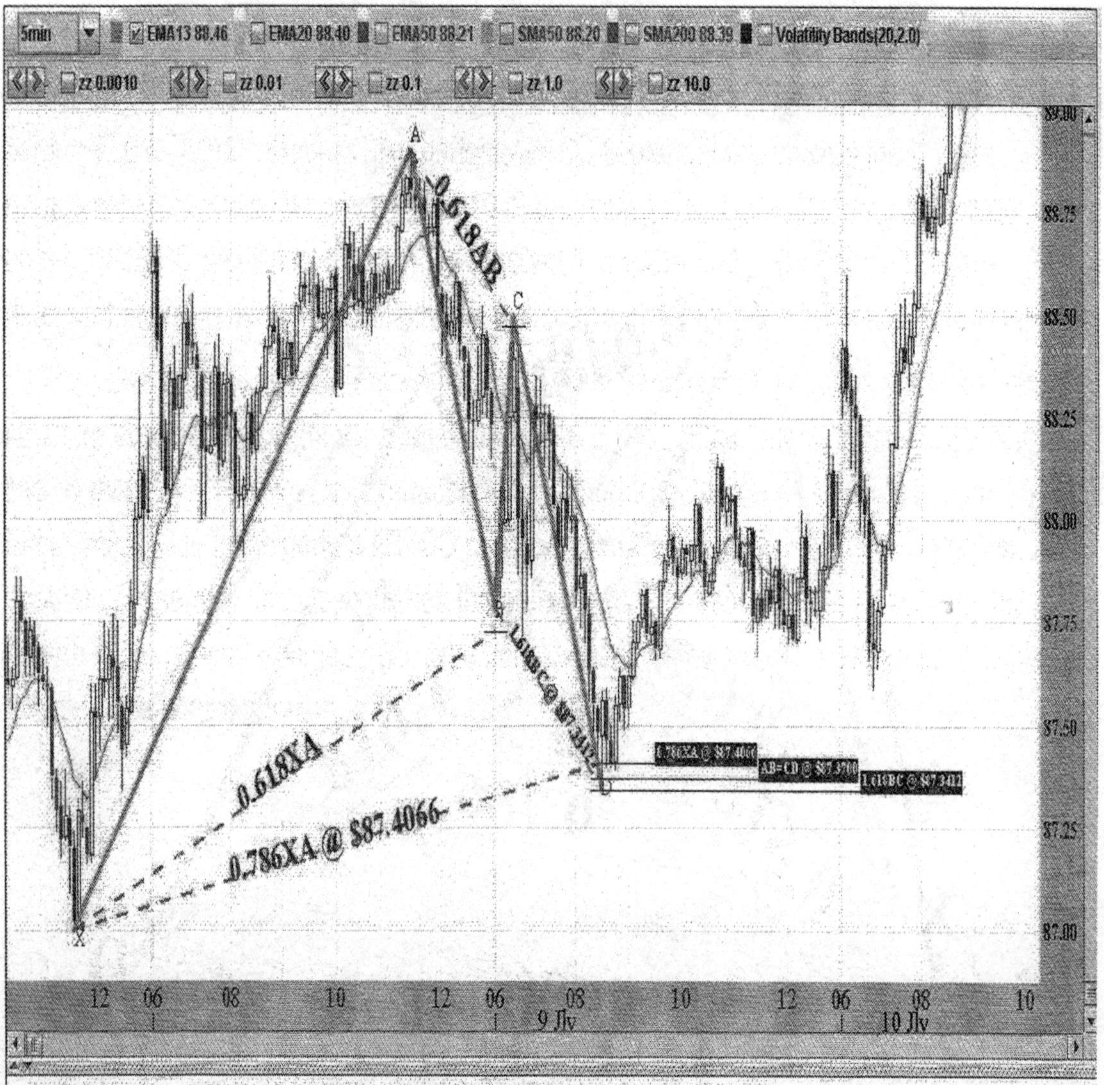

图 6.18

0.786XA 回调和 1.618BC 延伸作为完美看涨 AB=CD 形态的补充，定义了一个紧凑的潜在反转区(PRZ)。这些数字清楚地定位了一个交易机会，在一个接近 15 美分的区间内的日内支撑买进，该区间略低于 87.50 价位。图 6.19 中 PRZ 内的价格行为显示在所有和谐数字被测试后形成一个理想的反转。

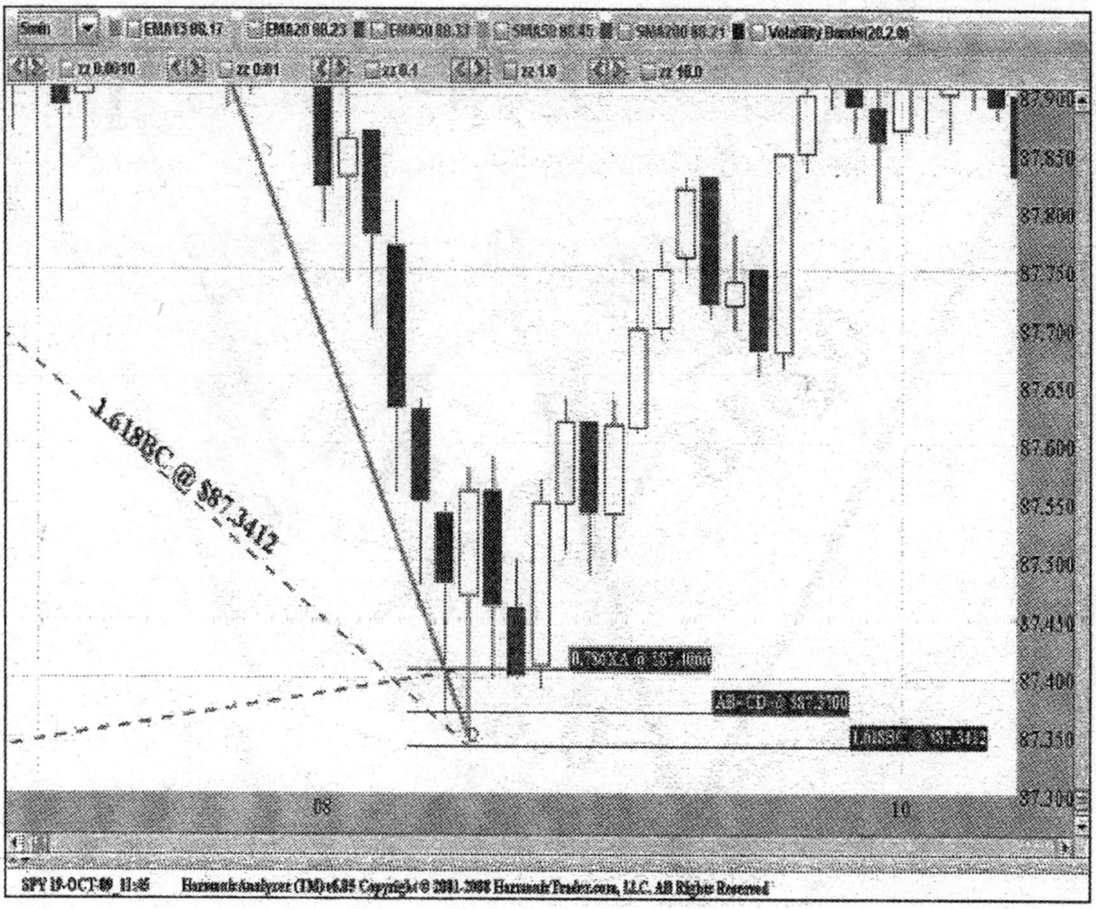

图 6.19

SPY 在接近 PRZ 时迅速下跌。尽管出现这次下跌，但是价格行为在形态完成后不久便稳定下来，而且在测试完区域内的所有数字后立即大幅上涨。另外，PRZ 的紧凑区间形成了一个明确的孤注一掷的和谐支撑，代表着日内多头头寸的最佳入场。

完美看跌伽利形态

完美看跌伽利形态由 B 点处一个精确的 0.618 回调来定义(图 6.20)。另外，完美看跌 AB=CD 和 0.786XA 臂必须得到一个 1.618BC 延伸的补充。

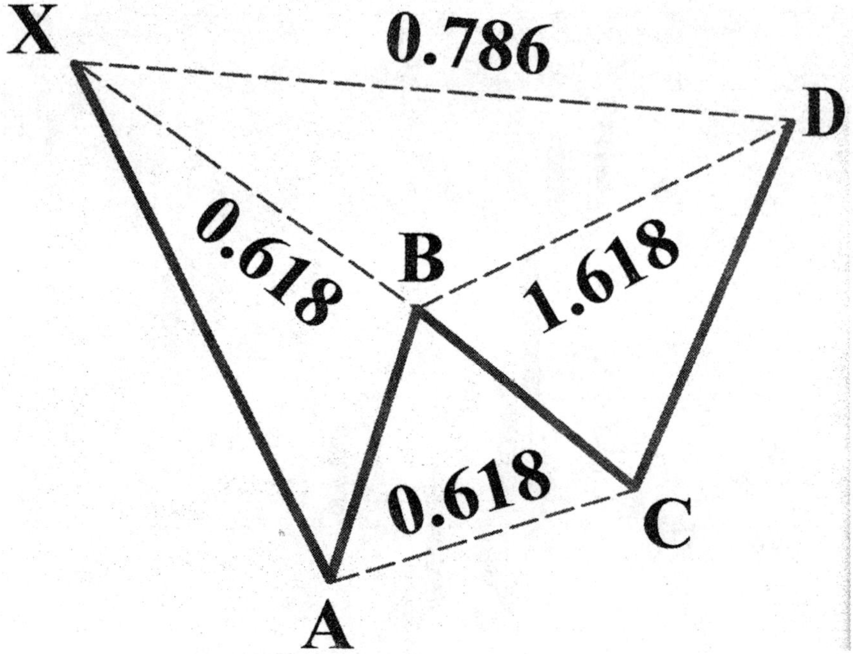

图 6.20

英镑(GBP_A0-FX)：15 分钟

图 6.21 中，英镑在 15 分钟图上形成一个完美看跌伽利形态。1.3830 区域内的完美看涨 AB=CD 形态完成点和 0.786XA 回调是 PRZ 内的决定性限制，价格行为在测试完这些数字后立即反转。1.618BC 延伸成为阻力区的补充元素，为交易确认了最佳入场目标。另外，需要注意的是，这个例子与众不同的元素是确认该结构的精确的 0.618B 点回调。

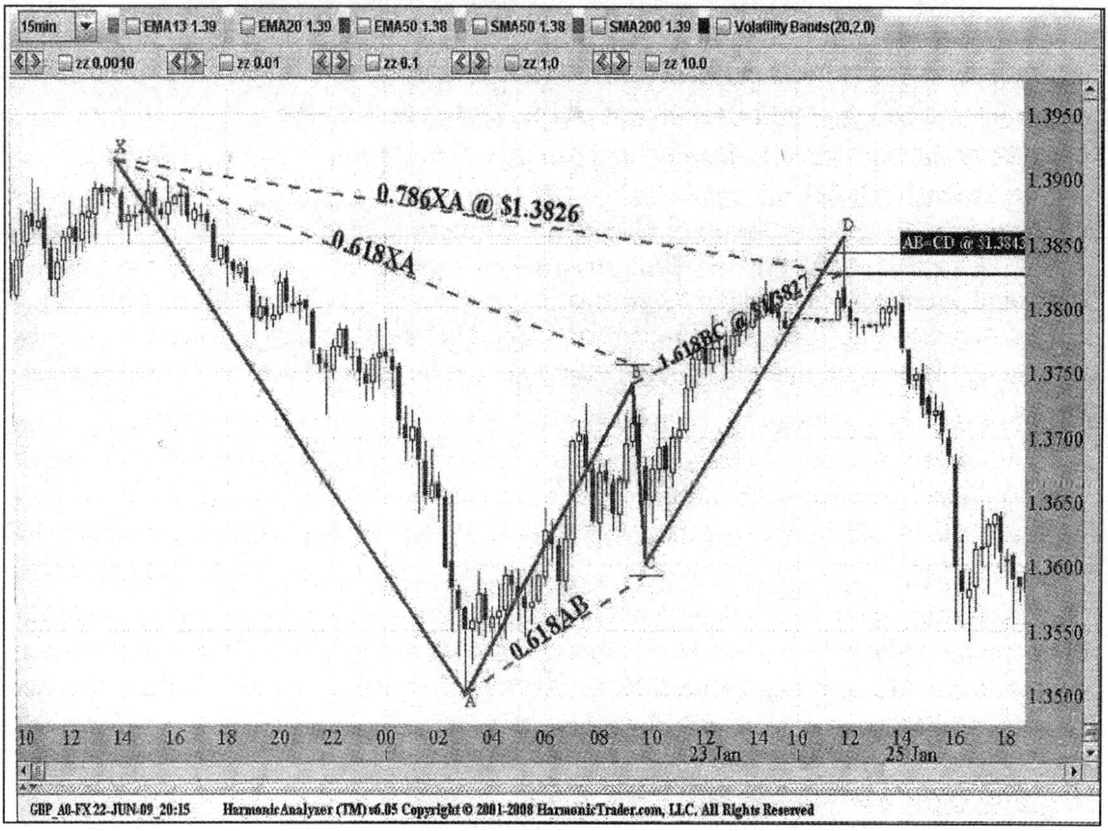

图 6.21

潜在反转区(PRZ)内的价格行为显示出 AB=CD 和 0.786XA 回调被测试后的理想反转。这个反转有趣的一点是反转完成后发生的继续下跌。不过，形成完成处发生的快速测试可能导致错过机会。当价格进入 PRZ 时，它在随后立即反转。虽然执行技术将在本书后面的交易管理部分中讲解，但是这个例子强调了在区域内执行的重要性。看跌伽利形态清楚地把1.3830价位区域指示为理想的做空入场。当股价击中这一区域时，只出现一个很小的执行交易的机会窗口。

伽利形态总结

伽利形态是一种有争议的形态。尽管《伟大的伽利辩论》中有不同的解释，但是根据《和谐交易者》中最初描述的结构化规则，最和谐的伽利形态的所有点都具有明显的特征。

在定义有效的伽利结构方面，0.618B点回调是关键的。虽然0.786XA回调是结构的一个重要元素，但是形态内的等距AB=CD才是潜在反转区(PRZ)内最重要的完成点。另外，AB=CD的完成是所有有效伽利形态的强制性最低要求。

(1)精确的XA臂的0.618B点回调。

(2)PRZ中XA臂精确的0.786D点回调。

(3)1.27或1.618BC延伸。

(4)变种AB=CD形态

(5)C点回调可能在0.382和0.886之间变化。

伽利形态必须包括这些具体的条件才能定义最和谐的结构。虽然伽利形态可能与蝙蝠形态相似，但是该架构中使用的斐波纳契比率是独一无二的。另外，该形态应该相当明显，而且具有理想的对称性。

第7章

螃蟹形态

螃蟹形态是我在2000年发现的一种精确的和谐形态。螃蟹形态是一种明显的5点延伸结构，专门使用XA臂的1.618延伸。这是该形态最重要的一点，是潜在反转区(PRZ)中的决定性价位。BC的极端(2.618、3.14、3.618)延伸是1.618XA延伸的补充。另外，螃蟹形态主要利用变种AB=CD来补充PRZ。虽然最低AB=CD完成对于有效结构是必需的，但是变种1.27或1.618是PRZ中最常见的。实际上，1.618AB=CD形态是该结构中使用最常见的变种。

需要注意的是，螃蟹形态内的变种AB=CD形态是PRZ中最不重要的数字。XA臂的1.618延伸和极端BC延伸的结合通常会为形态的完成制造一个明确的区间。实际上，与其他所有形态相比，AB=CD计算或许在螃蟹形态中是最不重要的。虽然AB=CD结构在螃蟹形态中不那么重要，但是该形态仍然应该具有明显的对称性。

由于该形态完成中使用的延伸的极端性，螃蟹形态常常经历迅速的价格行为和戏剧性的反转。经常见到价格行为具有极端的区间，在反转期间快速测试螃蟹形态的PRZ。实际上，螃蟹形态完成过程中经历的价格行为通常是所有形态中最极端的。

尽管通常会形成急剧的反转，但是形态完成的焦点应该是分析1.618XA延伸。大多数情况下，最好是等待1.618被测试。然而，BC延伸的会聚应该作为考虑该形态完成的最低要求。最明显的螃蟹结构通常包含一个 XA 和 BC 延伸的精确的区间。另外，AB=CD 形态，无论是等距的还是变种的，应该作为这一区域的补充，但不是 PRZ 中的重要考虑因素。

螃蟹形态的要素：

- B 点是 XA 的 0.618 回调或小于 XA 的 0.618 回调。
- 极端 BC 延伸，通常是 2.618、3.14 或 3.618。
- 需要变种 1.27 或 1.618AB=CD 形态。
- 1.618XA 延伸作为该结构的决定性限制。
- C 点在 0.382 和 0.886 构成的区间之内。

重要的是明白螃蟹形态是一种独特的 5 点调整结构。虽然该形态依赖 1.618XA 延伸来定义完成区域非常重要，但那不是结构中的唯一要素。实际上，螃蟹形态不仅仅是一个 1.618 延伸。正如前面我讨论过的关于形态区分的重要意义，螃蟹形态内所有点的详细说明对于找到最有效的结构是有必要的。另外，这些详细说明与所有形态有关，特别是延伸形态。我想花点时间讨论一下回调和延伸形态之间的区别。回调形态，例如蝙蝠形态或伽利形态，是再次测试关键高点或低点的 5 点调整结构，关键高点或低点即初始点(X)。与一些类型的 AB=CD 结构相结合，形态的完成具有确定的和谐数字区间——PRZ。

对于预期的反转，这些数字确定了相对于初始起点(X)的轴点区域。实际上，如果价格行为超越了初始起点(X)，那么就认为该形态失败，止损将被执行。因此，回调形态具有更清楚的确定参数。特别地，初始点(X)是决定性价位。相比而言，像螃蟹形态这样的延伸形态不具有重要的相对确认价位。与回调形态相比，延伸结构中初始点(X)的重要性要低一些。另外，对于止损的考虑通常更加主观，对于 PRZ 中的价格行为必须以不同的方式对待。

与大多数回调形态相比，在架构的实际交易执行中，延伸形态的有效性的确认可能具有更高的风险。虽然这些策略将在第 11 章“和谐交易管理系统”中深入讨论，但重要的是要认识到这两种类型形态的区别。

看涨螃蟹形态

看涨螃蟹形态具有明显的结构，最后一条臂特别长（图 7.1）。随着该形态接近其完成点，价格行为常常变得非常极端。另外，最好等待 1.618XA 延伸被测试，但是 BC 延伸应该要重点考虑，而且是 PRZ 内最低价位。此外，变种 1.27 或 1.618AB=CD 应该补充这一区域。

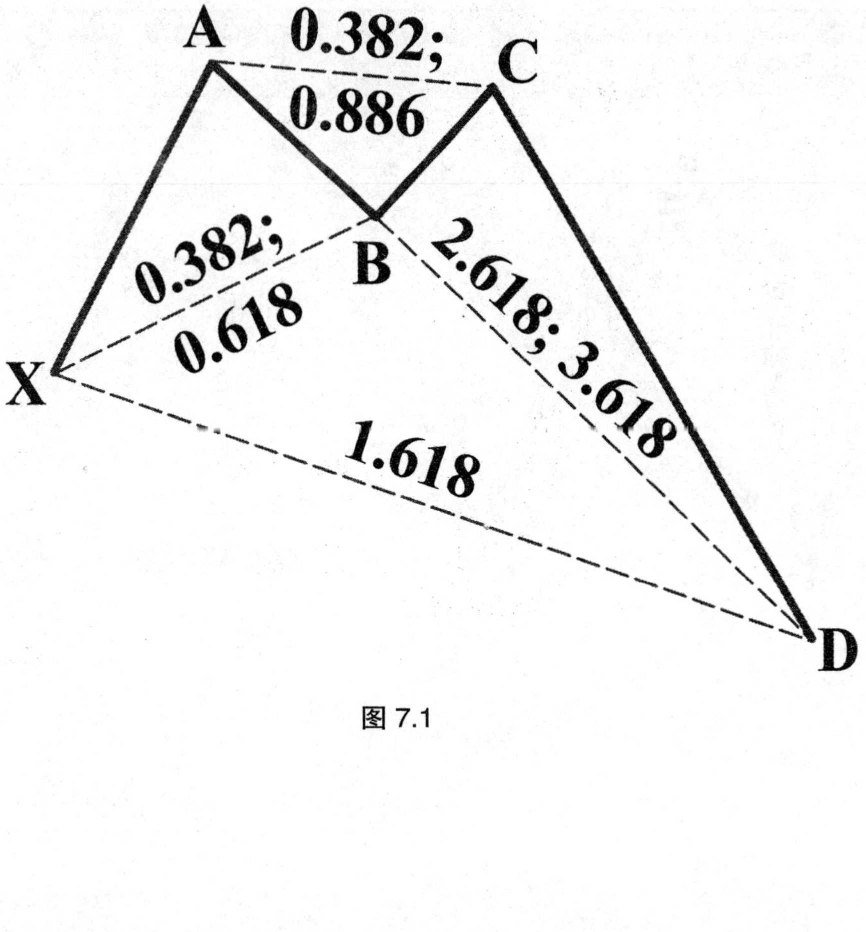

图 7.1

苹果(AAPL)：15 分钟

图 7.2 所示为苹果中一个日内看涨螃蟹形态的例子，包含一个明显的 1.618 延伸和一个 3.14BC 延伸，完成于相同区域。螃蟹形态的完成包含一个变种 1.618AB=CD 形态，定义了 PRZ 的顶部区间。虽然 AB=CD 形态在螃蟹形态中不太重要，但是它仍然使用其他更重要的数字——1.618XA 延伸和 3.14BC 延伸。对于苹果，看涨螃蟹形态清楚地把 162 价位定义为重要的日内支撑。

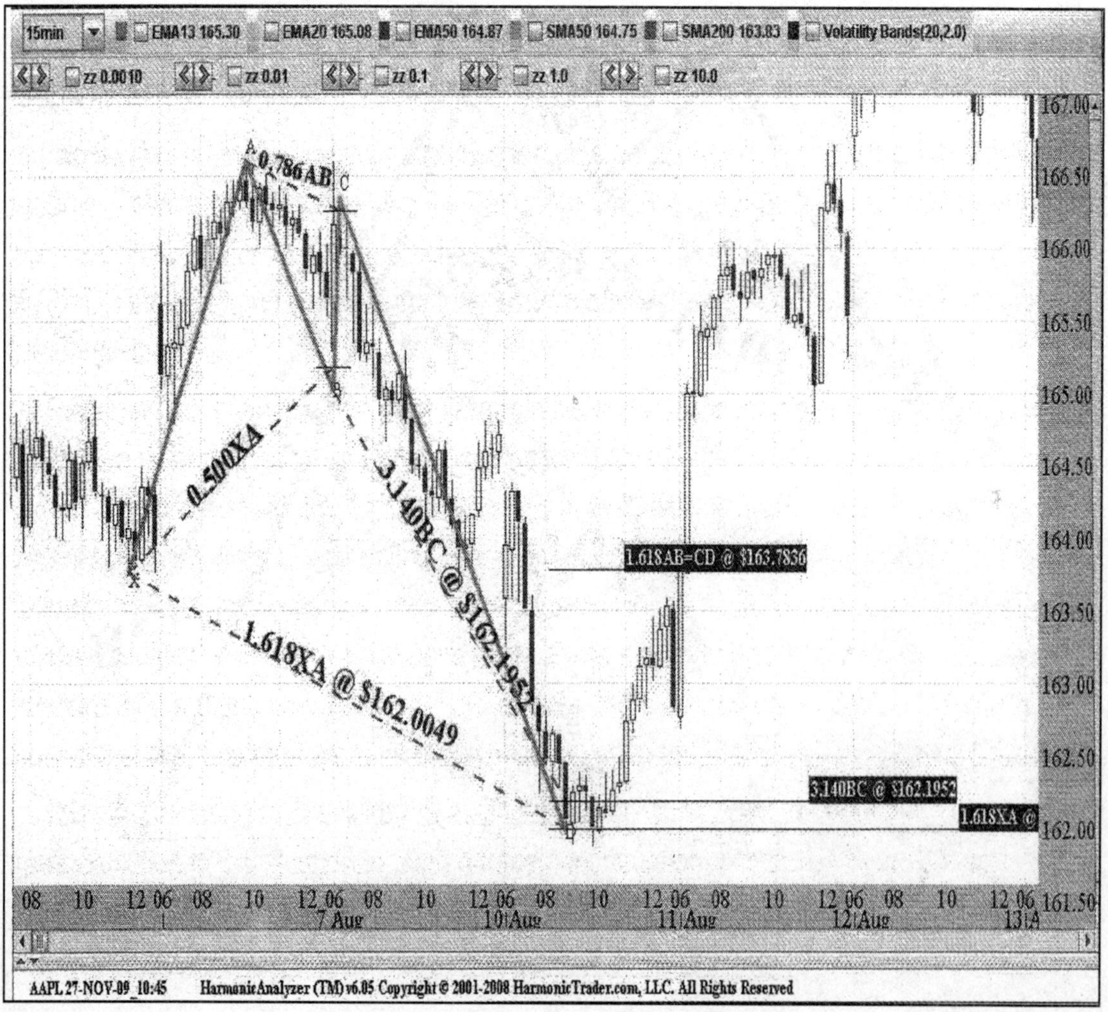

图 7.2

这张苹果的日内图表还展示了形态接近完成时可能出现的极端价格行为。进入PRZ的迅猛抛售反映出1.618XA臂和虽然较小但仍比较长的BC臂的本质。在形态完成时，这些延伸通常会成为最重要的支撑价位。在苹果的这个例子中，股价在PRZ中稳定之前急剧下跌。反转区内所有数字被测试后不久，价格行为果断反转，标志着一个关键的日内反转点。图7.3中PRZ内的价格行为显示在所有和谐数字被测试后形成一个理想的反转。

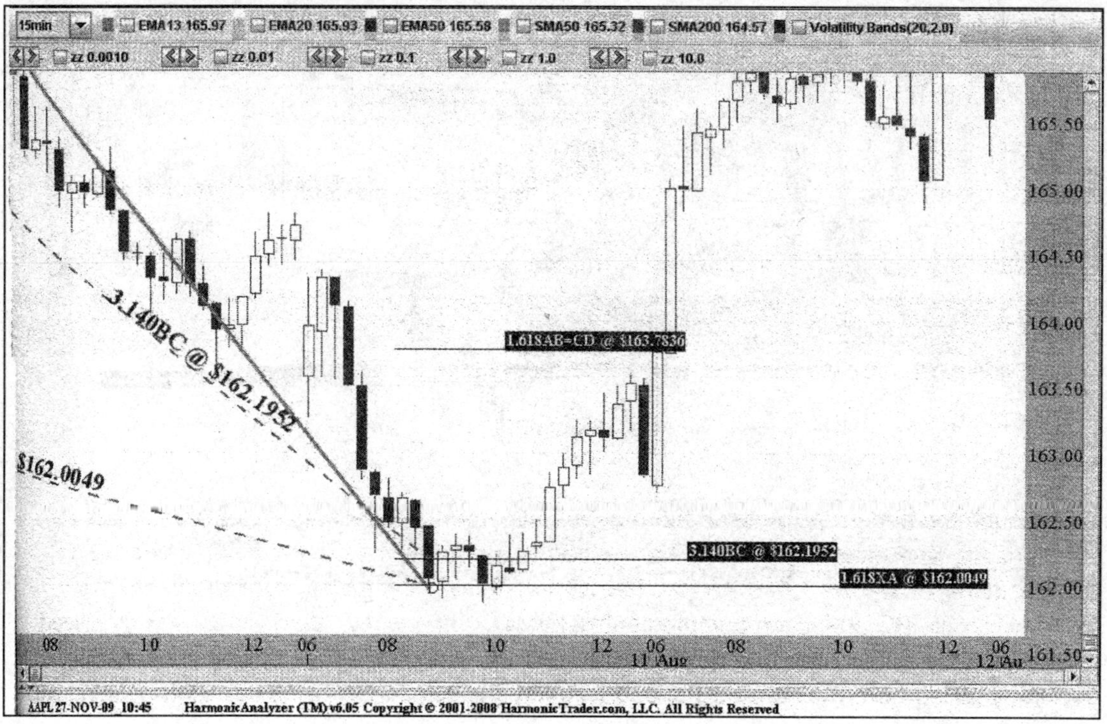

图7.3

1.618XA和3.14BC延伸的紧密会聚略高于162，是PRZ清楚的决定性限制。有时，变种AB=CD形态会补充PRZ中的另外两个重要数字。在苹果的这个例子中，该结构是相当明显的，包含一个重要的1.618XA延伸。潜在反转区中价格行为的走势还展示了股价中的一个理想的转变，就发生在所有数字被测试之后。像这样的日内行情中，有效反转将包含响应精确和谐支撑区域的价格行为。

通用电气(GE)：60 分钟

通用电气的这张 60 分钟图展示了另一个明显的日内看涨螃蟹形态，在测试完整个 PRZ 后立即反转(图 7.4)。

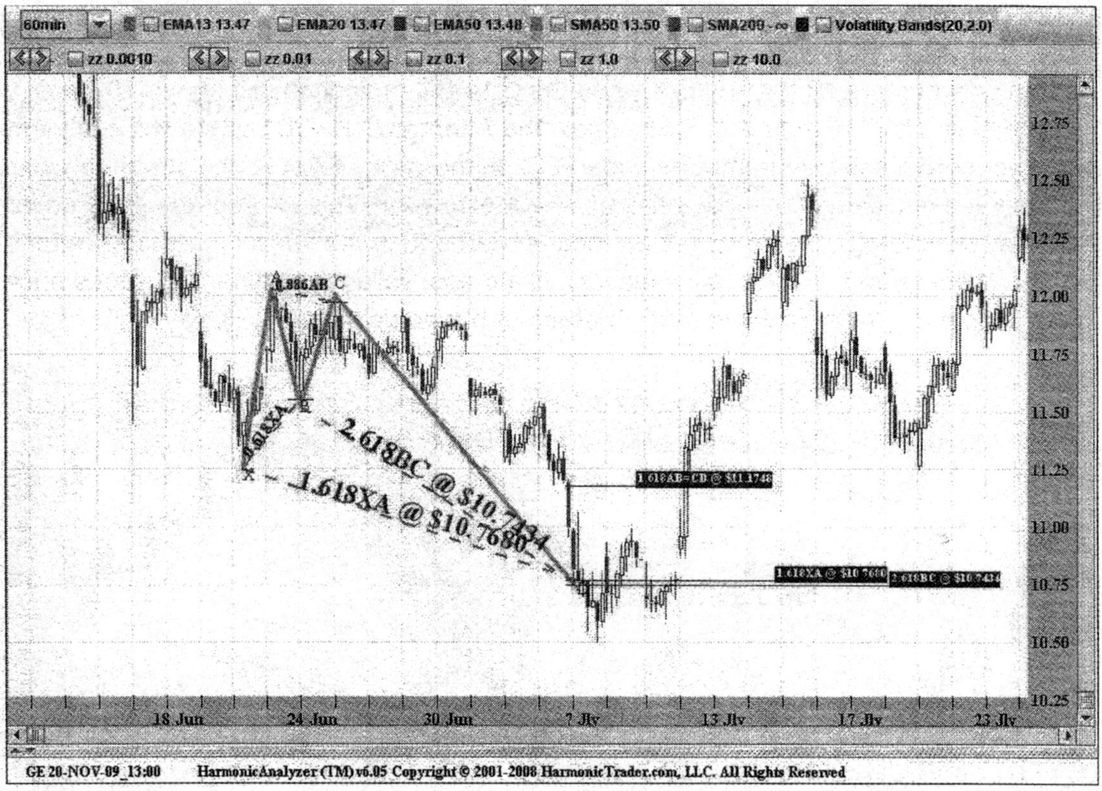

图 7.4

虽然该形态包含所需的斐波那契比率队列以确认结构有效，但是变种 1.618AB=CD 延伸却并不接近 PRZ 中最重要的数字——1.618XA 臂。XA 臂定义了 PRZ 的下区间，为 10.75，而 BC 延伸精确地补充了这一区域。显然，股价在测试整个区域后稳定下来，迅速确认了反转，从和谐支撑处果断上涨。另外，XA 和 BC 臂是该形态的决定性限制，而 AB=CD 仅仅作为和谐形态的补充。PRZ 中价格行为随后的走势显示股价如何稳定于 1.618XA 和 2.618BC 延伸的会聚处(图 7.5)。在初次测试和谐支撑几天后，反转完成。

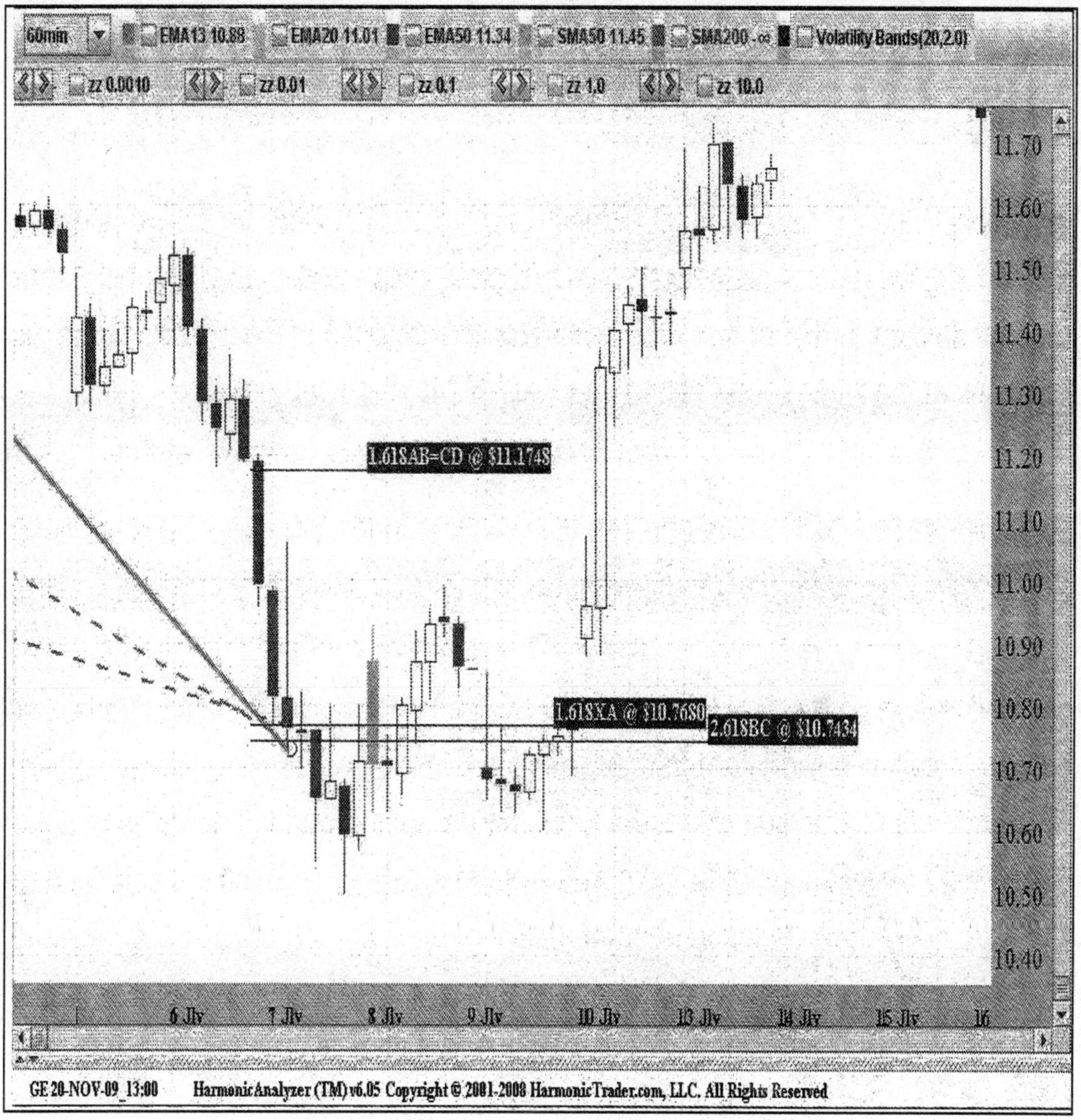

图 7.5

同样，需要注意的是，螃蟹形态不太依靠通常定义 PRZ 的三个数字。虽然变种 AB=CD 在这个螃蟹形态中只是起补充作用，但是 PRZ 定义的支撑同其他任何形态一样准确而有效。

标准普尔 500 9 月迷你合约(ES_U3)：10 分钟

在这张 10 分钟图上，ES2003 年 9 月的迷你合约形成一个明显的看涨螃蟹形态(图 7.6)。该形态具有优美的对称性，理想的和谐数字队列在 1000 价位定义了一个 PRZ。1.618XA 和 3.14BC 延伸会聚于同一价位，为螃蟹形态定义了一个理想的 PRZ。

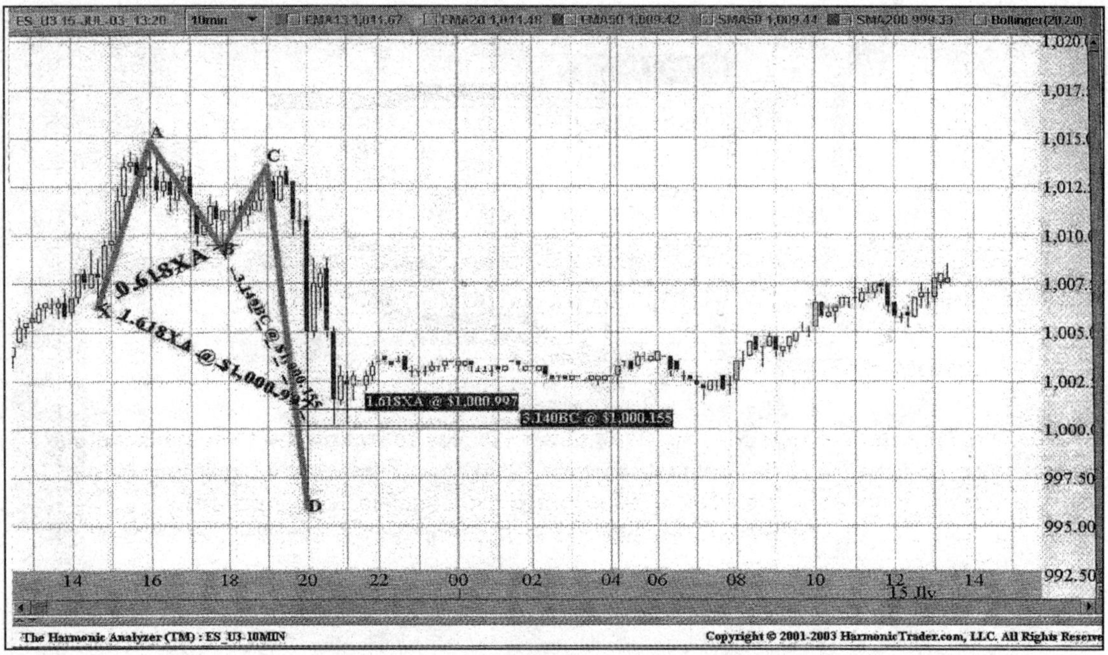

图 7.6

这个架构实际上在我的咨询服务中是比较有特色的一个，之前在我的网站 HarmonicTrader.com 上给出过。虽然 ES 中的这个形态完成于隔夜时段期间，但是它仍然代表着一个有效的交易机会。在我的网站 HarmonicTrader.com 上，我在那天的 Mini-Room 帖子中描述过这种情形。2003 年 7 月 15 日，在开市前的报告中我写道：

“对于今天马上出现的走势，ES 将会在开市前上涨 7 点。在隔夜时段，ES 从这个看涨螃蟹形态反转。这补充了 1000 价位，现在成为关键的短期支撑。

“开盘价对于今天的趋势非常关键。我会等待ES小幅回撤，以回补今天的上涨缺口。我会关注清早的反转……作为一个做多区域，利用新的短期高点。”①

虽然价格行为没有再次测试以提供在PRZ中做多的机会，但是这个架构清楚地辨识出了ES中的关键日内支撑。尽管进入PRZ时是极端的抛售行为，但是ES在测试完区域内所有数字后稳定下来。

需要注意的是，初始点(X)使用一个“中点”来开始这一形态。中点，虽然不是前一天价格行为清楚的低点，但是相当明确，足以确立结构中合适的斐波那契数字队列。这一结构说明了使用相对比率队列来定义形态的重要意义。各种形态的形成不必从一个绝对的低点或高点开始。虽然XA臂常常被定义为从一个极端的价位开始，但是特定形态的对称性和有效性更加依赖于组成每个结构的片段。在这个ES的例子中，尽管是从前一天的一个中间支撑点开始的，但是XA臂和BC臂都是明显的，有效地描绘出了形态的完成。

关于这一架构还有一点需要考虑的是与预期和谐支撑对应的心理价位。对于出现在和谐形态完成处的那些明显的“心理”价位，应该引起足够的重视。类似50、100或1000这样的价位常常会对和谐支撑区或阻力区起到补充作用。在这个例子中，ES正在挑战十分重要的1000价位。

这些情形相当常见，突出了斐波那契队列定义潜在和谐结构的重要性。实际上，定义结构为有效形态的各种比例队列，是把和谐交易法与其他与斐波那契相关的策略区分开来的基本规则之一。另外，在我过去10年的研究中，比率队列在确认价格结构为和谐形态方面的重要性已经变得更加显著了。

另外，这个日内图表的例子包含一个在隔夜时段完成的

①HarmonicTrader.com，2003.07.15。
http://www.harmonictrader.com/ members/harmonic/home/miniroom071503.htm。

形态。近年来，随着 24 小时交易的出现，关于使用哪些数据的争论变得越来越重要。有人辩称应该只使用常规时段的数据(美国东部标准时间上午 9：30—下午 4：00)。然而，开市前和收市后的价格波动，特别是在期货合约(如标准普尔 500(SPX)和它的“迷你”兄弟 ES)中，必须把所有交易行为包含在内。ES 的例子是这种技术现象的一个清楚的案例。

虽然出现这种情形可能有点困难，但如果一个清楚的形态完成于收市之后，那么大多数人都在睡觉，就可能错过机会。简单一句话，交易——甚至是最佳和谐形态——也会错过。尽管这些情形难免会带来一些混乱，但是该形态的确清楚地描绘出了短期支撑和做多 ES 的明显机会。

看跌螃蟹形态

看跌螃蟹形态是一种精确的结构，它的 PRZ 包含三个数字：1.618XA 回调、变种 AB=CD 和极端 BC 延伸(图 7.7)。

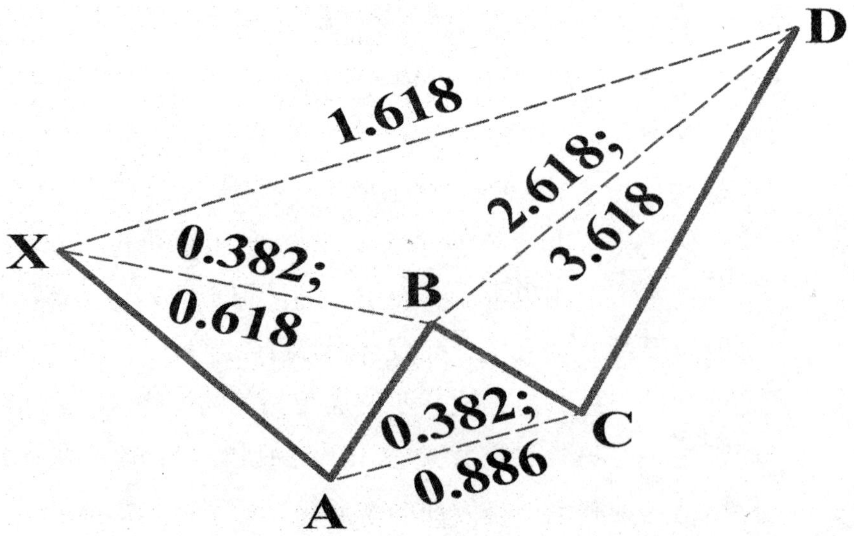

图 7.7

XA 和 BC 延伸的会聚定义了潜在反转区的顶部区间。1.27 和 1.618 变种 AB=CD 形态通常补充形态完成点处的其他数字。正如前面提到过的，对于螃蟹形态来说，AB=CD 形态在 PRZ 中不像其他形态那么重要。最低限度，XA 必须在反转前被测试，然后才能认为形态完成，才能认为它是一个有效的架构。在初次测试 PRZ 时，虽然价格行为可能略微超越 1.618XA 臂，但是有效螃蟹形态中的完成点会标记出精确的反转点。

高通(QCOM)：60 分钟

这个日内看跌螃蟹形态非常明显，1.618XA 和 2.618BC 延伸的会聚以及变种 1.618AB=CD 的完成，定义了一个紧凑的做空区间，在 42.75～43.70 之间(图 7.8)。

图 7.8

开盘略高于 PRZ 顶部区间，然后股价停止在和谐阻力处，测试和谐阻力的整个区间后不久，股价便快速下跌。潜在反转区(PRZ)中随后的价格行为显示出那些数字处的理想反转(图 7.9)。虽然 QCOM 开盘高于反转区，但是股价没有能力继续上涨，这通常是反转在即的征兆。在这个例子中，开盘的上涨缺口在一个明显的看跌螃蟹形态 PRZ 中惨遭失败。

图 7.9

这种类型的价格行为在螃蟹形态的 PRZ 中很常见，展示了有效反转中可能出现的极端价格行为。在对形态完成点处所有数字测试之后，接下来的价格行为是架构有效性中需要重点考虑的因素之一。在这个例子中，PRZ 中上涨的明显失败标志着反转。

轻质原油连续合约(CL_#F)：15 分钟

这张轻质原油连续合约(CL_#F)的日内图表展示了典型的形态接近完成时可能出现的极端价格行为(图 7.10)。进入 PRZ 的迅猛抛售反映出 1.618XA 臂和虽然较小但仍比较长的 BC 臂的固有本质。另外，在形态完成时，这些延伸通常会成为最重要的支撑价位。在原油的这个例子中，价格行为快速测试形成的完成，并且从这一 PRZ 快速反转。

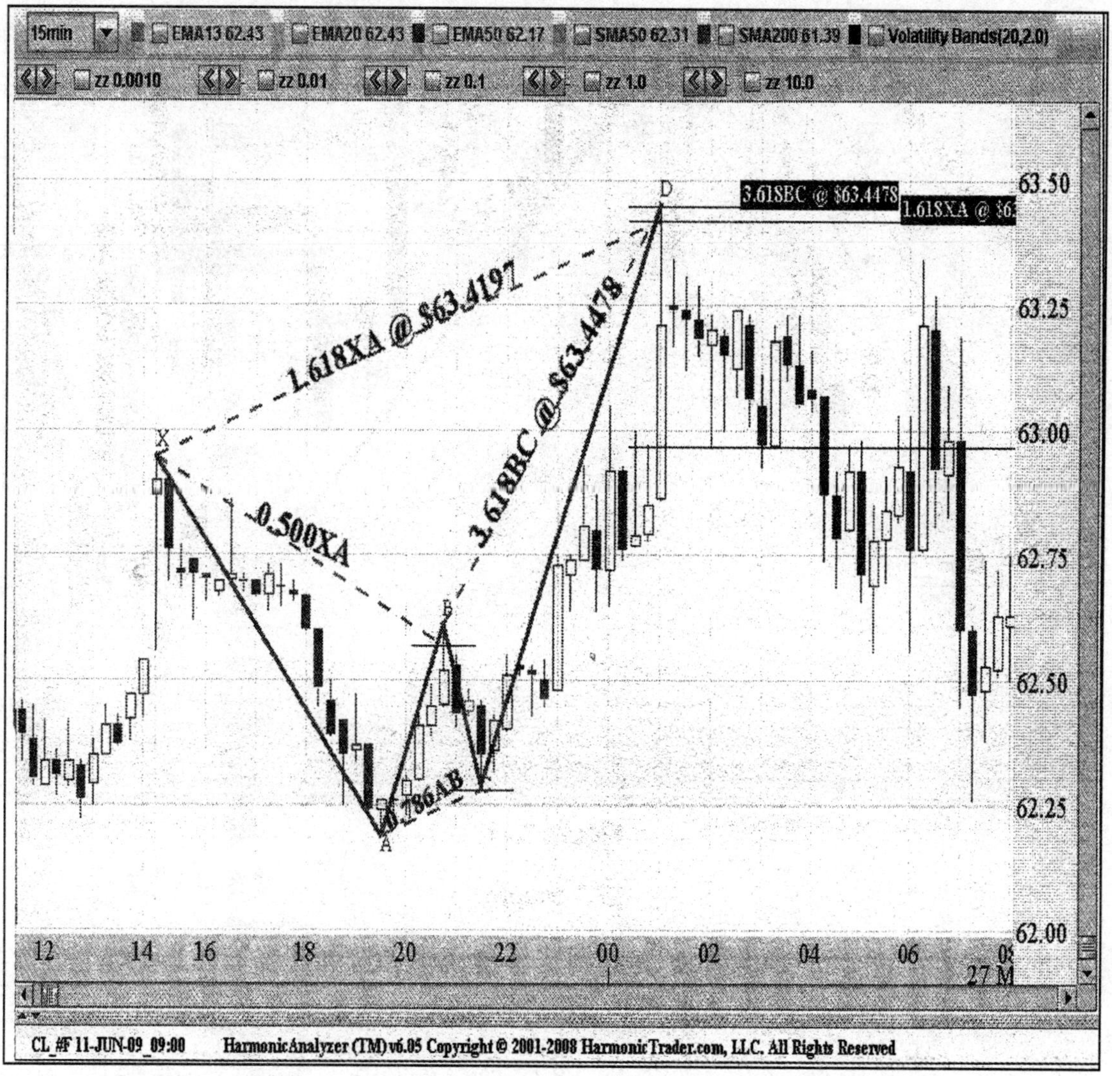

图 7.10

图 7.11 显示出形态完成时的价格行为。上涨刚好在数字处停止，而且刚好在日内和谐阻力的顶端反转。先前上升趋势特征的明显改变是反转有效地压倒一切的征兆。执行做空交易时应该专注于螃蟹形态完成后紧接着出现的价格行为上，因为价格行为提供了有效反转的直接征兆。

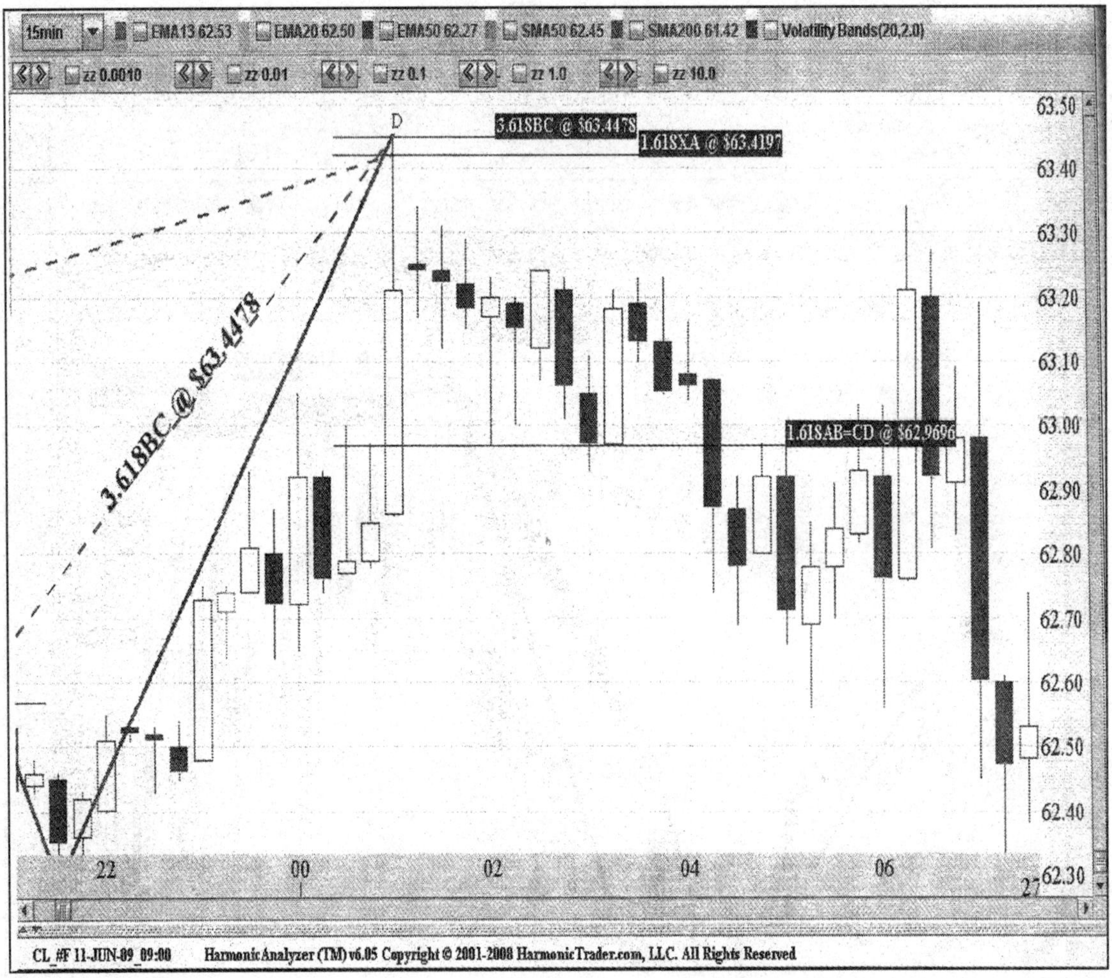

图 7.11

需要注意的是，螃蟹形态的 PRZ 主要是由 XA 和 BC 延伸定义的。在大多数情况下，变种 AB=CD 形态不会在另外两个数字附近完成。虽然 AB=CD 形态的完成有时会比较接近地补充其他数字，但是该架构主要是由 1.618XA 延伸定义的。

纳斯达克 100　2003 年 12 月迷你合约(NQ_Z3)：5 分钟

难以置信的结构！纳斯达克 100　2003 年 12 月迷你合约的例子展示了看跌螃蟹形态的所有理想要素(图 7.12)。1.618XA 臂和 BC 延伸的紧密会聚产生了一个准确的反转，描绘出一种完美的情形和一个在 1420 价位做空的明显的交易机会。

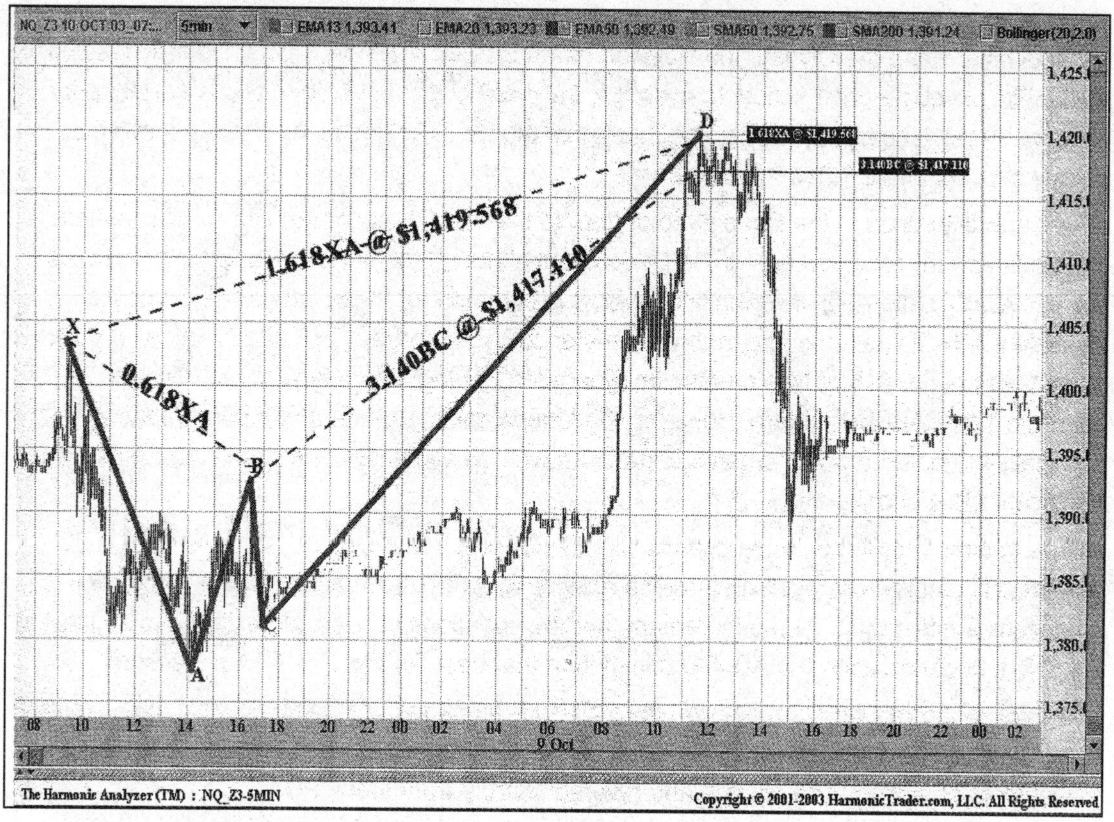

图 7.12

以前我提到过这一点，但是我认为重点是强调利用所有可以获得的交易数据的优势，特别是在期货市场中，以便分析潜在的和谐形态。NQ 在两个交易日上形成这一形态，包括一个开市前的隔夜时段。这张 5 分钟图是一个极好的日内示例，形成的这个形态使用了连续 30 个小时的所有交易行为。

深海蟹形

深海蟹形从两种形态——失效的蝙蝠形态和特殊类型的螃蟹形态——演变而来，是我对基本结构的进一步细化。深海蟹形类似于原始的螃蟹形态，它是一种 5 点延伸结构，专门使用一个 1.618XA 延伸来定义潜在反转区(PRZ)内的决定性价位。区别可以在 B 点找到，它必须是一个 0.886 回调。实际上，深海蟹形通常具有一个超出 0.886 价位的 B 点，但却不超越初始点(X)。0.886B 点的要求对于深海蟹形是专门的。当该结构位于完成的 CD 臂中部时，违反 B 点和 X 点通常会导致剧烈的价格行为。本质上，价格行为正在突破先前的两个重要的支撑点或阻力点。当这种现象发生时，结果常常是迅猛的运动，快速向 1.618XA 延伸。

深海蟹形中的另一种区别是 AB=CD 结构。在深海蟹形中，AB=CD 形态是一个更重要的考虑因素，不过该结构通常包含 1.27AB=CD 变种。然而，在特定的环境中，这些结构常常包含等距 AB=CD 形态。在一个正常的螃蟹形态中，0.618 或更短的“浅”B 点回调会形成一条加长的 CD 臂，形成一个变种 1.618AB=CD 形态。然而，深海蟹形的斐波那契比率队列，特别是 0.886B 点，形成的结构常常会包含重要的 AB=CD 形态。

在深海蟹形中，对于 BC 延伸的分析也略有不同。BC 延伸通常不像常规结构那么极端。具体地说，BC 延伸具有最低 2.24 的比率尺寸，但是变种可能包含大到 3.618 的延伸。这决定于最适合 1.618XA 延伸的 AB=CD 完成形态。

类似于常规螃蟹形态，1.618XA 臂是形态中的决定性斐波那契尺寸。1.618 延伸突出了这种形态的极端本质，价格行为通常是剧烈的，从这些 PRZ 处迅速反转。

虽然这些结构包含类似的元素，但是它们的区分队列，特别是它们各自的B点比率，将它们区分为独一无二的和谐形态。实际上，深海蟹形是一种不同于常规版本的螃蟹形态和蝴蝶形态。对形态这样精确的详细说明，是使和谐交易法不同于其他形态识别策略基本规则之一。尽管这三种结构看起来类似，但是它们各自的斐波那契队列清楚地将它们区分为不同的形态。

看涨深海蟹形

看涨深海蟹形是一种不同的结构，由XA臂的0.886价格B点回调来定义(图7.13)。1.618价格XA臂应该是PRZ中的最低点，是形态完成的决定性限制。该形态通常包含某种类型的变种看涨AB=CD，需要1.27或1.618延伸。

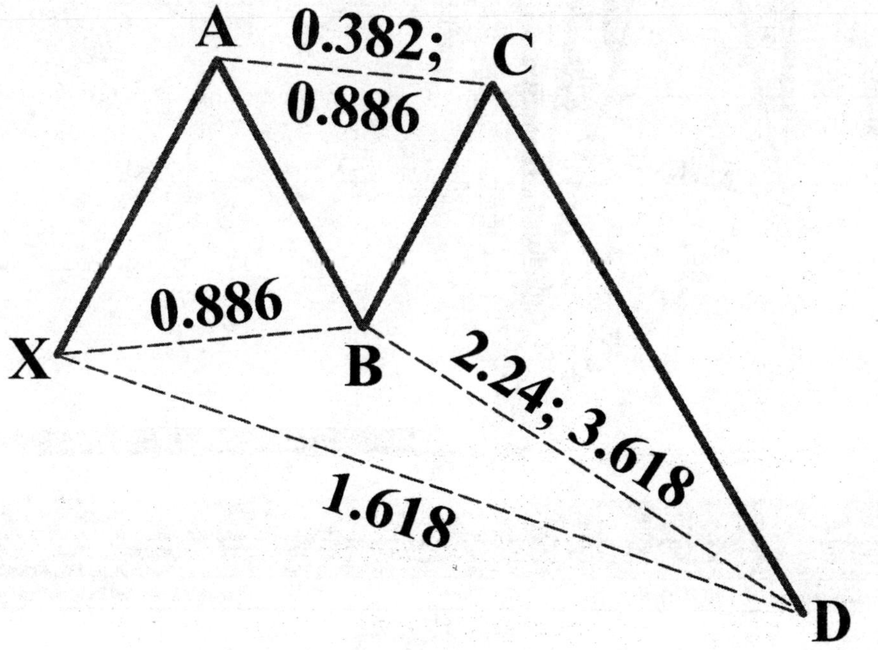

图7.13

纳斯达克 100　2003 年 12 月迷你合约(NQ_Z3)：15 分钟

这个看涨深海蟹形形成于 NQ 的 15 分钟图上(图 7.14)。这个形态展示了一个明显的深海蟹形结构，它具有三个数字：1.618XA 延伸、1.27AB=CD 和 3.14BC 延伸，会聚点略高于 1427。

图 7.14

PRZ 中如此准确的数字队列，通常最低会带来一波相当大的初始反应。在这个例子中，NQ 刚好从形态的完成处上涨。

图7.15中价格在PRZ内的行为展示了一个刚好位于和谐数字处的理想反转。这个架构是螃蟹形态中可能出现迅速反转的很好的示例。另外，螃蟹形态——无论深海的或常规的——PRZ中常常会经历包含极端价格行为的反转。

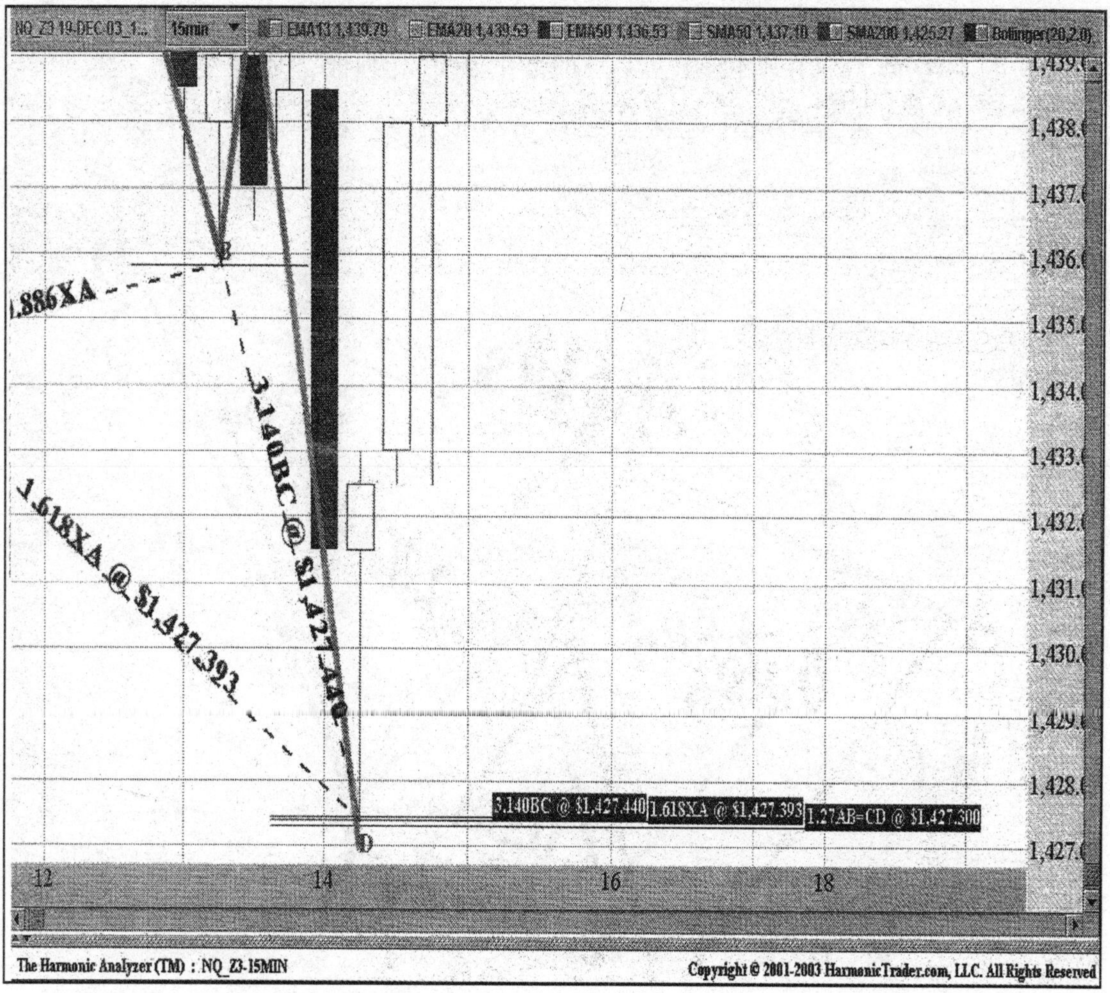

图 7.15

需要注意的是，必须把此类斐波那契数字的紧密会聚看作一个极端的和谐区域。这是一个特别的例子，其中三个数字的完成点在1个跳动(1/2点)之内，提供了一个极好的日内架构。

深海看跌蟹形

深海看跌蟹形专门使用一个 1.618XA 延伸来作为 PRZ 中的决定性价位(图 7.16)。B 点处 0.886 回调使得该结构具有了“深海”特征。从本质上讲，这个形态包含多重延伸，与变种 AB=CD 结构相结合，辨识出相当可观的潜在反转点。该形态常常形成于趋势已经在带有极端 BC 延伸的形态中确立之后。

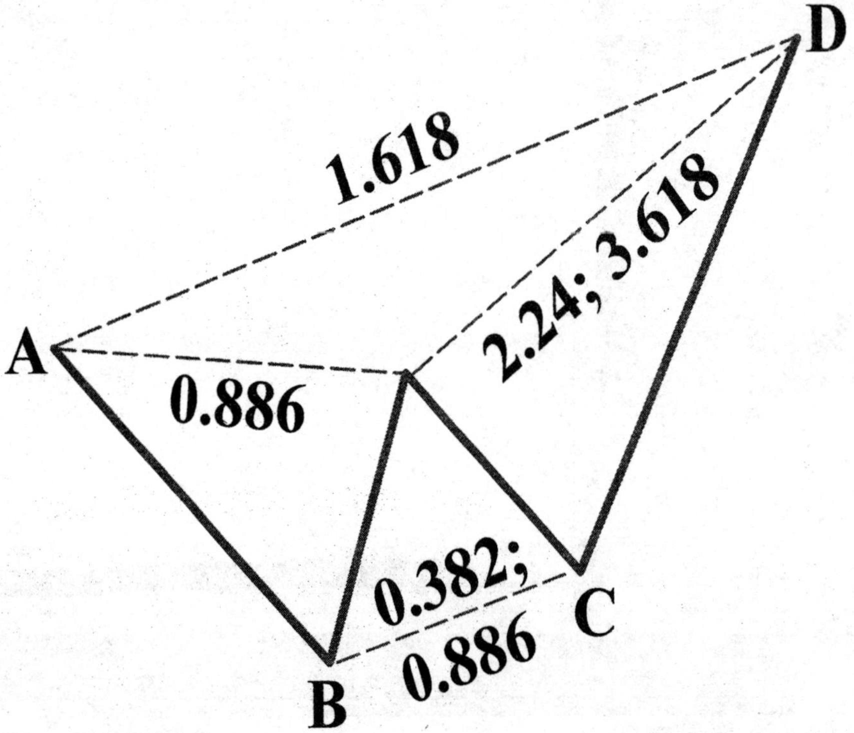

图 7.16

阿纳达科石油公司(APC)：日线

阿纳达科石油公司形成一个明显的深海看跌蟹形，包含三个数字定义了一个紧凑的 30 美分 PRZ(图 7.17)。由于该形态所跨的幅度接近 30 点，所以它是值得注意的。1.618XA 延伸、变种 1.27AB=CD 形态和 2.24BC 延伸会聚于 78.80 美元区域。

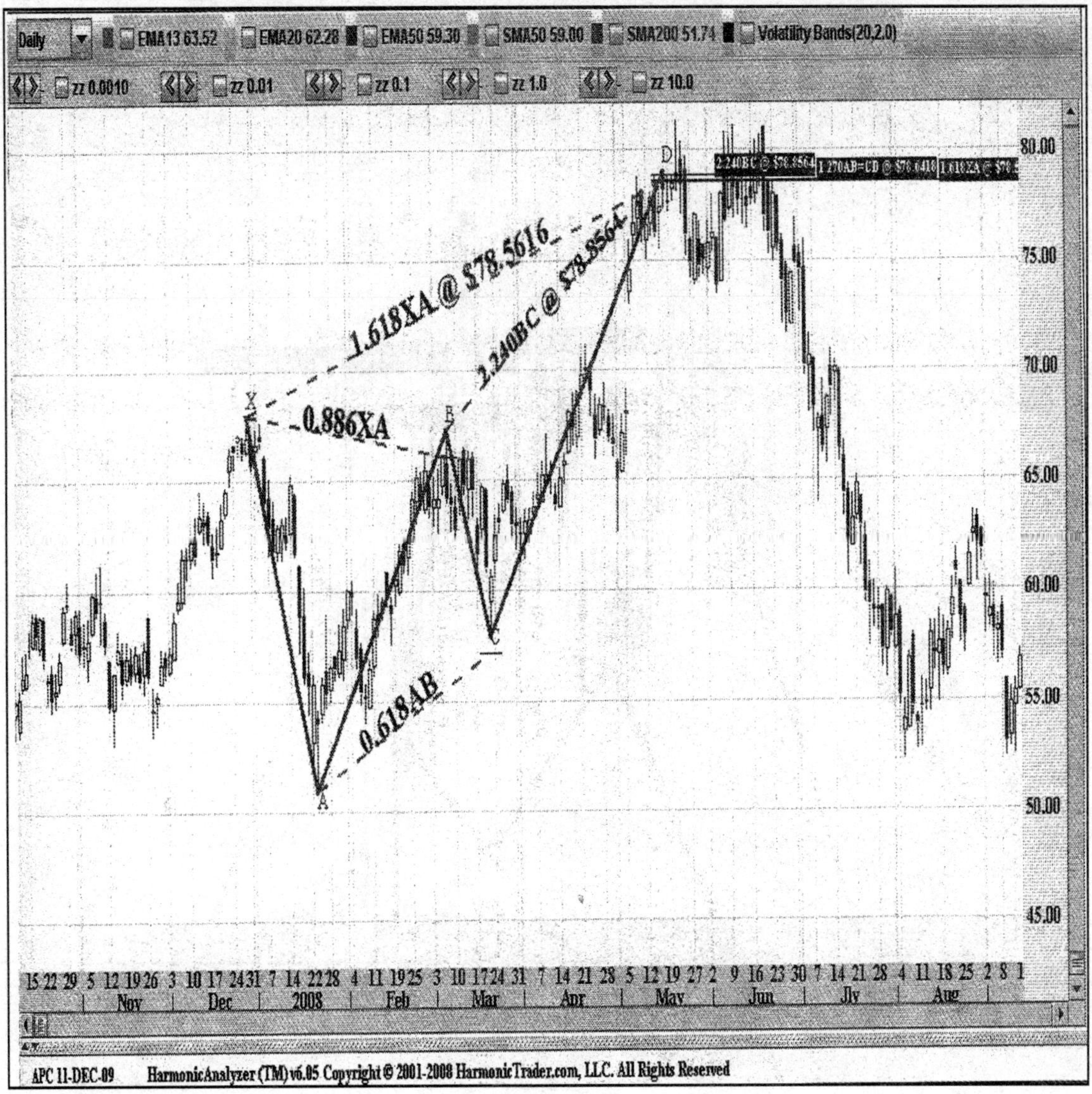

图 7.17

价格行为在测试整个 PRZ 后立即停止，不久股价便明显反转。虽然价格行为在接近形成完成时迅速上涨，但是果断下跌后的明显停止是有效反转的决定性技术信号。价格在略微超越 PRZ 的顶部区间和短暂测试心理价位 80 美元后快速反转。图 7.18 中潜在反转区内的价格走势清楚地显示出价格行为未能继续在和谐阻力之上上涨。另外，心理价位 80 美元增加了该形态的阻力，股价在测试整个 PRZ 后几天便迅速下跌。

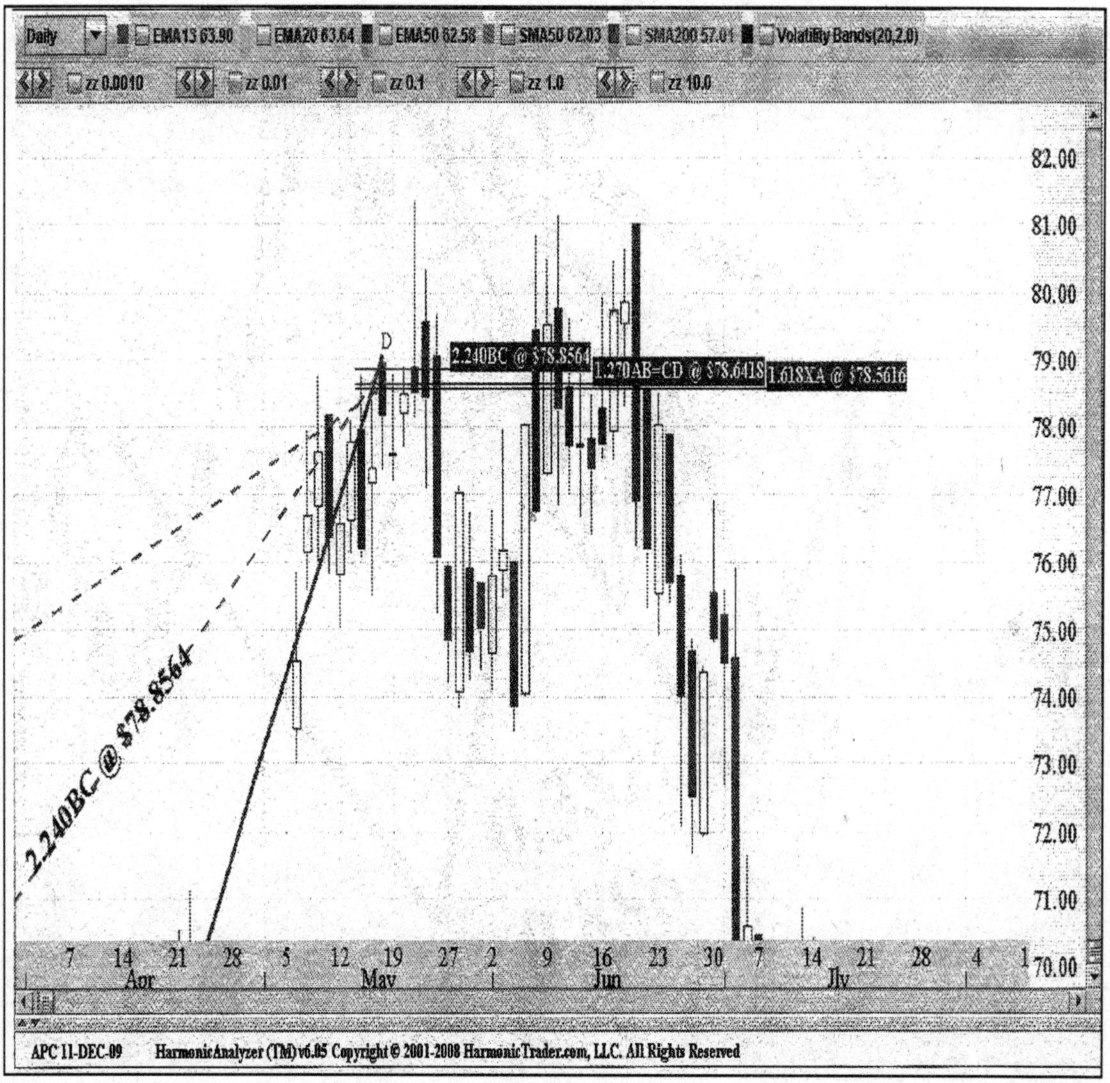

图 7.18

完美蟹形

螃蟹形态是由一个 0.618B 点回调、一个 1.618XA 延伸和一个 3.14BC 延伸来定义的。使用 1.618(φ)和 3.14(π)两个极端的和谐尺寸，完美蟹形代表着一种独特的结构，其精确性难以置信。

1. 精确的 XA 臂的 0.618B 点回调。
2. 3.14BC 延伸。
3. 1.618AB=CD。
4. C 点在 50%～61.8%区间内。

完美看涨蟹形

图 7.19 中的完美看涨蟹形是一个明显的结构，包含一个由 0.618B 点回调、1.618XA 延伸、变种 1.618AB=CD 和 3.14BC 延伸构成的精确队列。

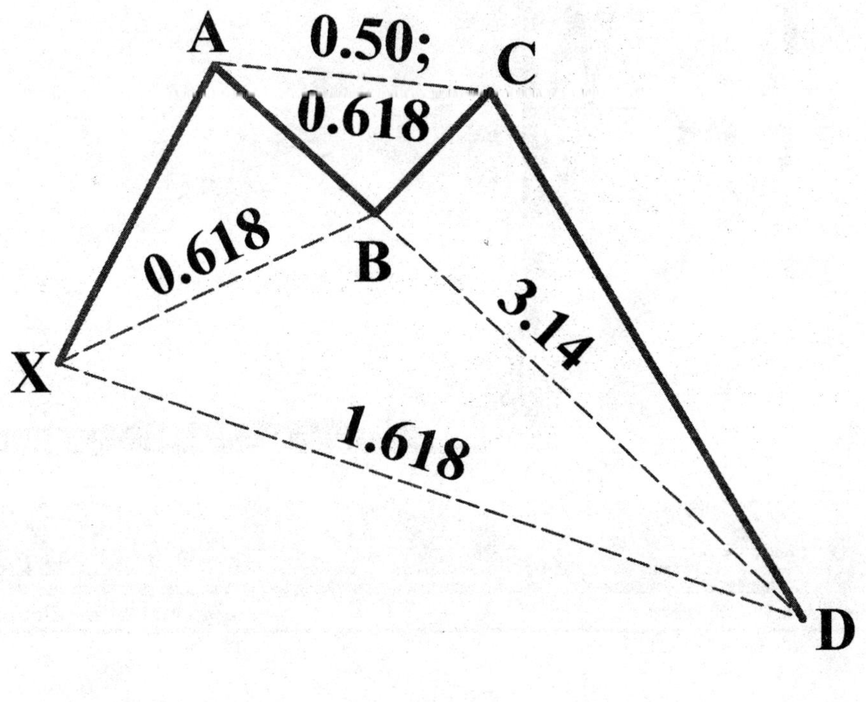

图 7.19

家得宝(Home Depot)(HD)：15 分钟

家得宝(HD)中的这个完美蟹形展示了确认该结构有效所需的斐波那契比率队列(图 7.20)。该形态由 XA 臂的一个精确 0.618B 点回调来定义。1.618XA 延伸是 PRZ 中的最低点，带有 3.14BC 延伸的变种 1.618AB=CD 有助于 32.50～32.75 区间内的和谐支撑。

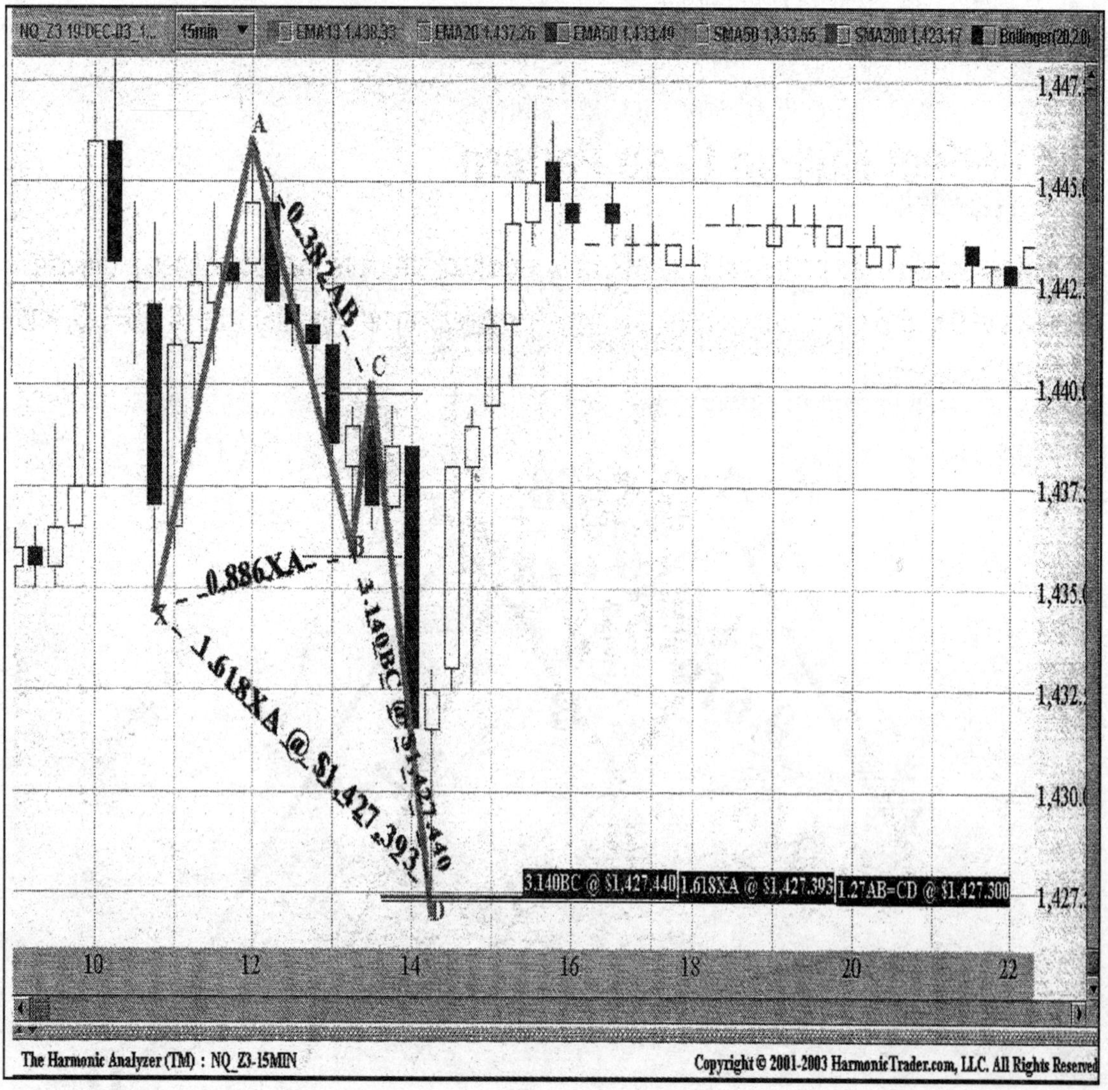

图 7.20

图7.21中，价格在PRZ内的走势显示在1.618XA延伸被测试后，出现一个理想的反转。这是又一个股价迅速进入PRZ的例子。家得宝几乎在刚好击中32.55处的1.618XA延伸后反转。

图7.21

类似这样的完美蟹形常常在它们的完成点处经历迅速而引人注目的价格行为。股价在测试完架构中最重要的数字——1.618XA后立即反转。虽然日内形成了迅猛的下跌，但是该形态清楚地确定了短期支撑。

完美看跌蟹形

完美看跌蟹形是一种独特的 5 点延伸结构，特别是把 XA 臂处的 1.618 和 BC 臂处的 3.14 这些和谐数字结合起来（图 7.22）。这种独特的队列常常定义显著的交易机会和相当精确的阻力区。

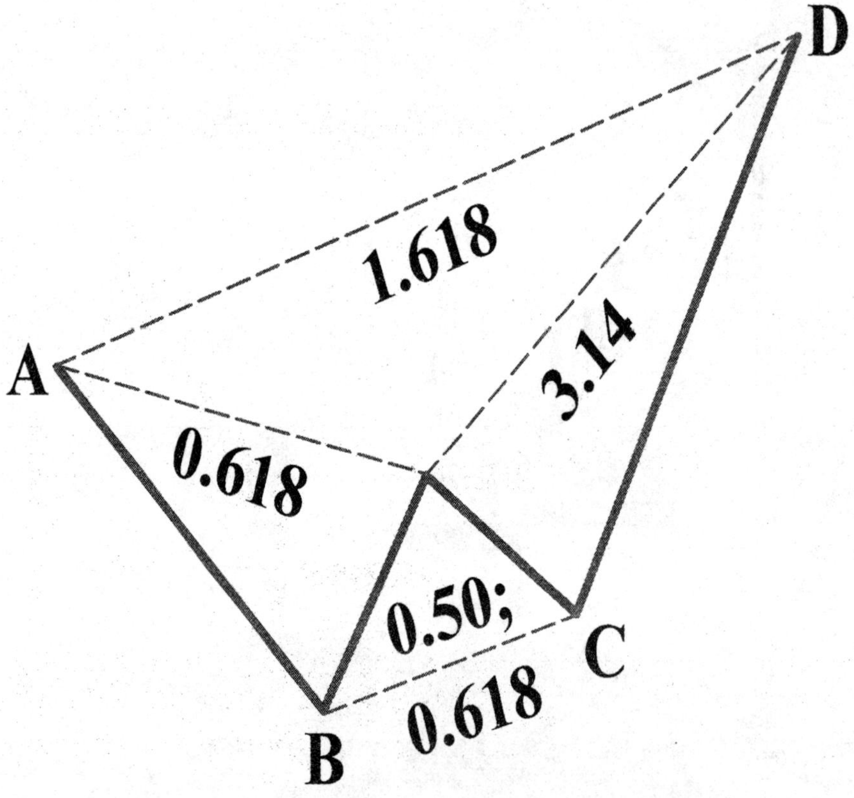

图 7.22

诺基亚(NOK)：5 分钟

诺基亚在下面的 5 分钟图上形成一个完美看涨蟹形(图 7.23)。这个形态展示了确认这种架构所需的斐波那契比率队列。XA 臂的精确的 0.618B 点回调是确立该架构的决定性元素。

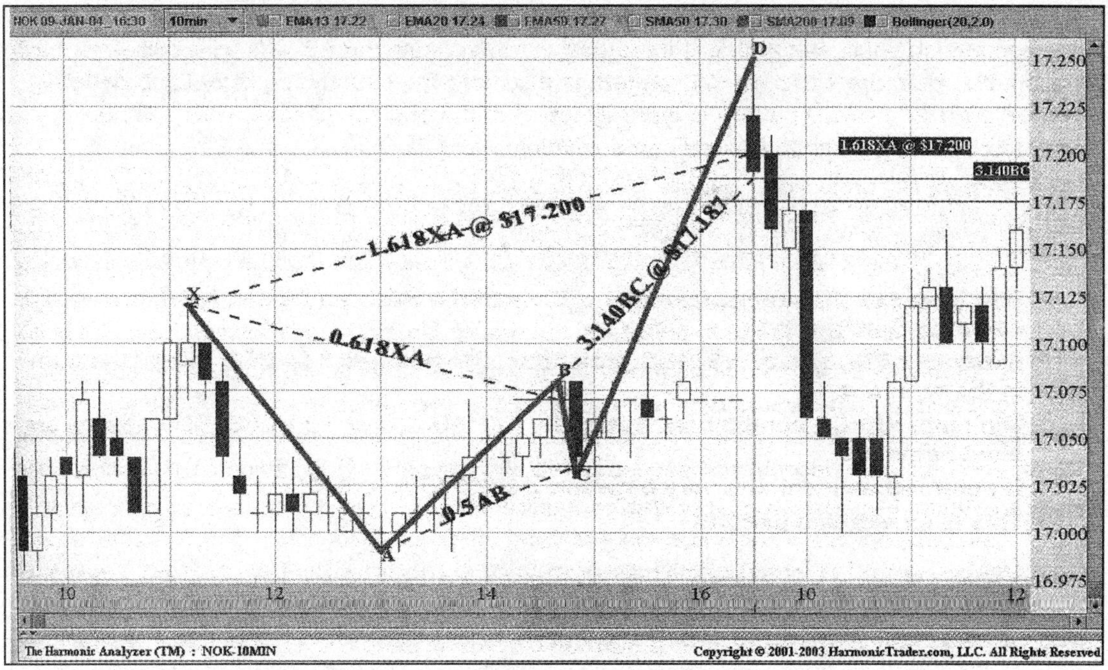

图 7.23

1.618XA 延伸定义了 PRZ 的顶部区间，带 3.14BC 延伸的变种 1.618AB=CD 补充了 17.20 区域内的和谐阻力。

对于螃蟹形态来说，这是又一个典型的极端价格进入 PRZ 的例子。虽然股价开盘时向上跳空，迅速上涨进入和谐阻力，但是股价立即停止上涨并反转，完成一个理想的反转。

螃蟹形态总结

虽然螃蟹形态的结构化变种可能看起来定义了相同的形态，但是斐波那契比率队列清楚地把每种类型区分为独一无二的形态。螃蟹形态通常确定的是极端的超买和超卖行情，因为 1.618XA 臂是该形态最重要的斐波那契比率尺寸，它代表着潜在反转区(PRZ)中最重要的数字。

与和谐交易法中的其他形态不同，AB=CD 在完成点处不是那么关键。虽然为每个变种区分 AB=CD 非常重要，但是变种 1.618AB=CD 形态是大多数螃蟹形态中的首选结构。然而，1.27AB=CD 形态通常出现于原始版本中，而深海蟹形包含一个等距 AB=CD 也并非不常见。

极端 BC 延伸——通常是 2.618、3.14 或 3.618 延伸——突出这种结构的特征。虽然深海蟹形允许 BC 有较宽泛的变化，但是这一延伸应该与 1.618XA 紧密地会聚。

1. XA 臂精确的 0.618B 点回调或更短的回调(0.382 和 0.50 是该结构中常见的 B 点)。

2. 极端 2.618、3.14 或 3.618BC 延伸(有时该结构中会形成 2.24BC 延伸)。

3. 最低 AB=CD 完成。变种 1.27AB=CD 或 1.618AB=CD 形态是最常见的。

4. C 点回调可能在 0.382 和 0.886 之间变化。

5. 这是一种极端形态!

必须强调这种形态易变的特征。从这些 PRZ 开始的反转可能是迅速的，包含极端的价格行为。螃蟹形态是一种独特的形态，拥有独特的性质，能够辨识出非凡的和谐机会。这种形态的区别在定义每个变种时很关键。

从一个和谐的角度来看，有效的螃蟹结构辨识的是极端的超卖或超买行情。在初次测试潜在反转区时，这些形态通常提供某种类型的反应。价格行为常常响应极端的斐波那契延伸组合，在螃蟹形态内指的是 1.618XA 臂和 2.618 或更长的 BC 臂的组合。螃蟹形态拥有难以置信的准确度，是和谐交易工具库中一种稳定有效的形态，能够辨识出市场中的关键反转点。

第8章

理想蝴蝶形态

布莱斯·吉尔摩(Bryce Gilmore)在他的“波浪交易者”软件程序中发现了蝴蝶形态。虽然他对这种结构的解释包含多种斐波那契组合，但是我认为详细说明结构内的每个点，对于能够成功使用这种形态交易是很有必要的。正如螃蟹形态的例子所展示的，形态点的队列非常重要。蝴蝶形态也是如此，这种5点延伸结构内的具体队列是找到最佳机会的关键。

以我的经验，我认为理想蝴蝶形态需要结构内每个点处具体的斐波那契队列。最重要的，强制性的XA臂的0.786回调作为B点是理想蝴蝶形态的决定性元素，而且它是定义具体潜在反转区(PRZ)的主要测量点。

在很多方面，理想蝴蝶形态类似于伽利形态，因为它需要一个明确的B点回调，而且结构内包含一个更紧凑的斐波那契比率队列。特别地，蝴蝶形态包含一个带“柔顺”BC延伸的1.27XA延伸，那通常只是一个1.618延伸。另外，蝴蝶形态通常具有一个等距AB=CD形态或变种1.27AB=CD形态。虽然等距AB=CD是最低要求，但是有效蝴蝶结构很少会超越变种1.27AB=CD完成点。

螃蟹形态 vs 蝴蝶形态

螃蟹形态和蝴蝶形态之间的区别很大。虽然这些价格结构看起来相似，因为它们代表着两种类型的延伸形态，但是它们的比率队列清楚地将它们的特征区分开来。螃蟹形态使用 1.618XA 延伸，而理想蝴蝶形态专门使用 1.27XA 延伸。实际上，螃蟹形态是一种反动形态，它试图确定极端的超卖和超买行情。理想蝴蝶形态由 B 点处的 0.786 回调区分出来。利用这种理想蝴蝶形态的队列能够消除许多失败的冒名形态——价格结构“假装”是潜在的有效形态，但常常是失败的。

对于理想蝴蝶形态成为有效信号，AB=CD 形态是另一个关键因素。需要注意的是，AB=CD 形态常常会具有一种变化的结构，通常是 1.27AB 臂。虽然这对于有效交易信号是一个重要的要求，但是理想蝴蝶形态中最关键的数字是 1.27XA 臂。XA 臂通常会得到 1.618、2.00 或 2.24BC 延伸的补充。虽然有时会用 2.618 来补充 PRZ，但是较短的 BC 延伸与 1.27XA 主要价格臂配合得最好。实际上，BC 延伸应该与 1.27XA 臂完成于一个“紧凑”的区域。这些数字形成了一个明确的 PRZ，能够产生强有力的反转，特别是当形成出现在历史价(新高或新低)时。理想蝴蝶形态在新高或新低区表现得很好，原因是有效形态常常代表着关键的 5 点反转结构，通常会令主要趋势结束。下面举例说明这些概念。

理想蝴蝶形态的要素：

- XA 臂精确的 0.786B 点回调。
- BC 延伸必须至少是 1.618。
- 等距 AB=CD 形态是最低要求，但是 1.27AB=CD 最为常见。
- 1.27XA 延伸是潜在反转区(PRZ)中最重要的数字。
- 没有 1.618XA 延伸。
- C 点在 0.382～0.886 回调构成的区间之内。

看涨蝴蝶形态

从一个精确的 0.786B 点回调开始，这个看涨蝴蝶形态(图 8.1)包含一个最低要求的 AB=CD 形态，1.27XA 延伸和

1.618BC 延伸是定义潜在反转区(PRZ)的强势性要求。

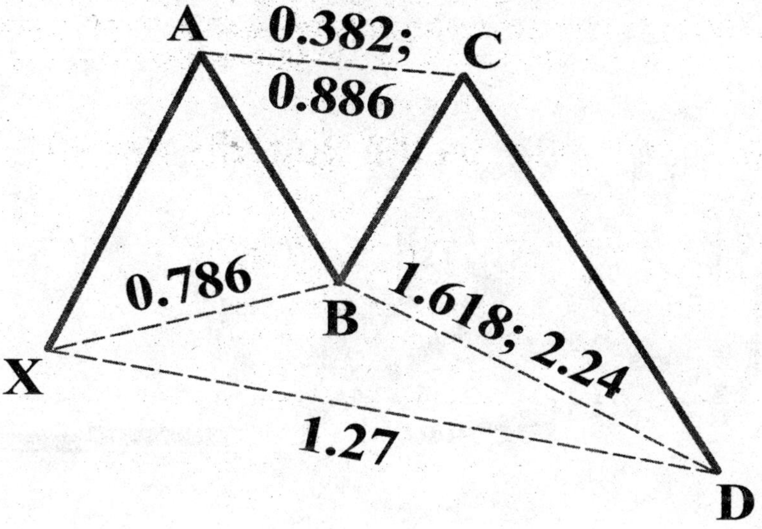

图 8.1

标准普尔 500 跟踪股票(SPY)：日线

图 8.2 中，SPY 形成这个理想蝴蝶形态展示了确认该结构所需的恰当的斐波那契比率队列。在这个例子中，XA 臂的 0.786B 点回调是确立该结构的决定要素。1.27XA 延伸确定了 PRZ 的下侧区间，而变种 1.27AB=CD 和 1.618BC 延伸则确定了略低于 70 美元价位的和谐支撑。

这是一个重要的结构信号，它是标记出 2009 年熊市低点的决定性形态。PRZ 中随后的价格行为显示在所有数字被测试后形成一个理想的反转(图 8.3)。一段稳定下跌之后，SPY 在略低于预期的和谐支撑处稳定下来。

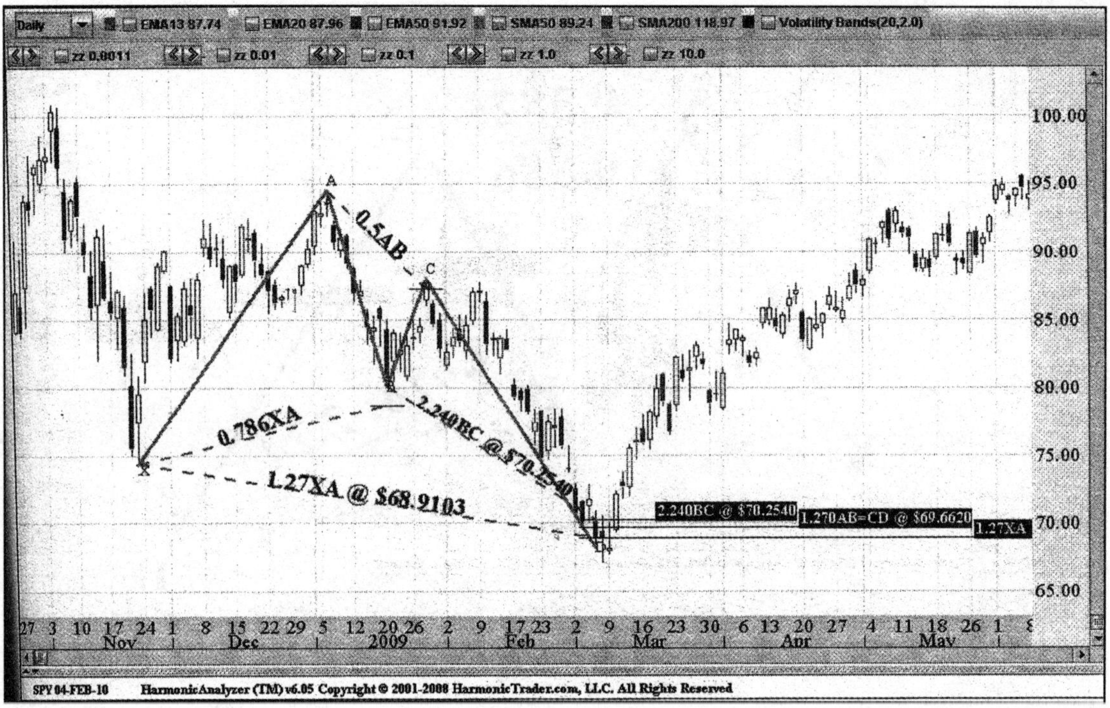
Daily
EMA13 87.74
EMA20 87.96
EMA50 91.92
SMA50 89.24
SMA200 118.97
Volatility Bands(20,2.0)
zz 0.0011
zz 0.01
zz 0.1
zz 1.0
zz 10.0
A
C
X
0.5AB
0.786XA
2.240BC @ $70.2540
1.27XA @ $68.9103
2.240BC @ $70.2540
1.270AB=CD @ $69.6620
1.27XA
100.00
95.00
90.00
85.00
80.00
75.00
70.00
65.00
Nov
Dec
2009
Feb
Mar
Apr
May
SPY 04-FEB-10
HarmonicAnalyzer (TM) v6.05 Copyright © 2001-2008 HarmonicTrader.com, LLC. All Rights Reserved

图 8.2

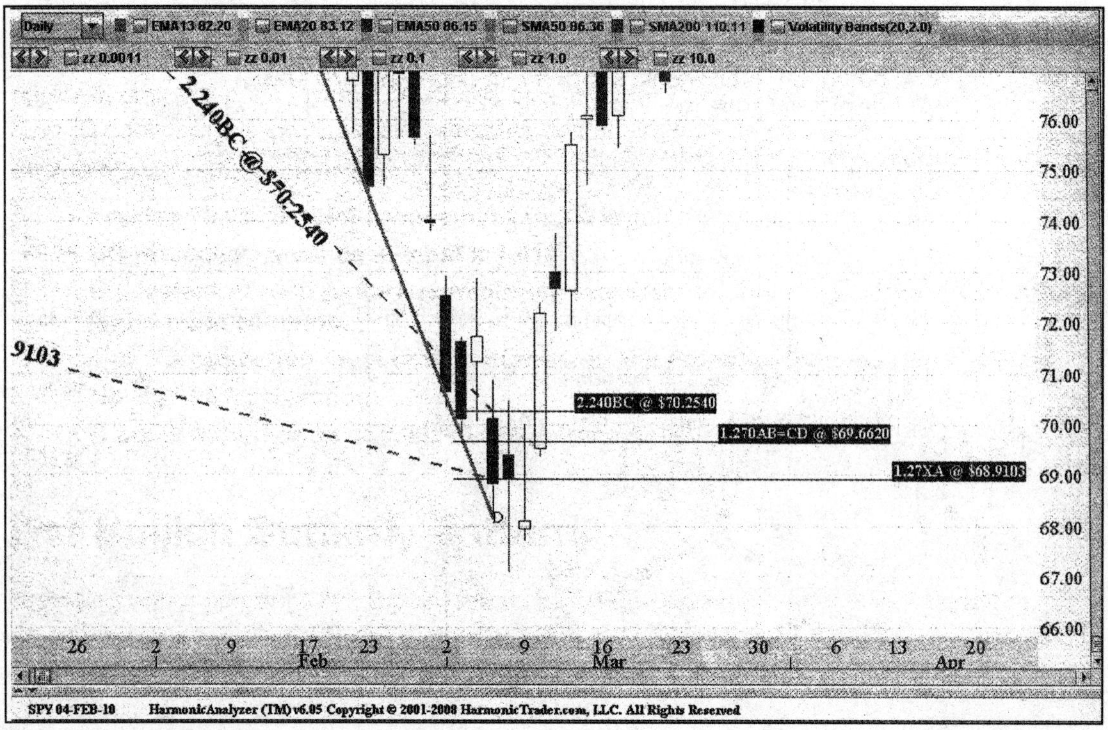
Daily
EMA13 82.20
EMA20 83.12
EMA50 86.15
SMA50 86.36
SMA200 110.11
Volatility Bands(20,2.0)
zz 0.0011
zz 0.01
zz 0.1
zz 1.0
zz 10.0
2.240BC @ $70.2540
9103
2.240BC @ $70.2540
1.270AB=CD @ $69.6620
1.27XA @ $68.9103
76.00
75.00
74.00
73.00
72.00
71.00
70.00
69.00
68.00
67.00
66.00
Feb
Mar
Apr
SPY 04-FEB-10
HarmonicAnalyzer (TM) v6.05 Copyright © 2001-2008 HarmonicTrader.com, LLC. All Rights Reserved

图 8.3

这个例子包含一个引人注目的反转。在价格行为测试 PRZ 中所有数字的那一天，跌势开始趋稳。随后两天，价格一直在挑战 PRZ。反转完成后，价格行为使人信服地上涨，收盘于和谐支撑上方。虽然价格行为需要再过几天才能稳定，但是该形态的完成清楚地标记出 SPY 的一个关键低点。

美国运通(American Express)(AXP)：60 分钟

美国运通 60 分钟图上的这个看涨蝴蝶形态，是定义该结构的精确 0.786B 点回调的一个极好的例子(图 8.4)。1.618BC 延伸和变种 1.618AB=CD 补充了 32 美元价位处的和谐支撑。

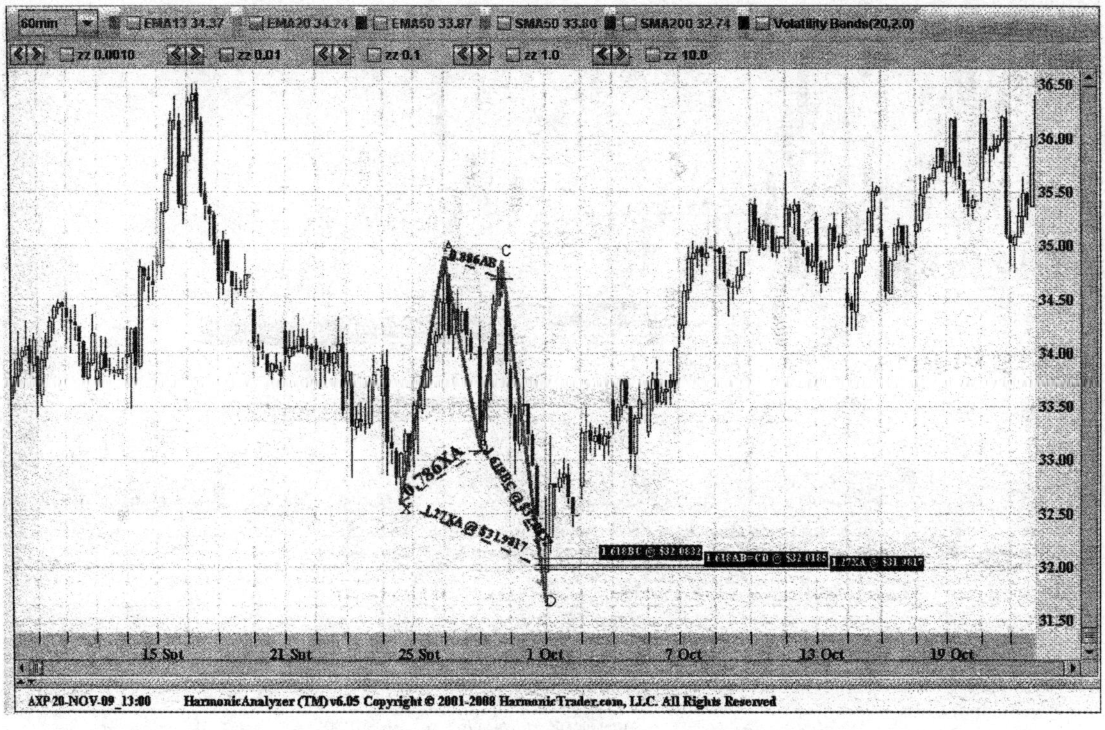

图 8.4

这张 60 分钟图上的形态经历了几个时段，发出了主要上升趋势恢复的信号。经过一周的整固之后，这个明显的形态确定了关键支撑，支撑区间的宽度为狭窄的 10 美分，位于 32 美元处。形态完成后，价格立即上涨。

PRZ 中数字如此紧密地会聚是重要和谐架构的又一个征兆。另外，该形态的结构具有理想的对称性，而且在 PRZ 初次测试后令人信服地反转(图 8.5)。所有这些因素都是可靠的指标，发出了可能反转的信号。虽然这样的架构并不保证成功反转，但它们是定义最佳机会的特征。

图 8.5

需要注意的是，蝴蝶形态类似于伽利形态，因为 B 点在确认结构为和谐形态方面很关键。对于蝴蝶形态，B 点必须包含一个 0.786 回调。作为这张 AXP 示例的放大图，精确的 B 点确立了合适的比率队列，结果形成了形态的确定完成区。虽然理想的条件不会每次都出现，但是这些指导原则有助于确定最清楚的机会和尽可能地区分各种各样的结构。

巴西石油(Petrobras)(PBR)：60 分钟

这张巴西石油的日线图展示了一个理想的结构，这是有效看涨蝴蝶形态应该具有的(图 8.6)。该架构由一个理想的斐波那契比率队列来确认其结构，包括 XA 臂的一个精确的 0.786B 点回调。

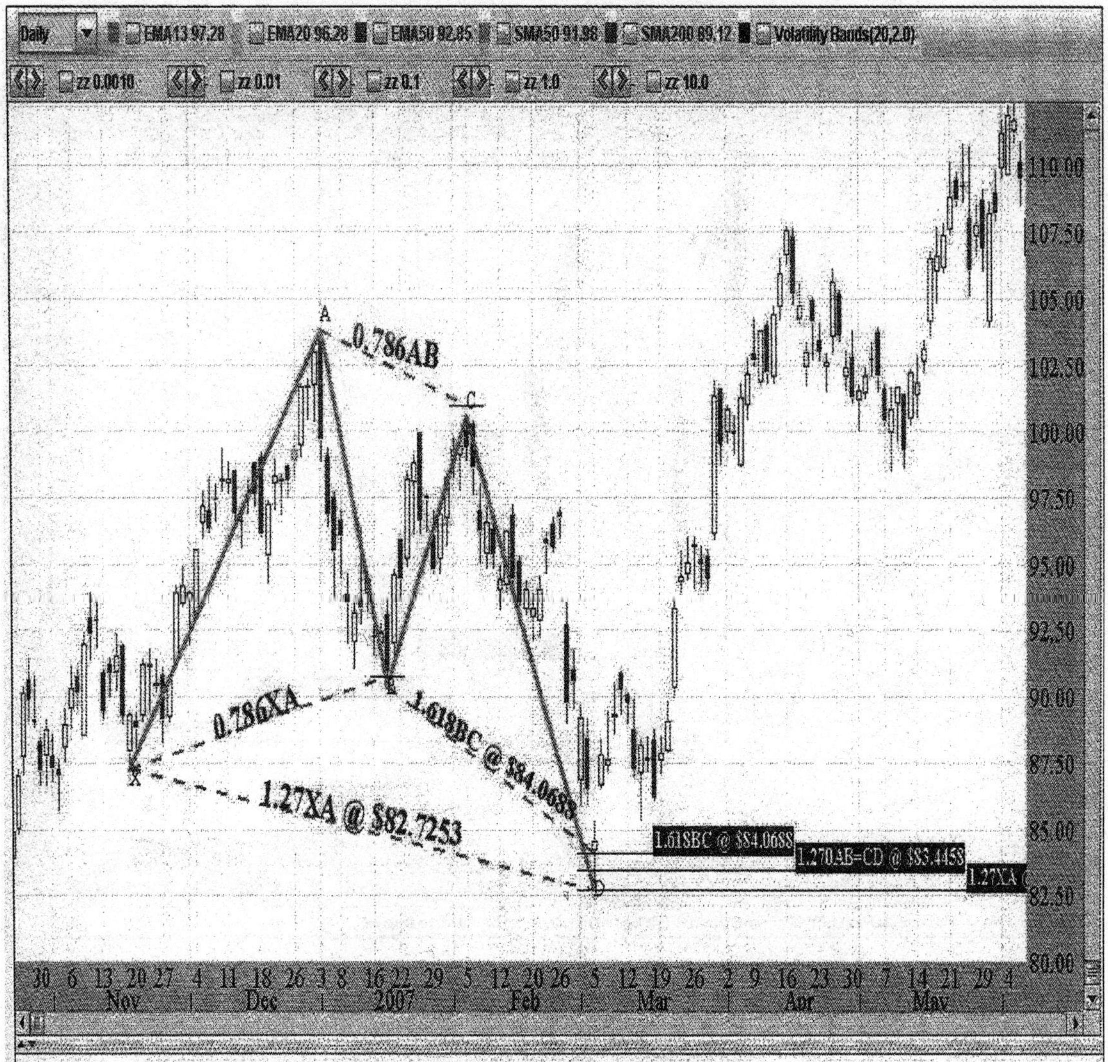

图 8.6

1.27XA 臂定义了 PRZ 的下侧区间在 82.75，而 1.618BC 延伸和 1.27AB=CD 形态分别在 84.06 和 83.45 补充这一区域。在股票测试 PRZ 中所有数字的那一天，价格行为能够稳定下来。实际上，反转是理想的，股价快速跌入 PRZ，击中数字的整个区间，收盘于和谐支撑上方。虽然这是一次引人注目的反转，但是看涨蝴蝶形态清楚地确定了股票趋势中的关键反转点。巴西石油稳定在 PRZ 上方，几天后加速上涨，确认形态完成(图 8.7)。

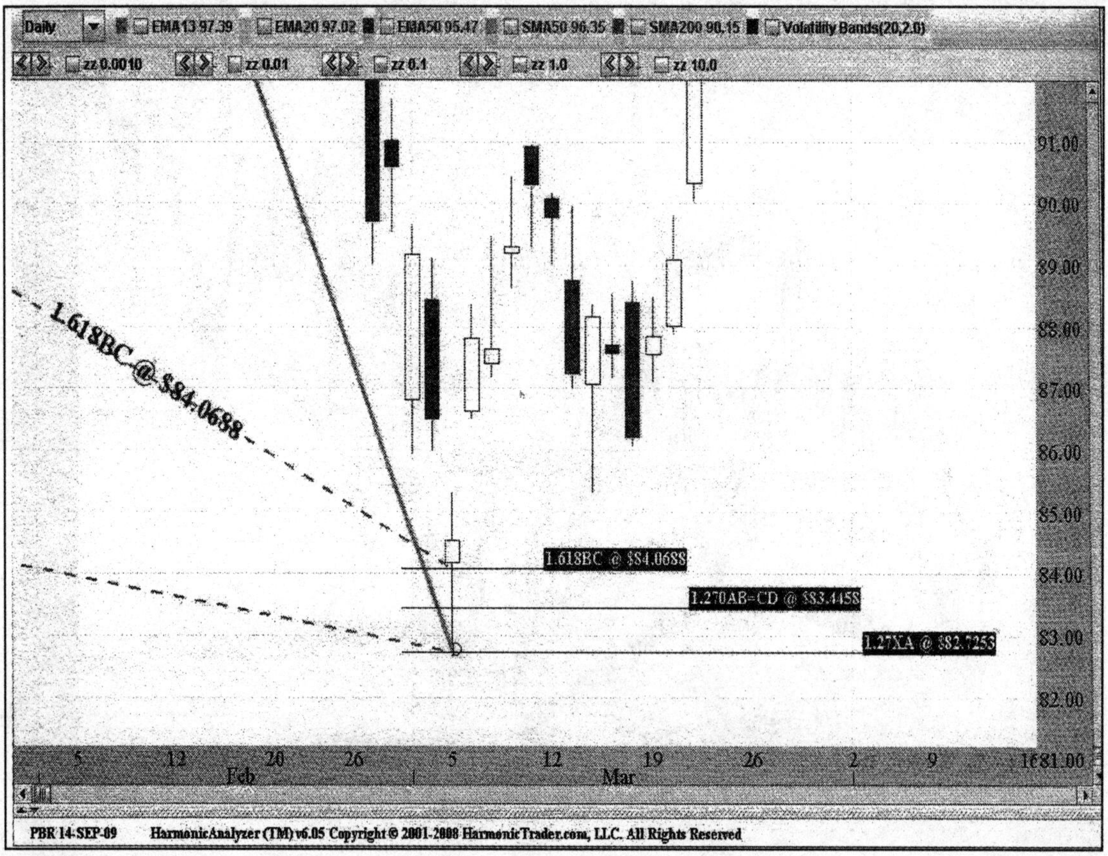

图 8.7

虽然价格行为在进入 PRZ 时快速下跌，但是该形态的完成点在股票下方设了一个下限。股票能够收盘于和谐支撑区间上方的事实是有效反转的另一个指示。

标准普尔 500　2009 年 9 月迷你合约(ES_U9)：60 分钟

标准普尔 500　2009 年 9 月迷你合约 60 分钟图上的看涨蝴蝶形态(图 8.8)是又一个极好的例子，展示了定义结构的精确的 0.786B 点回调。2.0BC 延伸和 AB=CD 形态在 977 处补充了和谐支撑。

图 8.8

这个明显的形态以非常理想的姿态展现在这张 60 分钟图上，跨度为几个时段。在陡峭的三天下跌后，虽然价格行为的整固过程需要两次对 PRZ 的完全测试，但是该架构的完成区就在 980 价位下方确定了关键支撑，定位了多头头寸的最佳入场。

看跌蝴蝶形态

理想看跌蝴蝶结构是由 XA 臂的精确的 0.786B 点回调定义的(图 8.9)。该架构需要一个 AB=CD 形态，应该与 1.27XA 延伸和 1.618BC 延伸会聚在一起，这是定义 PRZ 的最低条件。

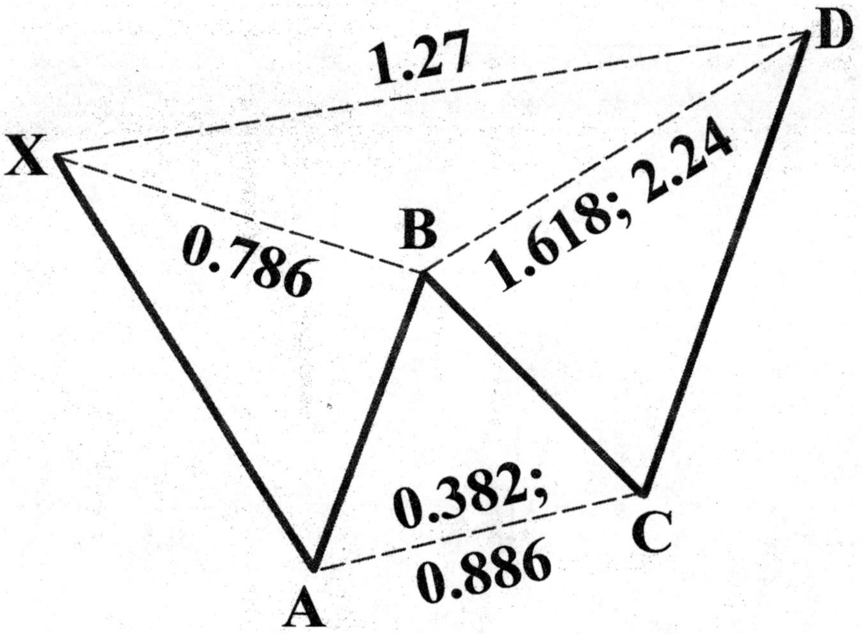

图 8.9

花旗集团(Citigroup)(C)：周线

花旗集团的周线图(图 8.10)形成一个重要的长期形态，标志着该股票大跌前的顶部。这一长期形态的形成花了四年时间，然后出现戏剧性的反转。

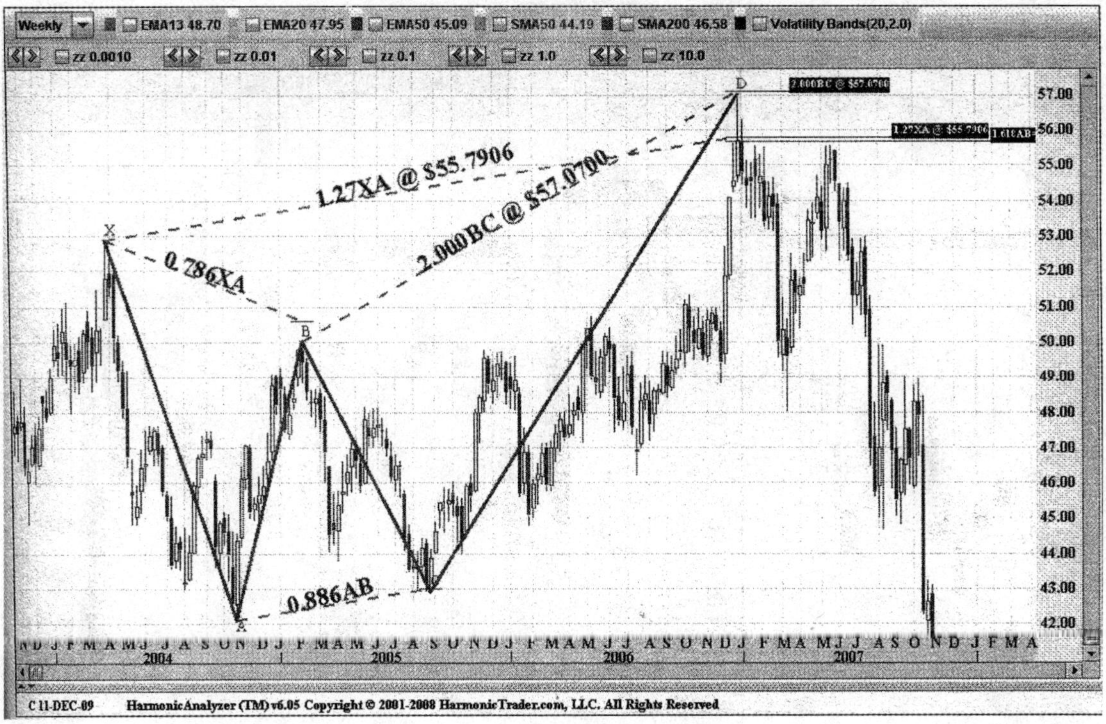

图 8.10

这个蝴蝶形态具有有效结构的理想元素，包括一个精确的 B 点回调，位于 XA 臂的 0.786 处。变种 1.27AB=CD 补充了 1.27XA 延伸，在略高于 55 美元价位处明确定义了一个和谐阻力区。实际上，这两个延伸在 55.80 处彼此重叠，确定了交易的最佳入场。图 8.11 中，潜在反转区(PRZ)内的价格行为展示了一个理想的反转，刚好是在整个区间被测试后的那一周。形态完成后的那一 K 线，价格行为停止，初始反应后，股价立即迅速下跌。实际上，初次测试整个数字区间的周价格 K 线收盘于 PRZ 下方。此外，随后的每条周线名义上重新测试了 PRZ，但收盘反复低于和谐阻力。这样的价格行为是有效反转的征兆，是趋势潜在改变的一个明显信号。

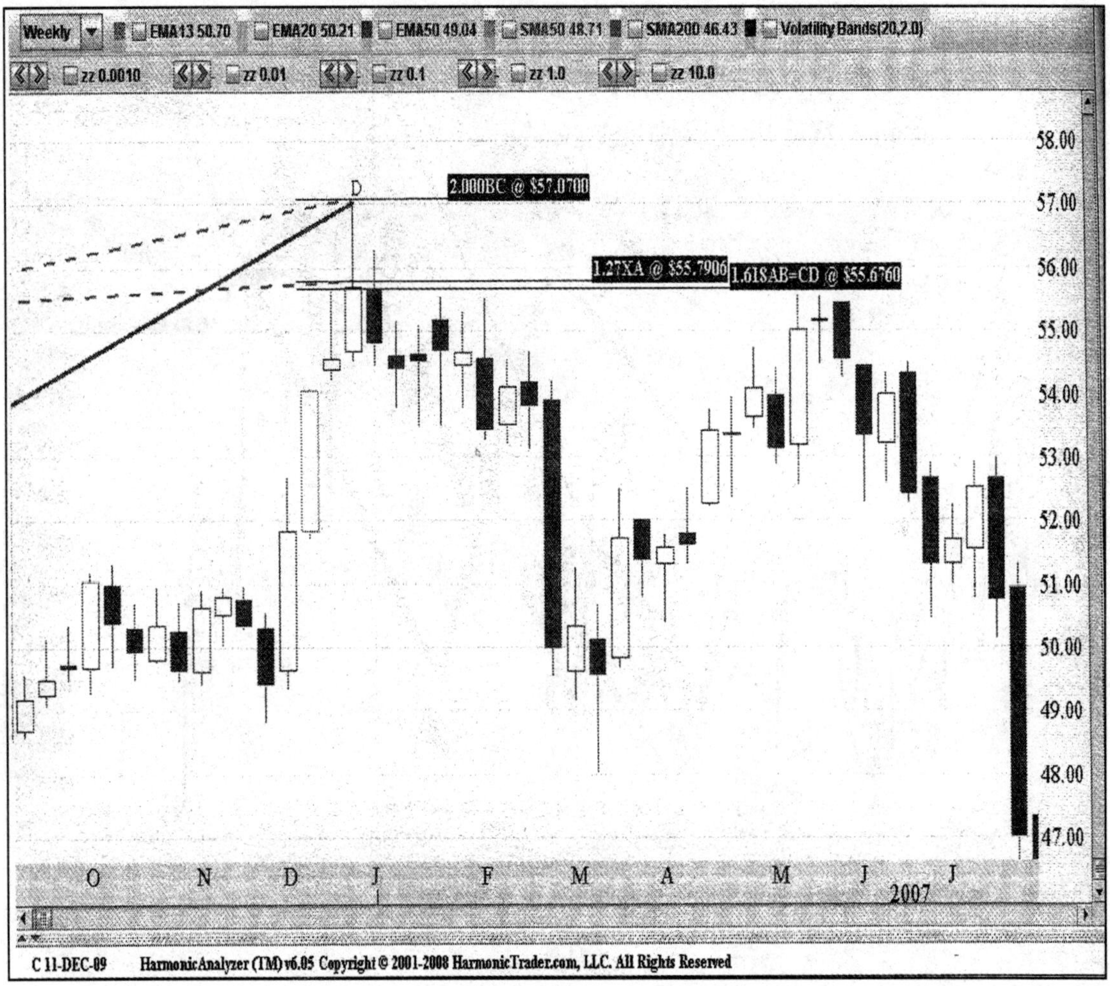

图 8.11

这个花旗集团的例子突出了和谐形态在金融市场的任意时间框架上辨识关键反转点的能力。在这个例子中，架构的长期特征相当重要。虽然股票的彻底崩盘不能单纯由蝴蝶形态来预测，但是周线价格行为清楚地显示出了主要阻力。最低限度，该架构指示出了一个重要的卖出机会。随着股价在接下来的几个月中反转，下跌的严重性变得非常明显。

瑞士法郎(CHF_A0-FX)：60 分钟

看跌蝴蝶形态的下一个例子来自瑞士法郎，在外汇市场中形成又一个极好的和谐形态(图 8.12)。这张 60 分钟图包含一个明显的形态，清楚地定义了关键和谐阻力。该形态形成了所需的斐波那契队列以确认蝴蝶结构的有效性，价格行为在测试整个 PRZ 后优美地反转。该形态标志着主要日内趋势的重要反转。

图 8.12

尽管 CD 有点长，但是该结构相当明显，一个紧凑的数字区间确定了形态的完成。在测试和谐阻力的整个区间后不久，反转产生了。

图 8.13 中，潜在反转区内的价格行为展示了一个理想的反转，刚好是在整个区间被测试之后。形态完成后，瑞士法郎立即以一种理想的形式停止下来。

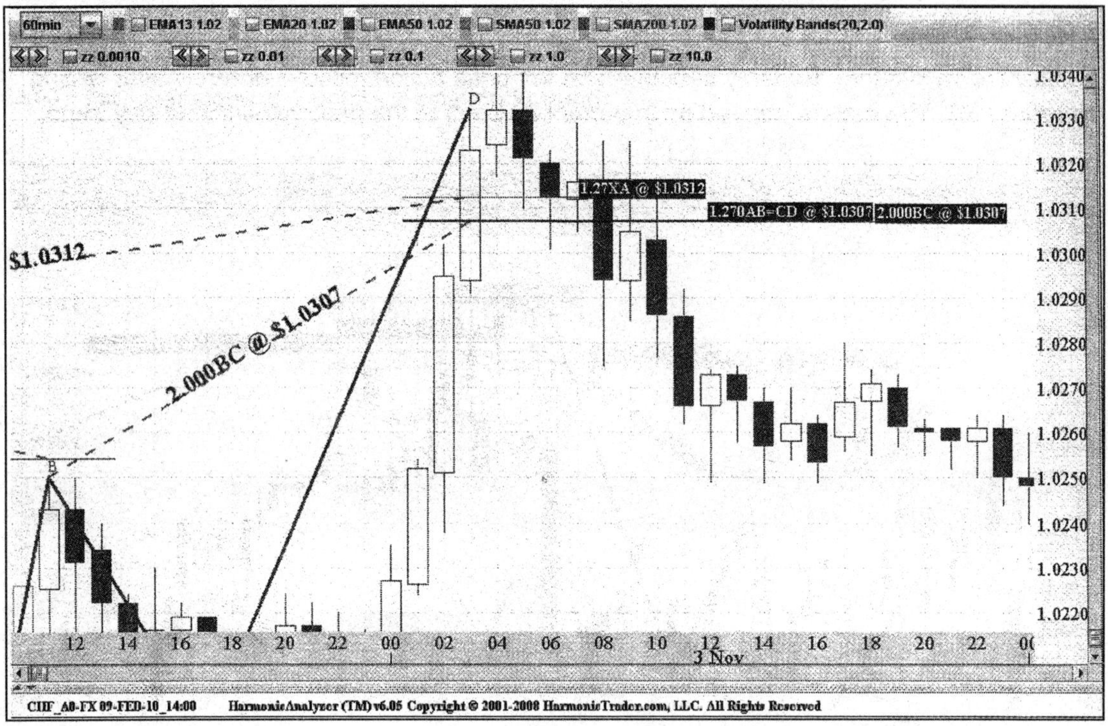

图 8.13

以上两个例子展示了两种不同时间框架上的类似反转。花旗集团周线图上的蝴蝶形态和瑞士法郎 60 分钟图上的架构，几乎具有完全相同的形态队列。尽管各自的时间框架不同，但每个反转的特征都是类似的。这些例子凸显出和谐交易规则在应用中的一致性，这种一致性与时间框架和所分析的市场无关。每一种情形应该以类似的方式处理，同时要时刻注意正在分析的时间框架。

完美蝴蝶形态

完美蝴蝶形态是由 XA 臂的精确的 0.786 回调定义的，具有理想的斐波那契比率队列。完美蝴蝶结构的另一个不同之处是精确的 1.618BC 臂补充 1.27XA 臂的完成。

虽然理想蝴蝶形态允许 BC 延伸有一些变化——最大至 2.24，但是完美结构只拥有一个 1.618BC。虽然理想蝴蝶队列允许任一种 AB=CD 类型，但是完美形态只允许 1.27AB=CD。

1. XA 臂精确的 0.786B 点回调。
2. 专有的 1.27XA 延伸。
3. 1.618BC 延伸。
4. PRZ 中变种 1.27AB=CD。
5. 范围在 0.50～0.886 之间的 C 点回调。

完美看涨蝴蝶形态

完美看涨蝴蝶形态是一种明显的 5 点延伸结构，需要具体的斐波那契数字队列，包括 PRZ 中的最低限制 1.27XA 延伸（图 8.14）。该形态也必须包含一个带精确 1.618BC 延伸的 1.27AB=CD 形态。

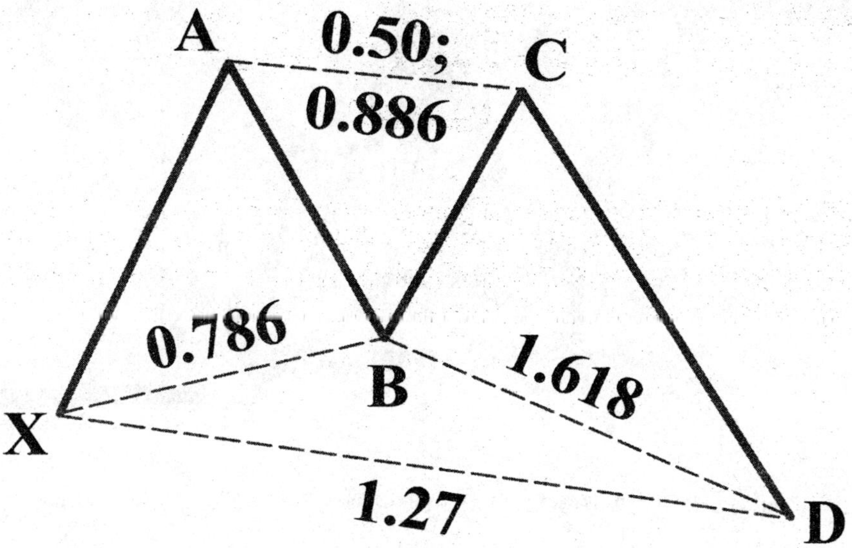

图 8.14

日元(JPY_A0-FX)：15 分钟

日元形成这个完美的日内看涨蝴蝶形态，刚好在和谐支撑处反转(图 8.15)。

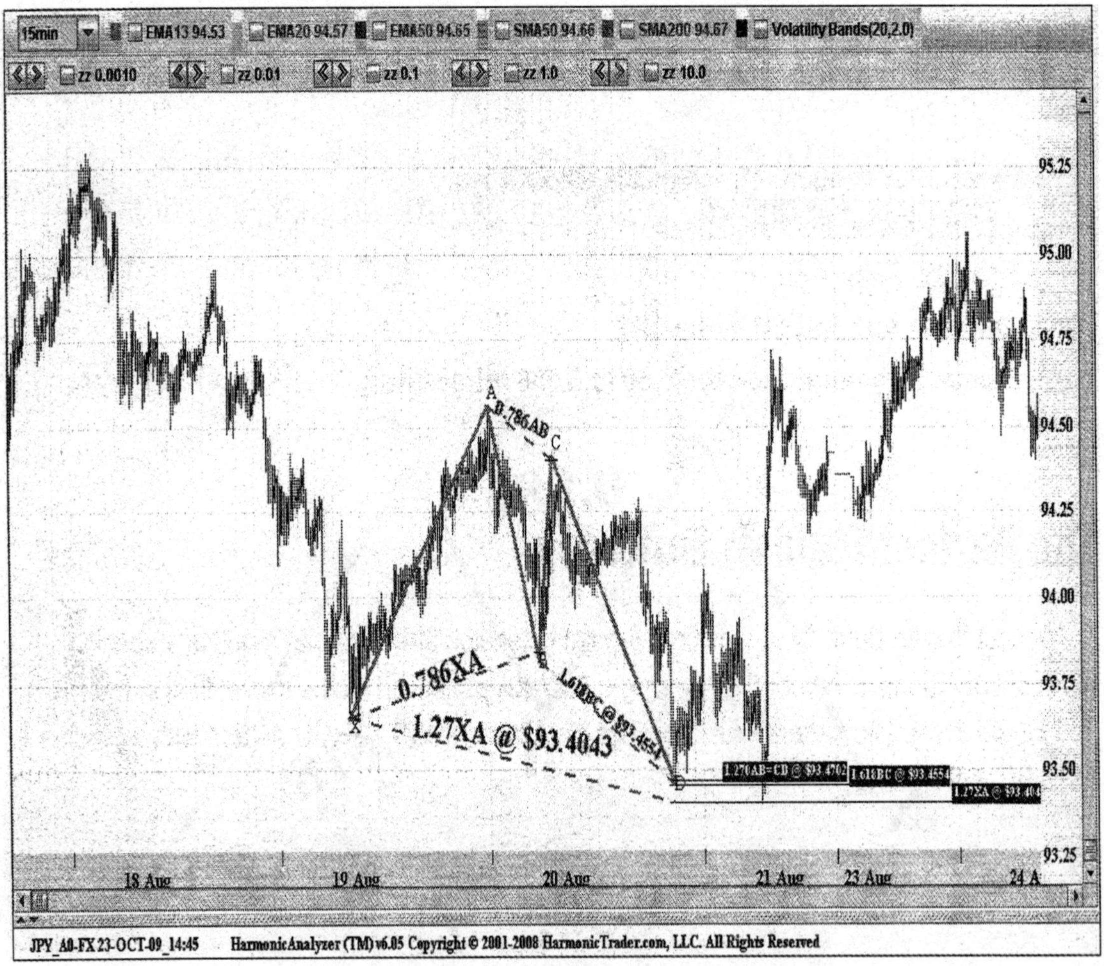

图 8.15

该结构包含所需的斐波那契比率队列，以确认该完美形态。1.27XA 延伸、1.618BC 延伸和变种 1.27AB=CD 会聚于 93.50 区域，确定了潜在反转区。价格行为刚好在 1.27XA 臂处反转，而且从这一和谐支撑处快速上涨。

图 8.16 中，价格在 PRZ 内的走势形成一个刚好从这一形态完成处开始的反转。日元在测试整个 PRZ 后立即反转，而且在形态完成后不久产生了理想的看涨延续。显然，价格行为在初次测试 PRZ 顶部区间时稳定下来。经过短期整固后，日元几小时后在一次对支撑区的完全重复测试处反转。

图 8.16

日元在测试整个 PRZ 后马上反转，向上暴涨。引人注目的上涨展示了有效的完美蝴蝶结构的潜能。完美的比率队列特别定义了可靠的支撑区和极好的交易机会，因为每次形态完成都有明确的定义，而且 PRZ 内通常具有理想的价格行为。

完美看跌蝴蝶形态

图 8.17 中的完美看跌蝴蝶形态是一种明显的 5 点延伸结构，利用 1.27XA 延伸作为 PRZ 中的最高限制。该形态应该具有一个带 1.618BC 延伸的变种 1.27AB=CD 形态补充 PRZ。

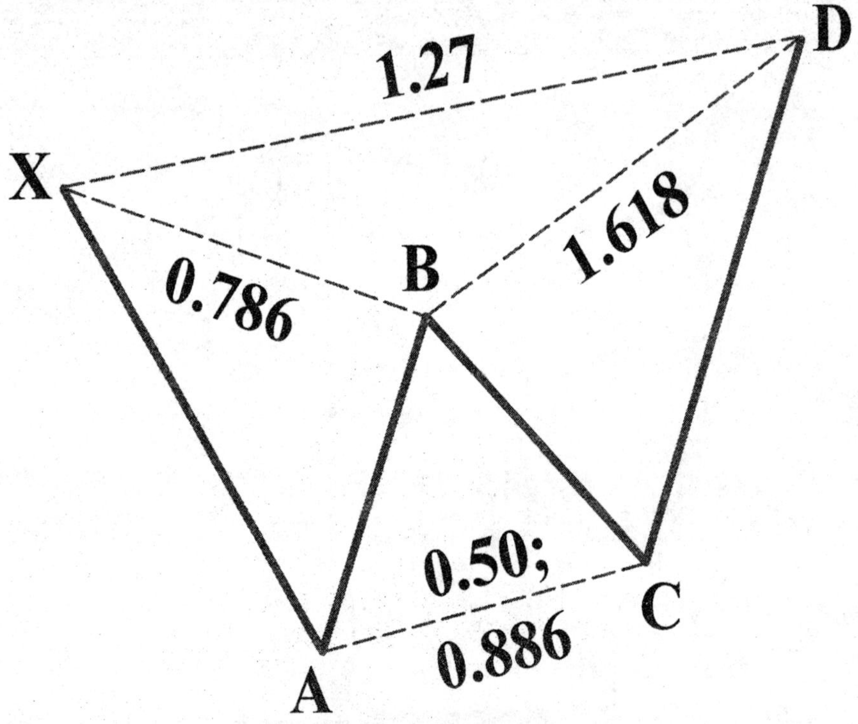

图 8.17

标准普尔 500 指数($SPX)：5 分钟

在下面的 5 分钟图上，标准普尔 500 指数形态这个完美看跌蝴蝶结构，在形态完成处具有一个理想反转(图 8.18)。

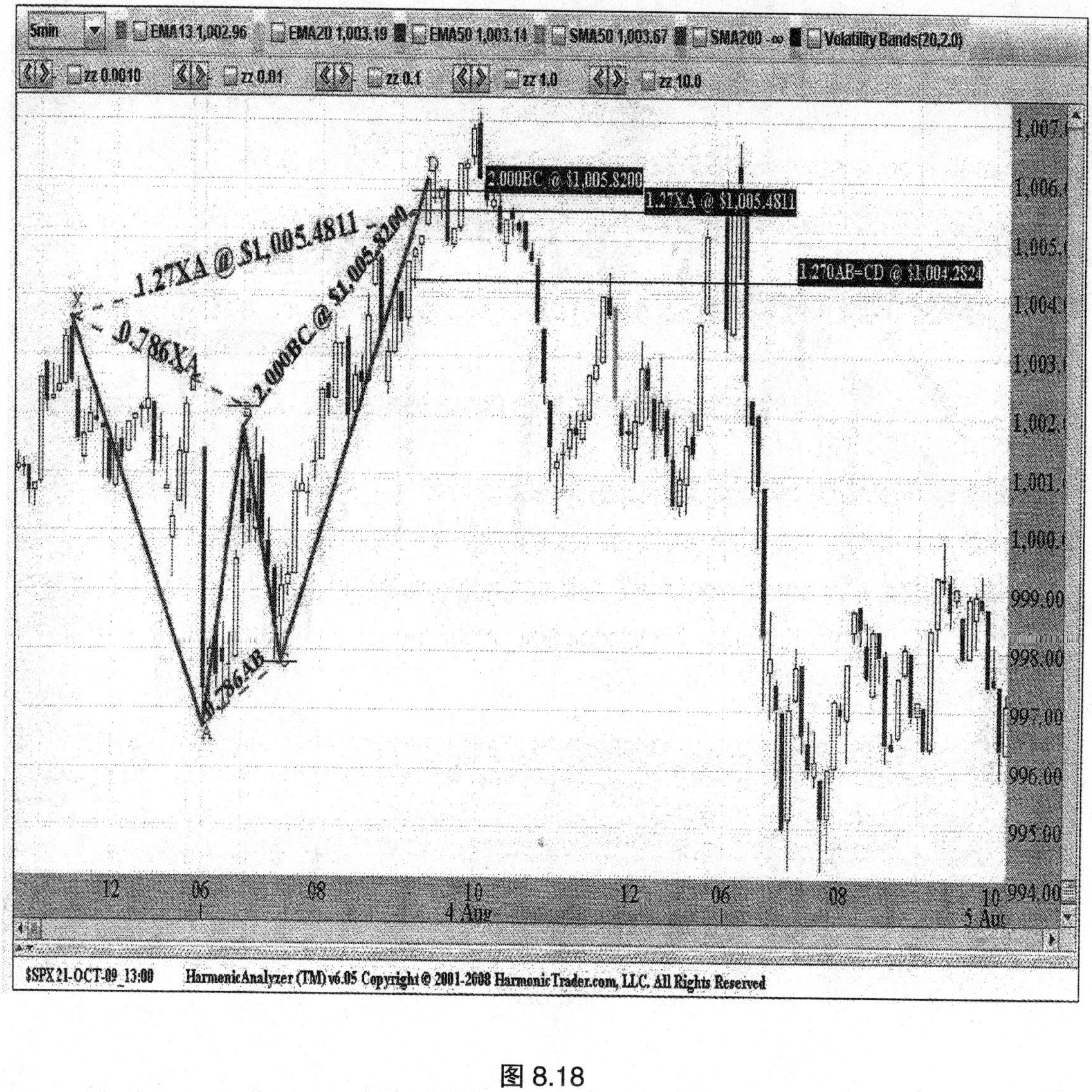

图 8.18

股票测试 PRZ 中所有数字之后的那个交易日，价格行为迅速反转(图 8.19)。1.27XA 延伸处的阻力定义了 PRZ 的顶部区间在 1005.48。作为这一区域的补充，变种 1.27AB=CD 和 2.0BC 延伸分别定义了 PRZ 的底部和顶部。

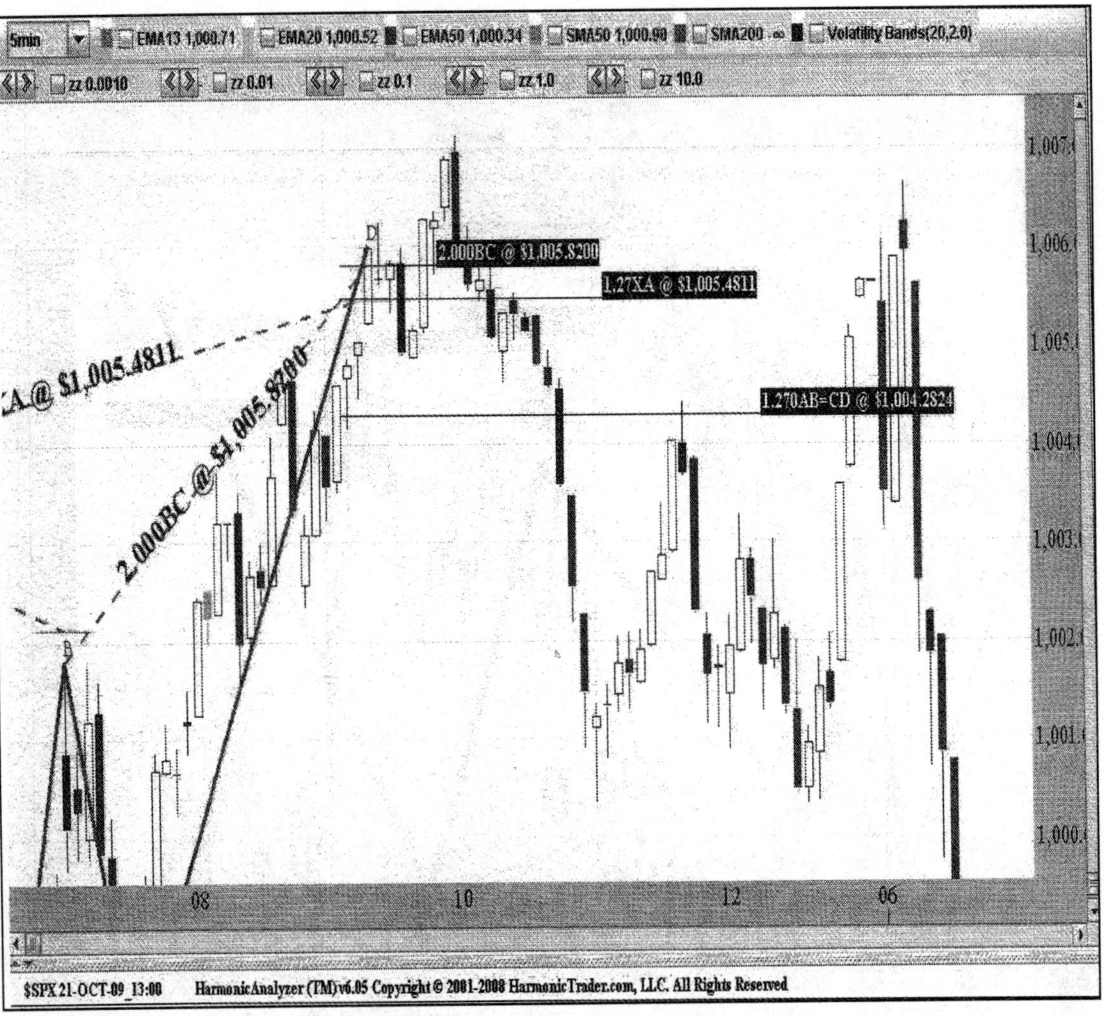

图 8.19

虽然价格行为在触发更为实质的反转前需要二次日内测试，但是完美看跌蝴蝶形态清楚地定义了该指数的关键短期阻力区。这个例子展示了完美形态应该具有的理想结构，展示了它们有效确定极好交易机会的能力。

蝴蝶形态总结

蝴蝶形态是一种特殊的5点延伸结构，具有独特的斐波那契比率队列来确认该形态有效。该形态的首要决定性元素是XA臂的精确的0.786B点回调。蝴蝶形态只使用一个1.27XA延伸作为PRZ中最重要的数字。此外，等距AB=CD形态是该形态完成的最低要求。但是，对于该结构来说，变种1.27AB=CD形态更为常见。BC延伸是这种形态的又一个决定性元素，它必须至少是一个1.618延伸。然而，蝴蝶形态中BC延伸不像在螃蟹形态中那么极端。

1．最低AB=CD完成，变种1.27AB=CD最为常见。

2．C点回调可能在0.382和0.886之间变化，不过0.618是首选。

3．BC延伸可能在1.13和3.618之间变化，具体取决于C点回调。

4．这一结构中，变种AB=CD形态很常见。

蝴蝶形态类似于伽利形态，因为它需要一个特殊的斐波那契比率队列——特别是一个精确的B点——来确认这种结构有效。虽然如此严格的定义减少了可能的交易机会的数量，但是这种精确性减少了无效的情形。那些无效的情形可能看起来相似，但却不能产生一致准确的架构。

第9章

交易的执行

在准确辨识出潜在交易机会之后，必须决定执行交易的实际价位。在潜在机会限定的特定时间周期内，有几个因素必须评估：必须确定形态的有效性，以及是否要执行交易。因此，有效的执行策略能够促进这一过程，并且优化交易结果。

为什么使用交易策略

成功交易需要彻底的准备。花时间辨识和谐交易机会只是成功的一半；另一半常常轻易被忽视，那就是交易的执行。因此，有必要事先开发一套规则，以便解决交易过程中可能遇到的潜在问题。

交易策略是优化和谐交易决策的基本指导方针和策略。这些策略几乎为每一种交易情形提供了规则，试图在限制亏损的同时使利润最大化。显然，和谐交易技术提供了一种准确而有效的方法来辨识关键反转点。然而，每一次反转都是不同的。所以，每次交易的结果——盈利或亏损——都会因两个关键因素的不同而不同：

1. 市场对和谐区域的反应。

2. 你对潜在反转区(PRZ)内价格行为的反应。

在这一过程中，必须不断地考虑各种因素和潜在的交易决策，以便使头寸的利润最大化。由于相同的形态会产生不同的结果，所以很难“看透市场”并知道哪个架构会奏效。然而，如果在决策制定过程中使用始终如一的一组规则，那么所犯的错误会更少，所做的评估会更准确，从而改善交易执行的总体结果。实际上，依照这些指导方针采取行动的目的是在降低风险的同时最大化利润。

反转应该做什么

决定是否执行交易的关键因素包含对价格行为从和谐区反转后应该如何反应的理解。由于和谐数字的会聚为潜在反转点确定了一个关键区域，所以开始从那一区域反转的价格行为应该清楚地在那一方向上继续。实际上，在对和谐价格行为的研究中我已经发现，反转越强越快，出现一波漂亮运动的可能性就越大。这一点非常重要，因为从 PRZ 开始的快速反转为未来的价格行为提供了一个明确的方向。然而，如果价格行为在测试 PRZ 后未能令主要趋势反转，那么往往成为架构失败的一种主要信号。

“你的利润只能来自……”

在多年来我们对市场的讨论中，我的好朋友比尔·苏比常常对我说：

“你的利润只能来自你能够预期的利润。”

他不断地向我重复这一规则。它与和谐形态的执行理念有很大的相关性。首先对形态完成的预期确定了需要进行的操作。PRZ 确定了交易的限制，包括执行点、止损限制和利润目标。如果一个价格结构具有合适的斐波那契比率队列，那么对确认形态的 PRZ 完成的预期会产生一个行动任务交易过程模型(Action-Task Trading Process Model)。

为成功利用交易机会，行动(Action)包括对每一种形态所有最相关和最有效规则的准备和理解。任务(Task)包括根据形态完成处的价格行为、根据事先确定了每种可能的和谐交易规则系统来执行头寸。那种结构具有成为有效形态所需的要素吗？如果不具有，那么就找一个具有的架构。如果具有，那么它在哪里完成？当整个完成区被测试时，紧接着发生了什么？主要趋势继续，还是价格行为对定义反转区的数字做出反应？

这些都是已经知道可能结果的预期事件。所以，执行过程中的交易策略定义了一个计划，针对交易过程中的所有可能因素列出了应对动作。

准备和决定执行哪些头寸的行动遵循一套识别规则，这套规则对形态进行了量化，对价格行为进行了评估，定义了每笔交易的参数，包括入场、止损和利润目标。这样的准备对于预防执行错误和确定 PRZ 内的最佳入场非常重要。另外，当面对剧烈的实时行情时，充分的准备很有必要。

尽管金融市场中任何事情都可能发生，但是对潜在交易的关键技术价位的透彻理解，将会减少混乱。例如，明显违反 PRZ 的极端价格行为常常会提供即将发生反常行为的信号。对架构和关键和谐价位的彻底了解，会在事先捕捉到形态失败时减少亏损。这些情况随经验而发展，但准备工作是针对每个架构的交易过程的重要组成部分。

执行任务代表了确定交易机会有效性的准备工作的现实化，交易机会是由和谐交易法的规则确定的。虽然是否执行交易的决策看起来可能很简单，但是有很多因素需要考虑，这些因素可能影响到实际入场价位或者否定交易架构。因此，执行任务代表着很多挑战。

形态的完成创造了一个独特的“技术窗口”，潜在反转区完全测试后的价格行为的特征，能够对主要趋势的未来价格方向提供很多指示。事先定义架构的动作也有助于概括出交易的数字限制和技术窗口。价格行为应该在 PRZ 中经历某种类型的反应，作为潜在反转的早期征兆。形态完成后，执行动作应该尝试把资本投在这些虽然很小但是明显的指示信号上。对形态在技术窗口内的有效性的解释能力将会随着经验而提升，因为相同的环境会在大运动开始前很久就不断显示出有效反转的特性。虽然对这种技术窗口内的价格行为的评估是交易过程中最具挑战性的工作之一，但是形态的完成通常会展示出它们是否失败的明显证据。因此，有必要评估这种技术窗口内的和谐架构，以决定执行的任务。

需要强调的是，和谐交易计划内的规则，其目的是预测所有可能的已知结果的技术事件。所以，执行过程中的此类交易策略定义了一个计划，该计划针对整个交易过程中每个需要考虑的因素准备好了所有可能的动作。然而，在这个预测中有一个代价，那就是下一个跳动的价格。

技术信息的价格

技术信息的价格本质上归结于下一个跳动。根据持有的头寸，下一个跳动能够带来入场或出场的区别。如果正准备入场，那么出现的每个跳动都带来潜在的机会，表明距离实际执行更近(或更远)。随着价格行为靠近PRZ，必须参照当前的交易行为对形态的有效性进行评估。由于和谐形态的有效性决定于PRZ中的价格行为，所以初次测试PRZ后的每条价格K线都能对现有机会的未来可能性提供更多信息。然而，如果等待下一跳动确认而延迟执行，那么结果可能经常错过机会。

在整个交易过程中，每个头寸都面对这些评估。对于那个头寸来说，这就是一种机会成本。如果下一个跳动对我有利，那么我就在下次决策的时间内冒险损失一个跳动。

下一个跳动的价格与利润目标已经达到的反转情形最为有关。举例说明，如果你的一个多头头寸已经有了账面利润，但是你正在考虑卖出，原因是你的目标已经达到。因为头寸已经有了账面利润，所以贪婪或恐惧可能会使退出策略失效，而想看一下“价格会走多高”。因此，每个跳动都是相关的，下一组数据将会确认或否认当前的头寸。

尽管通常可以给反转一些让步，允许价格行为有一些喘息空间，以便让其自我确认并决定运动的幅度，但是技术信息的价格必须与交易的参数一起评定。虽然这个概念将在第11章“和谐交易管理系统”中全面阐述，但重要的是明白一点，决策制定过程涉及对价格行为的破解，特别是在和谐形态的完成处。

潜在反转区(PRZ)内的执行

和谐交易的本质就是在PRZ内执行交易。由于和谐交易与形态完成有关，所以在这个“和谐窗口”内，能够获得大量信息。记住，和谐形态定义了具体的区域，能够作为未来潜在价格行为的一个路标。如果一个明显形态的PRZ在一个明显的区域内具有几个数字，那么应该认为价格区间是非常和谐的；如果价格行为从这一区域反转，那么可以认为PRZ是 个重要的反转点；如果价格行为不反转，那么可能表明主要趋势相当强。对这些“和谐窗口”内的价格行为的解释和破解能力，是转形态为利润的决定因素！

反转的可能

有效执行需要准则来分析精确的PRZ，并提前理解所有的反转可能。

在形态完成处执行一个头寸后，价格行为可能表现为以下三种情况之一：

1. 超出PRZ，进入止损区。
2. 略微反转离开PRZ并且整固。
3. 反转离开PRZ，并且在相对较短的时间内提供一个不错的缓冲。

让我们考虑以下可能:

1. 价格行为进入止损区，需要接受亏损——下一笔交易。尽管这可能不是想得到的结果，但止损是交易的一部分。因此，需要牢记，不是所有架构都会奏效。但是，如果这种方法在很多交易过程中都一致有效，那么这些架构会确定多数有利交易。

2. 在测试明显的 PRZ 后，和谐架构最低限度通常会提供某种类型的初始响应。然而，并非所有架构都是相同的。在这种情况下，当价格行为短暂反转并继续主要趋势时，关键是在交易变得亏损前保护好既有利润。

3. 在测试 PRZ 后短期反转的价格行为，常常会有一个“利润缓冲”，提供充足的时间确定反转的幅度。在小有盈利之后，交易管理技术的重点就是最大化利润和有效管理头寸。

虽然这可能看起来很简单，但是交易的执行结果可能是盈利、亏损或打平(不盈不亏)。在辨识出一个有效的和谐形态后，是否拉动机关的最后决定可能落在几天价格 K 线上。利用 PRZ 作为理想的轴点区域，形态的有效程度取决于这一确定区间内具体的反转行为。

衡量 PRZ 内价格行为的一个关键因素可能取决于哪个数字是最重要的。形态延伸的会聚可能是古怪的，因为在一个包含几个和谐数字的反转区内，很难知道趋势会在哪个点终了。虽然这些规则是普遍化的，但我认为，当一个形态的 PRZ 内包含多个和谐数字，需要准确判断它们的重要优先级别时，它们可以作为重要的指导方针。

潜在反转区(PRZ)提示

● 寻找一个会聚区。历史证明，斐波那契比率延伸的会聚，特别是明确的和谐价格形态，能够辨识出关键的支撑和阻力技术区。当一个明显形态中的比率延伸会聚于一个确定的价格区间时，有可能确定未来可能的趋势方向。

- 寻找比率会聚最密集的区域。在分析价格图表时，利用这些和谐数字的关键是确定最大一组的形态完成区域和重要比率延伸的会聚区域。

- 数字越大，和谐区域就越重要。利用最长价格臂计算得到的斐波那契数字，通常在形态完成点处是最重要的。这条规则同时适用于时间和价格。举例说明，一个在周线图上形成的架构将比在日线图上形成的架构更为重要。另外，如果较大形态之内有一个较小的形态，那么较大形态通常会更重要。

- PRZ 内数字的数量。在某个特定区内，比率延伸和形态完成的数量会指示出特定价位的重要性。

- PRZ 内数字的接近程度。如果一个 PRZ 包含几个数字，那么形态完成和最终反转的理想区域很可能是在大部分区域数字完成的位置。

当形态完成时，恰当地辨识和解释 PRZ 中的价格行为，是成功的关键所在。“在区域内执行”所需的准备和准则都非常重要。形态完成的确认需要耐心和练习。在对潜在反转区的反应性的初次测试执行交易的能力，是转形态为利润的关键。当一个形态完成时，价格行为可能出现非常迅速的反应，所以需要在执行时快速地评估和决策。关键是在价格行为初次测试进入区域时做好准备。

进入 PRZ：初次测试

在初次测试大多数和谐形态时，一个明确的 PRZ 通常会提供某种类型的初始反应。最低限度，以我的经验，明确的 PRZ 常常能够提供一些虽有名无实但仍可交易的反应，而与形态最终的有效性无关。尽管反转的幅度可能各种各样，但重要的是初始反应明确地从和谐数字的整个区间反转，以便确认形态有效。

失败架构的常见特征是价格行为只是在 PRZ 中整固，然后恢复到原来趋势的方向。虽然有效形态的确定需要一些经验才能一贯地区分哪些可盈利，哪些可亏损，但是对 PRZ 的初次测试总是决策制定过程中最关键的因素之一。初次测试形成的价格 K 线将作为延伸的终点，测量预期的反转。这些概念将在本书后面实际的图表例子中阐述。但是，必须强调价格行为在初次测试 PRZ 的重要性，因为它是和谐交易过程中的一个至关重要的元素。

初次测试可能发生得非常快，而且由于价格行为的波动性，常会错过很好的形态完成。我能提供的最好的建议是，时刻做好准备，跟踪一组可能的形态，作为备选交易。对于在明显形态完成的初次测试交易，准备很有必要，因为这些架构通常会提供反应性的可获利润运动。

很多反转情形会经历快速的价格行为，而且是在一个很小的机会窗口之内。举例说明，重要的长期形态常常会在初次测试区域后的一两天内从 PRZ 反转，这可能有点令人沮丧，因为轻微的分神就会导致错过整个交易。我曾经遇到过很多次，在指数期货(比如标准普尔 500)中过了预期的主要日内形态的完成，原因就是我离开电脑五分钟去冲一杯咖啡。那种情况发生了，但是市场不会等待任何人。

记住，“机会的和谐窗口”由 PRZ 确定，是一个非常精确的区域，代表着几波重要价格运动的最高潮。对 PRZ 的初次测试，代表着这些结构的完成，以及主要趋势的预期变化。这是非常重要的，因为一旦完成，价格行为中的潜在变化可能非常大。因此，很有必要提前准备好在这些情形下投资。然而，即使准备最充分的交易者仍然可能会受到一个交易执行常见问题的影响，那就是犹豫。

柿子效应

赫斯特在他深奥的著作《股票交易时机的获利法宝》(*The Profit Magic of Stock Transaction Timing*)中，雄辩地讨论了犹豫的问题，他称之为柿子效应：

“购买一只股票的理想时间刚好是它看起来最没趣的时候。类似的，卖出一只股票的理想时间是它看起来好像永远不会停止上涨的时候。

“你会耐心地跟踪一只股票等待买进信号。价格继续下跌，每日或每周的成交量逐渐枯竭。

“你的周期(和谐)分析告诉你预期这一点，但是当然看起来好像所有的投资者对它的兴趣已经完全消失。

“在这样一个时间，很难说服自己应该在买进信号到来时采取行动。”①

当使用和谐形态交易时，这种情况常常发生，特别是在早期学习阶段。这种犹豫是有问题的，不过充分准备有助于事先确定交易决策。

在和谐交易法中，形态完成时出现的问题，“和谐信号”出现的位置——也就是对PRZ的测试——不会刺激适当的交易行为。

在很多关于交易执行的讨论中，KaneTrading.com的吉姆·凯恩和我已经深入讨论过柿子效应。一天，我们正在HarmonicTrader.com聊天室里观察指数期货中形成的几个日内形态。我们在努力确定是否有机会看到这些形态完成。

我的回应是：

“只要我们给自己机会，我们就总会得到我们的机会。”

①赫斯特.股票交易时机的获利法宝[M].格林维尔，SC：交易员出版社，1970：163。

在和谐交易法内，执行形态的机会，特别是在 PRZ 内，需要耐心和坚信这些方法。虽然这样的自信需要时间来保持适当的看法，但是我们必须定义我们自己的交易机会。

市场将提供必需的信号，用于辨识潜在的交易行情。学习这些信号的含义，利用这种技术信息来确定可获利的机会，是交易者的责任。虽然其他因素可能影响执行，但是成功的程度取决于稳定地使用和谐交易技术来辨识机会并转形态为利润。度量策略和形态规则非常有效地量化了潜在机会。和谐交易辨识技术会稳定地捕捉到交易执行的最佳价位。然而，扣动扳机的实际任务可能会出现自己的一套问题。尽管这些固有的挑战贯穿整个决策制定过程，但是执行交易的最终步骤仍然需要正确而及时地对价格行为进行评估。因此，与交易执行相关的问题，例如犹豫——又名柿子效应——应该被克服，方法是认识到，作为交易者，我们的机会和最终的成功百分之百依靠自己。

在行动 / 任务交易过程模型中，犹豫问题也有相当好的解决办法。正如我在前面提到过的，行动是通过定义和谐交易机会所需的辨识和准备来确定的。任务包括根据一般的交易管理规则(事先定义好每一种可能)来执行头寸。从本质上讲，犹豫就是未能执行任务。

虽然柿子效应能够阻止交易的执行，但是通过学习和情绪调理，这个问题是能够克服的。首先必须认识到不是所有的交易都要执行，即使那个机会是明显的和谐形态。实际上，在和谐交易技术的初期应用中，必须打出一段时间来学习和准备，以便获得正确的心理视角。重要的是熟知和谐交易法的方方面面，知道所有的辨识技术、交易执行所需考虑的因素，以及交易管理策略，然后再去尝试把这些策略应用于实盘交易。经过一段时间的学习之后，基本的和谐交易技术将变得显而易见。然而，这种方法的应用需要投入相当大的精力才能培养持续从这些机会获利所需的分析技能。

以我的经验，充分的准备有助于“放慢”PRZ中的价格行为。当所有交易参数都提前定义时，决策过程是非常明确的。如果“预期”交易将是一个有效的机会，那么“预期”交易就应该采取具体的行动。否则，价格行为表明该形态有潜在的缺陷。

PRZ作为机会窗口的概念是相当重要的。具体的区间是关键的“不成则败”价位，确定了一个潜在形态的有效性。虽然有各种各样的确认信号需要考虑，但是，由形态的价格行为确定的基本交易参数说明了执行过程，清楚地定义了所有的数字限制，为反转描绘出了不成则败的区间。

交易日志

交易日志是准备跟踪潜在架构的有效方法。交易日志应该包括形态类型、AB=CD的完成点，以及反转区内的斐波那契回调。另外，写日志有助于记录你对反转区内相对价格行为的个人思想。

坚持记录你的思想，特别是在学习这些技术的初期，是非常重要的。交易执行过程中出现的问题和产生的想法是帮助你评估价格行为的个人信号。记录这些关于当前价格行为的感觉和预期是非常重要的，这些记录可以作为一个模板，用来比较你的预期和市场发生的行为。和谐架构交易执行的关键仍然需要准确分析反转区内的价格行为。获得这种“对数字的感觉”，需要理解你自己的个人信号。交易日志将记录你的心理过程和交易行为。只有通过这种学习，你的执行能力才会得到提升，你才会成为一位更成功的交易者。

本书收录了我自己的日志样本，显示了我是如何处理交易架构的。我把各种各样的架构列在“我的观察”中，并等待它们实现。如果它们没有按我预期的方式形成，那么我会转移到下一笔交易。如果我真的看到一个架构出来，那么我会评估价格行为。机会结束后，我会总结事件和我对机会的反应。如果我接受一笔交易，那么我会把整个交易过程中的思想和感觉记录下来，直至退出交易。

10 月 8 日

- 标准普尔 500 迷你合约(ES_Z9)=AB=CD@1032.75；开市前下跌 5 点；主要 0.618 回调在 1028.25。
- 微软(MSFT)= 重新测试看涨伽利形态。寻找离开形态的 0.618 回调，在 26 美元。
- 半导体指数($SOX)= 重新测试主要看跌 AB=CD。准备在对 330 区域下方的重新测试买进看涨期权，预期最终的 0.886 测试。看起来像是这个和谐阻力的最终爆发。
- 纳斯达克 100 跟踪股票(QQQ)：在 60 分钟图上形成看涨螃蟹形态，位于 33 美元处的主要日线阻力区。看起来之前的和谐阻力正在提供支撑。

通过我的日志条目你能够看到，我已经辨识出几个交易架构作为潜在机会。对我来说，常常会跟踪一个潜在交易机会相当长时间，特别是在一个漂亮的和谐架构之后我正在跟踪价格行为时。

交易日志是学习价格行为和和谐架构的一种非常有效的手段。最重要的，交易日志可以使我们学到许多关于这些机会的个人见解和看法的经验教训。在你的学习的开始阶段甚至更为重要，因为每个人的交易执行都不同。虽然两个人可能都使用这些和谐方法并计算相同的反转区，但是他们的执行价格也不会完全相同。一个人可能选择交易，而另一个人可能避开交易。对形态完成点处价格行为的感知的不同，可能使一个人等待从反转区开始的明确反转，而另一个可能会毫不犹豫地进入 PRZ 内的交易。

随着时间的发展，交易日志将帮助你评估自己解释市场行为的个人信号。对于“应该正在发生什么”，你会形成一种感觉。举例说明，如果你已经辨识出一个有效的和谐架构，几个数字会聚在一个非常紧凑的区域内。具体地说，你已经辨识出一个很好的看涨蝙蝠形态，你正准备买进，但是价格行为表明架构可能失败，原因是极端的价格区间、收盘长尾或缺口。在日志中，你可能记下形态看起来很好，但是反转点处的价格行为太强或已经形成警示信号，所以你避开了那笔交易。另外，你可能记录一个理想的反转“应该”快速弹离这一区域并显示出很强的信号，例如高于和谐区的积极的收盘。在这个例子中，没有股价按照它“应该”的方式反转，所以你不接受那笔交易。

在此期间，重要的是记录下你为什么或为什么不接受那笔交易的原因，以及与你的行为相关的情绪。另外，在机会已经失效后，重要的是记录下交易的最终结果和你的反应。你发现自己一直在咬指甲吗？你对自己的头寸感到自信还是在怀疑自己的分析？记录这些东西，有助于提高你对价格行为的理解能力，并发展作为图表阅读者的技术直觉。

虽然不是所有的和谐架构都是理想的，但是开发特定的价格行为标准有助于搭建一个框架来评估反转区。记录这些经验的交易日志是培养你的直觉的关键。每个人对于价格行为的反应都是独一无二的。因此，非常有必要学习你在执行过程中产生的信号，以便提升未来的交易水平。

交易需求清单

此时，用来辨识和谐形态的辨识技术应该已经成为常识。有一个简单的需求清单，是所有有效架构必须具有的。

(1)有一个形态吗？

(2)它是什么形态？

(3)有一个 AB=CD 吗？

(4)它在哪里完成？

(5)有三个或更多数字在 PRZ 中会聚吗？

(6)它们是哪些数字?

(7)时间周期(对称)正在提示什么?

(8)有什么警示信号吗?

(9)在哪个点 PRZ 不再有效(止损)?

(10)我必须冒多大风险?我愿意冒那么大的风险吗?

这一部分中的指导原则是多年和谐研究的结果。和谐交易需求清单把复杂的权衡过程以简单的格式总结出来。另外,这张清单通过事先明确定义架构的所有数字限制,优化了交易执行过程。

交易执行考虑因素

当谈到实际执行时,有几个需要考虑的因素会影响到交易行为。实际上,利用和谐形态交易和仅仅分析和谐形态是两个不同的概念。PRZ 内交易的执行常常是一个很窄的机会窗口。在这个时间段内,多个因素会令交易延迟,甚至错过交易。因此,有效执行需要一种更紧张、更有准则的方法,而不仅仅是在图表上辨识和谐形态。

我希望花点时间讨论一下实际交易和简单形态辨识之间的区别。我几乎每天都使用这些形态交易,而且我必须强调一下利用这种策略进行交易所需的准则。实际上,形态辨识只是交易过程的第一步。交易的成功需要在各种各样的市场条件下辨识不同形态的能力,在 PRZ 内执行交易的能力,以及根据和谐交易法的规则管理头寸的能力。实际交易情形可能表现出错过交易的挑战。虽然这可能有点混乱,但最好是只在那些提供最清楚价格区的完成的形态处执行。在获得对整个方法的"实际视角"前,这些是必须汲取的教训。

20/20后见之明

基于这些原因，与现在或未来相比，和谐交易常常看起来更好一些。在价格图表中辨识过去的价格形态并声称可能发生的事件是非常容易的。遗憾的是，与实时执行相伴的不确定性常常会改变真正的结果。另外，我们可能很难知道究竟哪个架构会产生有效的反转。如果“条件”订单可以在有效反转被确认后的那一天执行，并且刚好在反转点处执行交易，那么将是非常棒的。虽然此类后见之明的交易有利可图，但是有可能解释特定和谐价格区的价格行为，以确定反转的有效性。

当价格行为没有按预期动作或理想反转时，问题就来了。这可能导致错过交易或者为未来的架构制造不确定性。虽然这些实际情况是执行过程的一部分，但是有一些考虑因素能够帮助获得一个“20/20”成功价位：

(1)事先准备。保持一份正在接近其PRZ的潜在交易列表至关重要。当架构靠近入场点时，设置软件提醒并监视架构将会提升执行水平。

(2)交易将被错过。虽然某些行情可能包含看起来完美的形态，但是需要注意的是，并不是所有的机会都应该选择。极端的价格行为可能会对失败的架构提出警示。有时，虽然出现这些警示，但是架构仍然会在希望的方向反转。

(3)使用20/20后见之明。更正错误并开发更有效交易策略的方法只能通过回顾之前的交易来发现。

和谐交易心理

关于交易心理的书有很多，它们阐述了各种各样的技术来改善交易心理。我相信这是市场研究的重要领域。但是，我想提出几点想法来改善你的交易心理：

● 保持简单。虽然尽可能多地学习关于市场的知识会获得明确的优势，但是对潜在机会的过度分析可能导致混乱和猜测。只使用那些已经明确证明有效的技术是非常重要的。某些指标可能是可靠的，但是在评估交易时试图包含每一种技术方法，是滑稽可笑的。

● 坚持一份盈利的计划。防止这种混乱的关键是制作并坚持一份盈利的交易计划。尽管我在评估一笔潜在交易时可能会考虑一些外来的变量，但是在我的交易计划中定义的和谐交易技术是进入头寸的根本基础。

江恩在他的很多著作中这样讨论交易计划的重要性：

“开始交易前有一个明确的计划，然后遵守这一计划，就像建筑师盖房子、工程师造桥或挖隧道一样。

“改变他的想法或计划(它们是基于某些实际的东西)的人，理由是他希望或担心市场将会出现不同的行为，永远不会成功。”[1]

● 全职交易不是一份全职工作。缺乏明确心理视角的最常见的原因之一是很多交易者交易得太多。你能停止交易超过一周吗？一个月呢？甚至一年呢？还是你不得不交易？如果你不得不交易，那么你也可以去拉斯维加斯，因为你刚刚进入一个赌徒的世界。重要的是在一段特定的时间后休息一下，放慢交易的步伐。

● 向大师们学习。在我学习关于市场的最相关的信息时，我发现很多书虽然有 50 年以上的历史，但是它们包含的对市场难以置信的见解，直到今天仍然是正确的。今天的“流行交易”书都被冠以市场名著的大名。遗憾的是，很多作者都不是积极的交易者。实际上，在我参加的第一次在线交易表演节目上，我遇到了几位著名的作家。令人吃惊的是，那些人中有很多并不是积极的交易者，而且很多人声称他们

① 江恩. 股票带的真相[M]. 波默罗伊，WA：兰伯特江恩出版社，1923。

已经多年不做交易了。像江恩、赫斯特和艾略特这样的作者，把对过去市场的深刻见解融入他们的著作之中，虽然已经过去了100多年，但是仍然像当年一样有效。

- 回顾你的工作。改正交易错误的唯一途径就是分析你的交易。虽然亏损是交易的一部分，但是必须回顾那些交易和导致误判的错误，以防犯同样的错误。如果你必须向华尔街大学交学费才能学会如何成功交易，那么你就不得不做你的作业，回顾你的错误。否则，你将注定重复犯同样的错误。
- 不要在意。在任何一笔交易的执行中，正确的心理应该是几乎毫不在意的态度。事先确定所有交易参数(入场、出场、止损)之后，纯粹的交易执行应该是近乎无情绪化的。这样一种态度很难做到，因为每一笔交易所冒的风险都可能引起恐惧或贪婪。不过，在形态完成前、完成中和完成后，关键是把精力集中在价格行为上。在明确形态完成处的价格行为领域之外的任何其他的思想、情绪或考虑因素，都是毫无意义的。此外，它真的与资金无关。这是一种策略和战术的游戏。成功的水平取决于对有效方法(如和谐交易法)转形态为利润的恰当应用。

交易调查表

这份问题列表是回顾你的整个交易目标的非常好的方式。使用它做个人评估是非常有效的，它能够总体上概括你对交易的个人信念和基本预期。我建议写下这些问题的答案，并且把这些指导原则融入你的整个交易计划之中：

(1)你为什么想要交易？

(2)你第一次认识到你想要交易是在什么时候？为什么？

(3)你的第一笔交易是什么？

(4)你的最后一笔交易是什么？

(5)迄今为止你最好的一笔交易是什么？

(6)你最差的交易是什么?

(7)你喜欢的交易时间框架是什么(日 / 头寸 / 投资)?

(8)除钱之外你在交易中的最大收益是什么?

(9)你与交易相关的最大的恐惧是什么?

(10)你怎样知道做多 / 做空一只股票的时间?

(11)你怎样知道何时平掉那个头寸?

(12)你在交易中最大的优势是什么?

(13)你最大的弱点是什么?

(14)你认为什么交易领域需要进一步学习?

(15)你会回顾以前的交易吗?

(16)你希望从交易中得到什么(列出三项成就)?

(17)你的交易在下列每个时间段内会是什么样的?

- 六个月
- 一年
- 五年

有效的交易执行需要纪律和准备。虽然在决策制定过程中会涉及各种各样的精神因素，但是定义和谐架构的规则必须作为一切交易行为的基础。如果要想成功，那么 PRZ 内的执行和辨识特定区域内具有三个和谐数字的形态，是必须一贯遵守的基本规则的典型示例。这些问题应该定时回顾，作为交易过程的后续工作。

第 10 章

潜在反转区(PRZ)内的价格行为

理想反转

理想反转通常具有几个特点，使得它明显不同于其他类型的价格反应。理想反转通常会在初次测试时测试潜在反转区内的所有数字。主要趋势通常会从这一对整个 PRZ 的初次测试反转，不久后继续在反转方向运动。在一个理想反转中，测试 PRZ 中所有数字的那条价格 K 线被称为终点价格 K 线。

理想看涨反转

在一个理想看涨反转中，价格行为应该在整个区间被测试后反转(图 10.1)。虽然价格行为在跌入潜在反转区时可能看起来很强，但是关键点是主要趋势在形态完成时的反应。终点价格 K 线应该在完成测试后稳定下来。

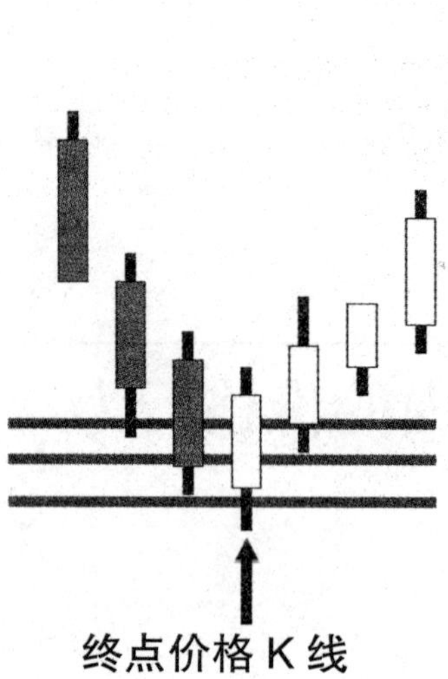

图 10.1

道琼斯工业平均指数(^DJI)：周线

在从 2000 年峰顶开始延长的三年下跌之后，道琼斯工业平均指数在回调 2003 年低点的初始反弹后形成这一看涨蝙蝠形态(图 10.2)。

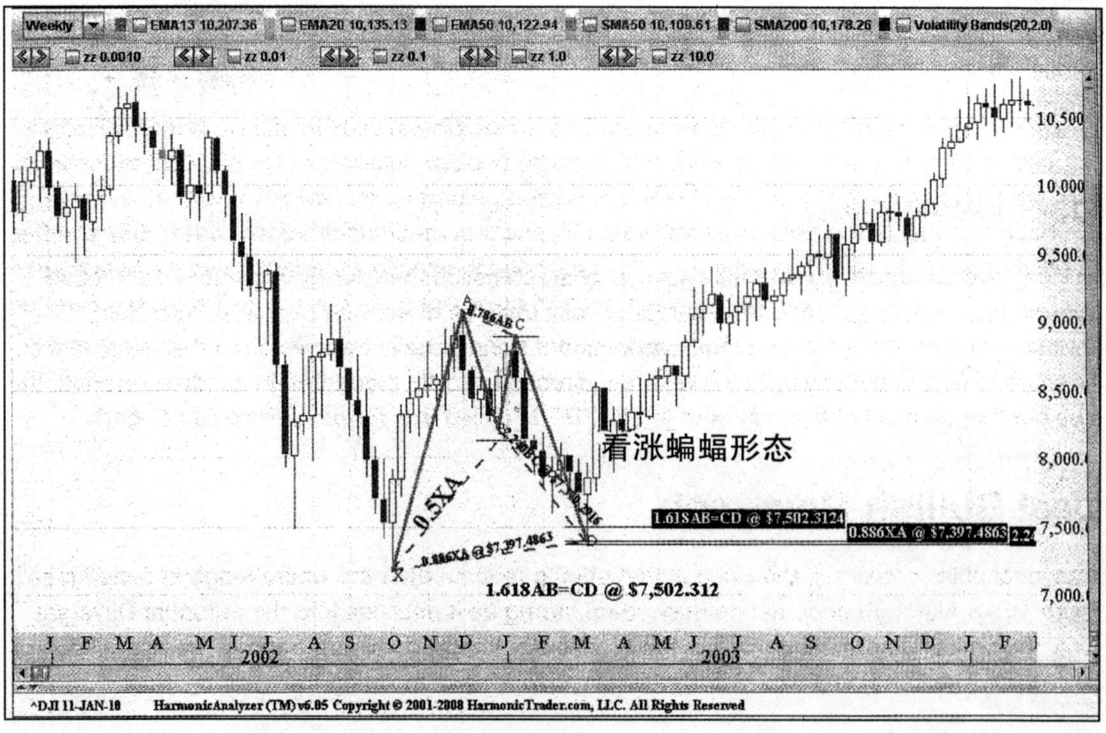

图 10.2

形态完成的那一周，该指数测试整个PRZ。虽然那条周线代表着该形态的终点价格K线，但是图10.3中PRZ内随后的价格行为在日线时间框架上形成一个理想的反转。

图10.3

显然，该指数在它测试整个PRZ的那个交易日确立了TK线。需要注意的是，当价格行为靠近和谐支撑时，抛售行为是相当剧烈的。尽管形成极端下跌，但是在终点价格K线确立后，道琼斯工业指数稳定下来。

理想看跌反转

在一个理想的看跌反转中，价格行为应该在整个区间被测试后反转(图 10.4)。虽然价格行为在上涨进入潜在反转区时可能看起来很强，但是关键点是主要趋势在形态完成时的反应。

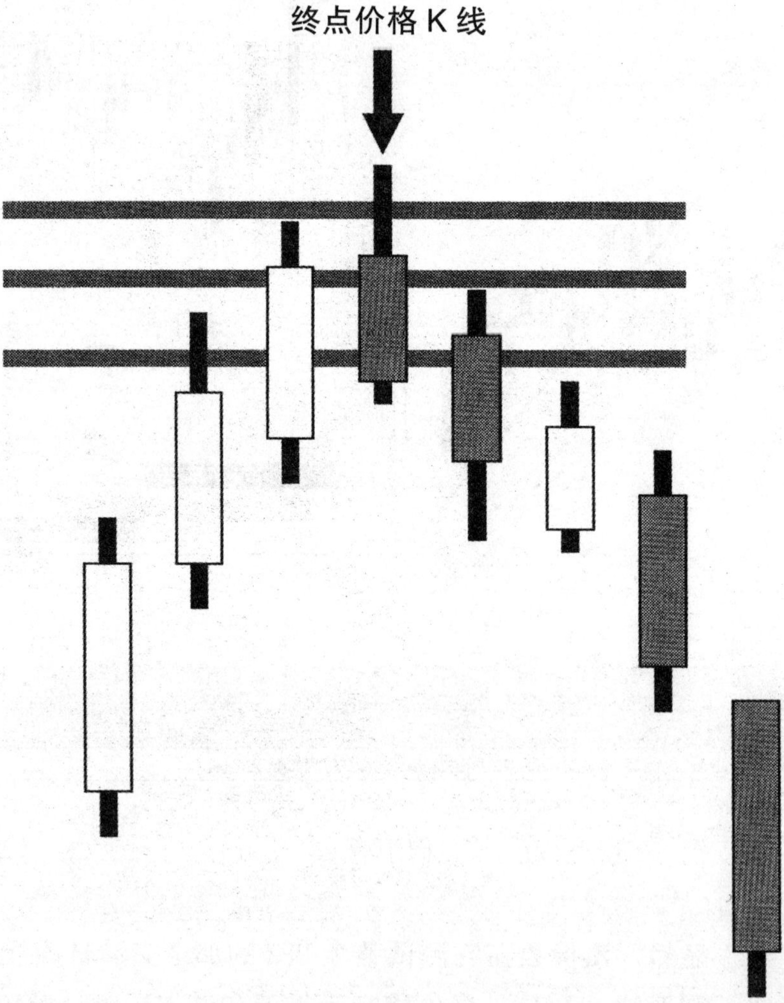

图 10.4

在整个 PRZ 被测试、TK 线确立后，最理想的看跌行情立即向下继续。在最理想的情况下，终点价格 K 线应该收盘于和谐数字区间的下方。

百事可乐(PEP)：15 分钟

百事可乐在下面的 15 分钟图上完成这个看跌蝴蝶形态(图 10.5)。股价迅速上涨进入 PRZ，但是在测试所有数字后停止。

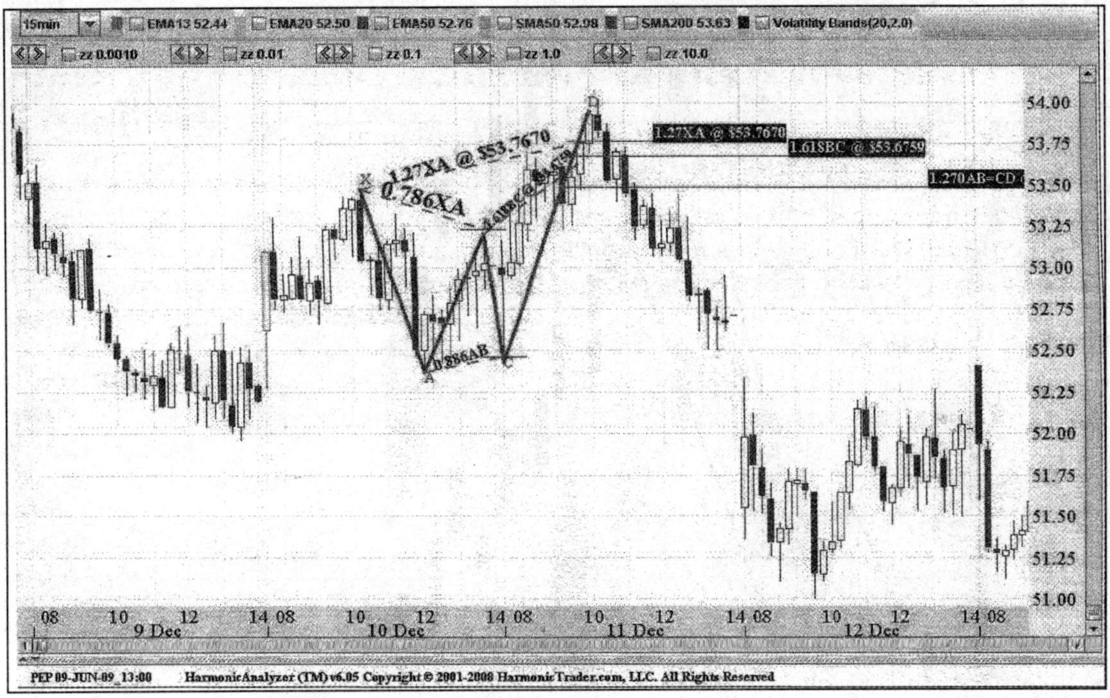

图 10.5

这个例子中的反转展示了一种理想的情形，特别是整个和谐数字区间被测试后终点价格 K 线的明确确立。图 10.6 中，潜在反转区内的价格行为以箭头标出 TK 线。虚线标志着终点价格 K 线的顶部，定义的价位可能会否认该形态确定的和谐阻力。实际上，对这一价位的突破可能会质疑交易的有效性，可能甚至会触发形态的反转，在向上突破这一区域时做多。我将在本书的后面阐述这些策略。现在，应把重点放在定义终点价格 K 线和反转类型的要素上，终点价格 K 线确立后，反转应该发生。

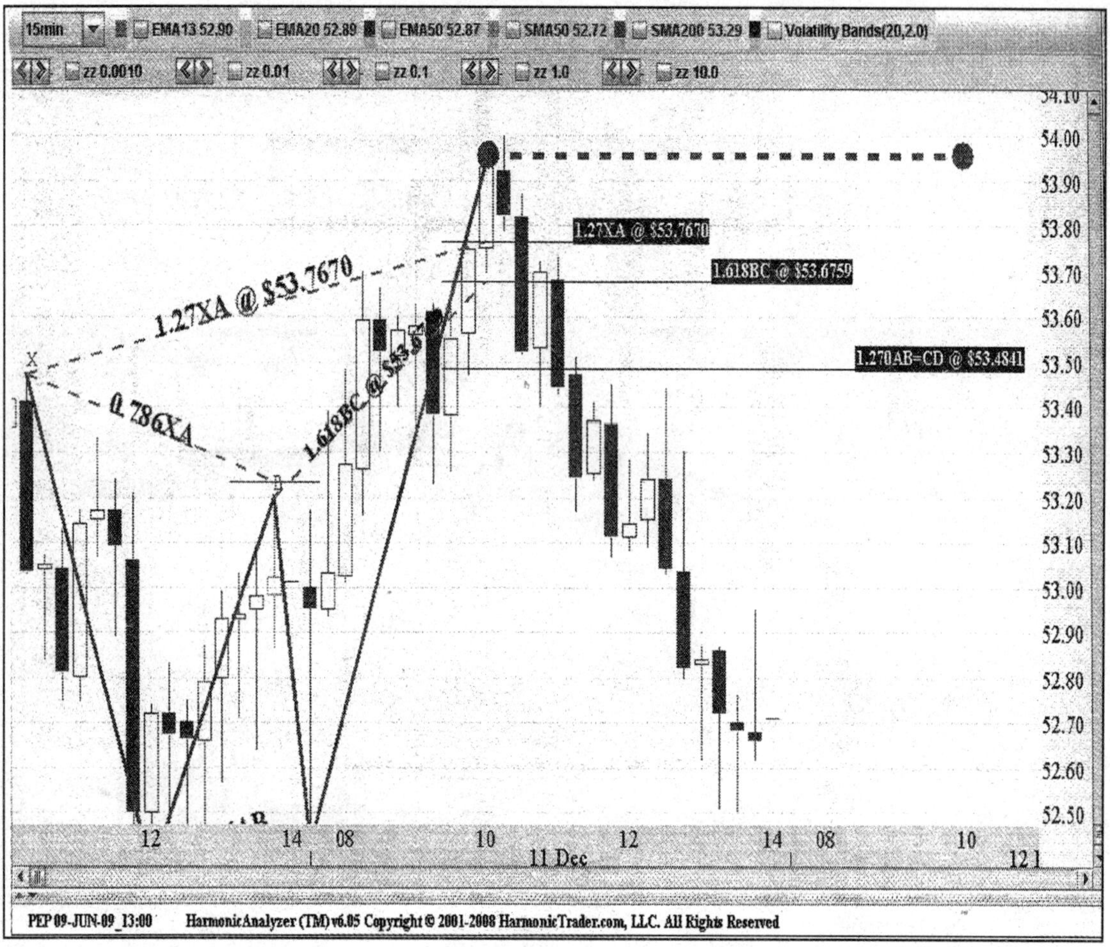

图 10.6

潜在反转区(PRZ)内的警示信号

在失败的和谐形态内，价格行为常常展现出极端的警示信号。在很多情况下，当价格行为进入 PRZ 时，价格缺口和极端延伸运动可能成为失败架构的导火线。虽然有效形态可能包含极端的价格行为，但是在评估 PRZ 的有效性时，像这样的警示信号必须考虑。我把这些情形称为“突破”，原因是警示信号常常会触发明显而有说服力的价格行为，使和谐形态的预期完成失败。

穿过潜在反转区(PRZ)的价格缺口

和谐形态完成处的价格缺口非常常见，必须谨慎应对。像螃蟹形态那样的形态常常会在 PRZ 内形成快速的价格行为。尽管有这些情况，但决定因素还是价格缺口作为测试 PRZ 行为的幅度。

穿过看涨潜在反转区(PRZ)的价格缺口

当价格行为接近由 PRZ 定义的和谐支撑时，它常常会以一个价格缺口“绕开”整个数字区间，使形态失败。穿过 PRZ 的价格缺口，如图 10.7 所示，与进入 PRZ 的价格缺口有着很大的区别。明显的价格缺口——警示信号，产生于价格行为完全穿过 PRZ 之时，未能测试其他的任何数字。

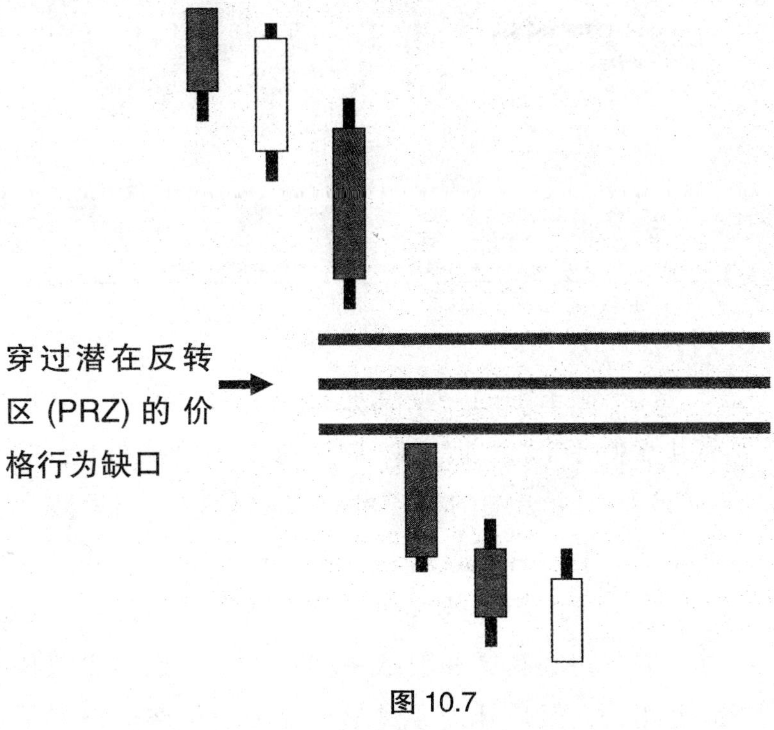

图 10.7

沃尔玛(WMT)：日线

图 10.8 中，沃尔玛的日线图展示了极端的价格行为，交易完全穿过了由看涨伽利形态完成确立的和谐支撑。

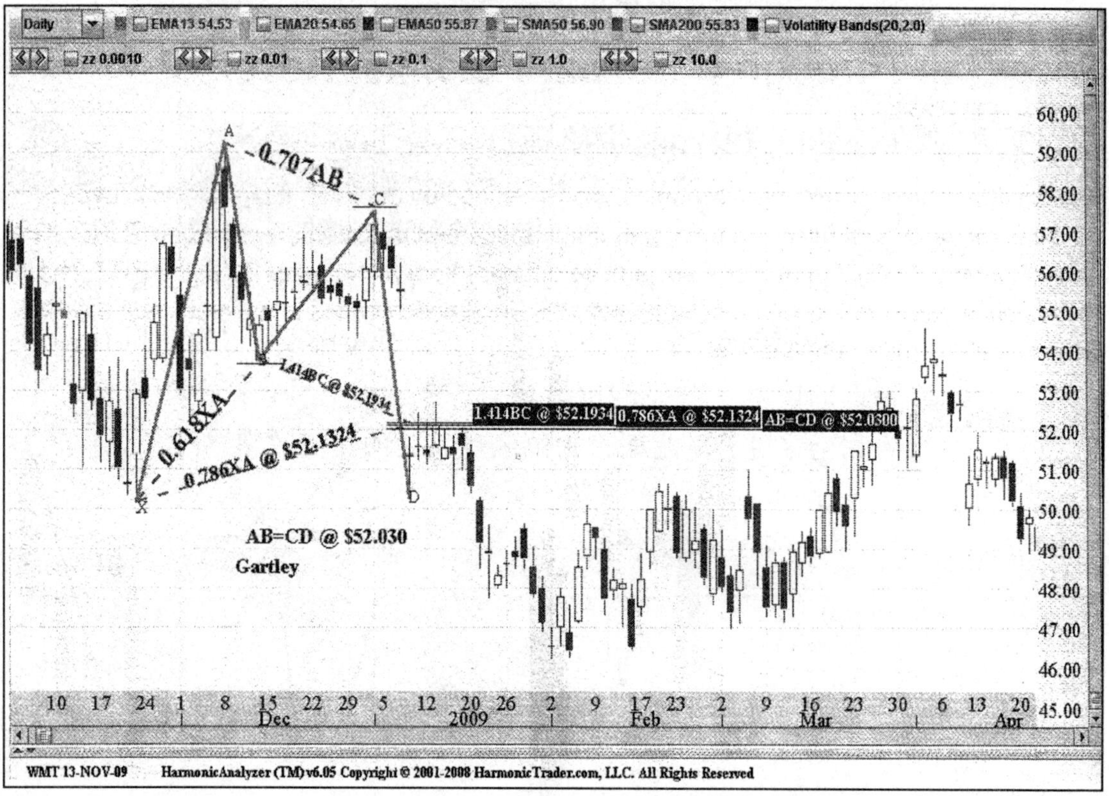

图 10.8

这个例子中的突破展示了理想的价格缺口警示信号。股票开盘低于 PRZ，向下跳空穿过形态完成处的关键数字区。52.20 是一个极端的关键和谐支撑价位，三个数字会聚于狭窄的 PRZ 中。由于股票开盘低于这些数字，并且在几天后快速反转，所以形态的有效性被否认了。另外，重要的是把精力集中在初次测试和谐数字的行为上。虽然股票在突破后上涨了几天，但是开盘穿过整个 PRZ 的价格缺口展示了这个警示信号(图 10.9)。

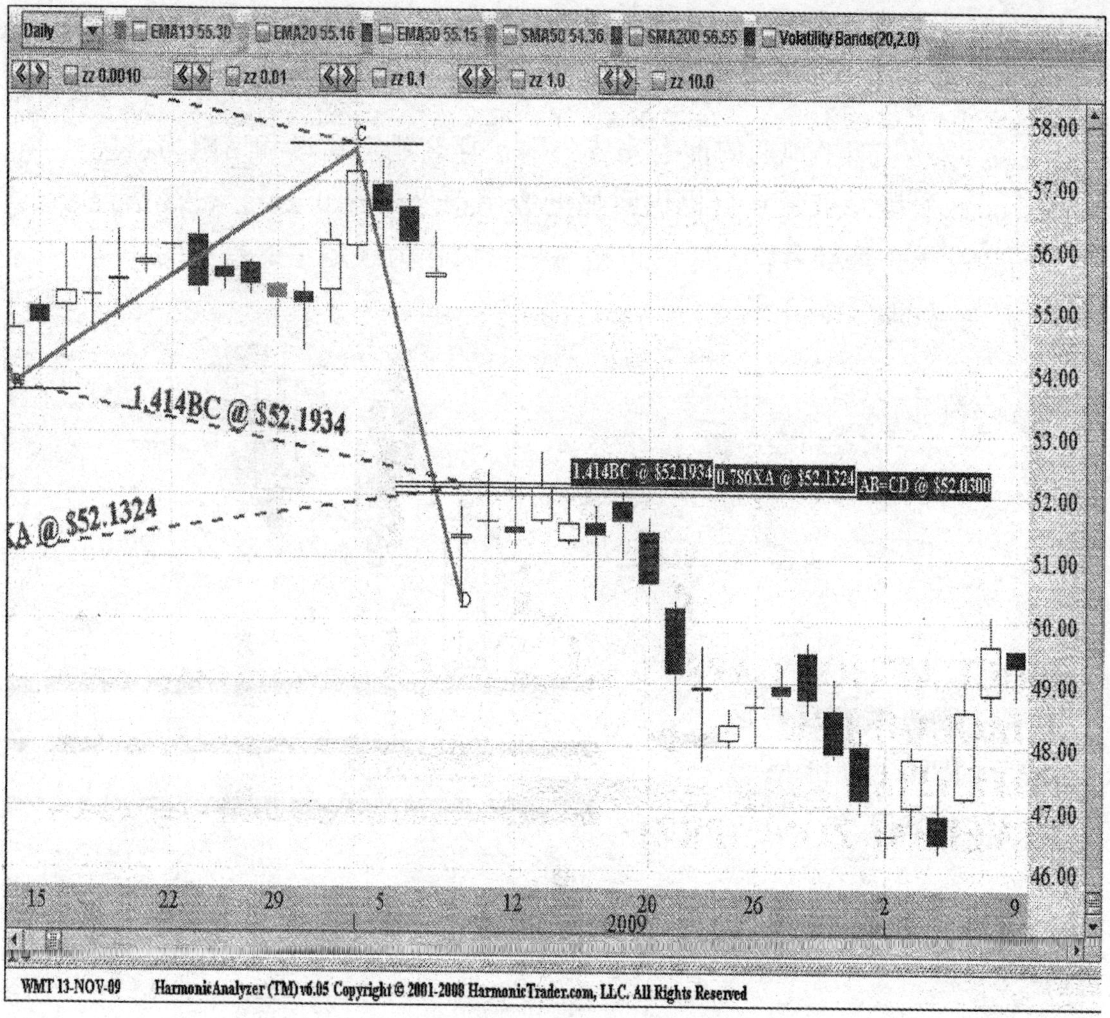

图 10.9

突破的另一个重要因素是突破后的反应。显然，一条价格 K 线突破了 PRZ，交易完全穿过数字区，使预期的完成点失效。然而，常常见到价格缺口出现在 PRZ 内部，但仍然产生有效反转。在这些情况下，最好等待后面一条价格 K 线提供更多关于反应程度的证据。如果形态失败，那么测试 PRZ 后的反应常常是立即在主要趋势方向运动。这些话题将在本书第 11 章“和谐交易管理系统”中进一步阐述。现在，穿过整个 PRZ 的价格缺口的明显突破，将会否认形态的完成点。

看跌潜在反转区(PRZ)的突破

如果预期的形态完成失败，那么跳空穿过和谐阻力区的看跌突破常常会提供明显的警示信号(图 10.10)。很多情况下，突破看跌 PRZ 的价格突破可以作为跟随主要趋势的非常好的延续信号。

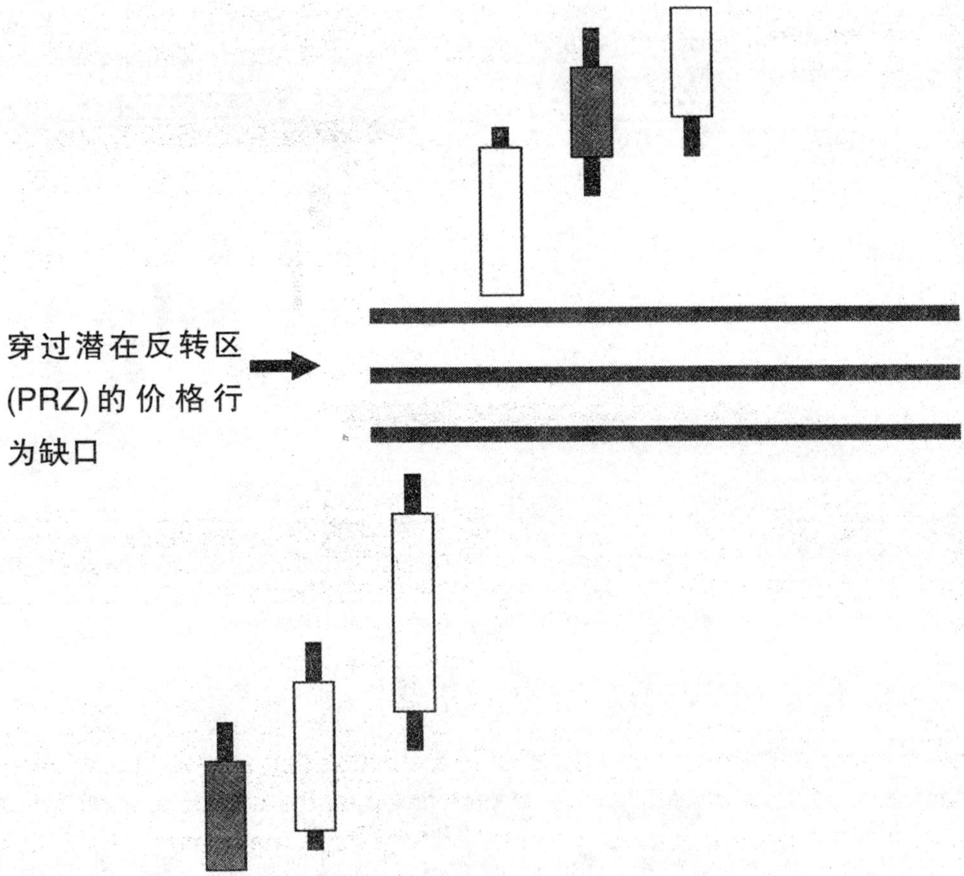

图 10.10

与看涨示例一样，对看跌 PRZ 的突破应该穿过整组和谐数字，并且在主要趋势方向继续。这些情形实际上应该非常明显，因为价格行为应该迅速上涨至预期阻力区上方。

微软(MSFT)：60 分钟

微软在这张 60 分钟图上突破了这个看跌螃蟹形态，股价开盘跳空穿过 PRZ，而且马上继续上涨(图 10.11)。

图 10.11

这个例子中的突破展示了通常令架构失效的理想的价格缺口警示信号。股标开盘高于这些数字后，形态的有效性便被否认。另外，重要的是把精力集中在初次测试和谐数字的行为上。虽然股价短时重新测试了区域的顶部区间，但是突破后的强势延续确认了价格缺口提供的警示信号。图 10.12 中 PRZ 内的价格行为展示了明显的价格缺口突破和立即出现的看涨延续。

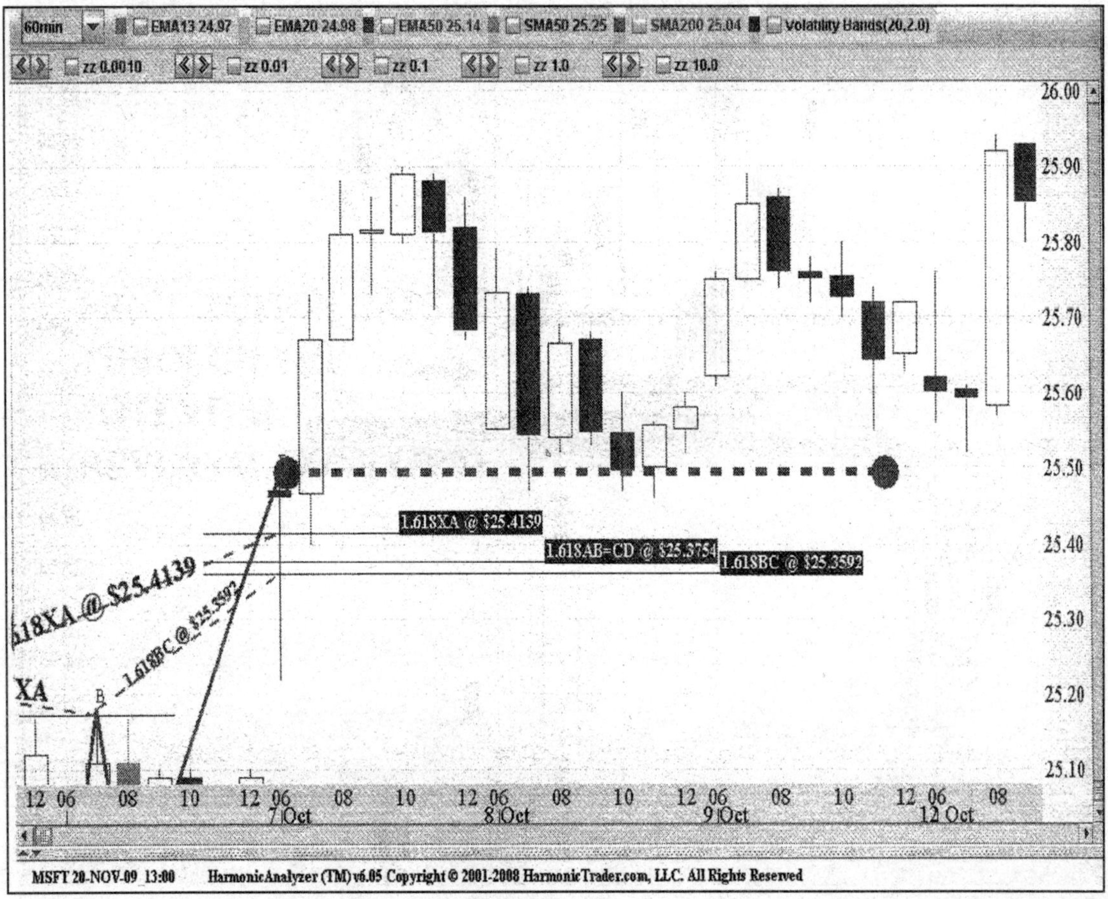

图 10.12

这些情形出现后预示形态失败的频率之高，真是不可思议。这些警示信号应该看起来非常明显，因为价格行为应该非常确定地突破 PRZ。

穿过潜在反转区(PRZ)的极端价格延伸

迅速穿过 PRZ 并在主要趋势方向继续的极端价格延伸运动，常常指示着架构的失败。虽然事前可能很难确认此类极端延伸，但关键因素是进入 PRZ 的初次测试所具有的动能。这样的极端价格延伸之后应该是主要趋势的明确延续。

极端价格延伸——看涨潜在反转区(PRZ)

在一个穿过看涨 PRZ 的极端价格延伸中，初次测试的价格应该清楚而果断地向下突破支撑区，并且突破后继续在主要趋势的方向下跌(图 10.13)。

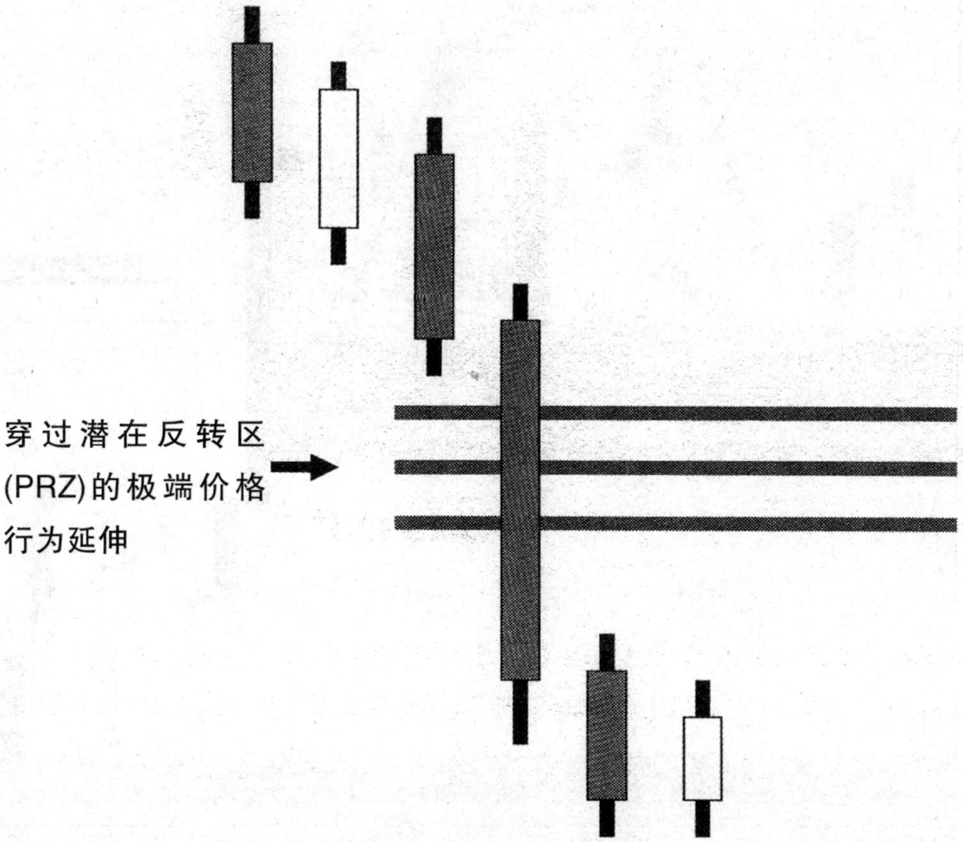

图 10.13

在测试 PRZ 期间，向下突破应该发生得很快，而且实际上非常明显。就像大多数 PRZ 测试一样，决定因素是整个区间数字已经被测试后的价格行为。如果引人注目的突破之后的价格行为继续快速下跌，那么应该认为形态的完成点失效了。

可口可乐(KO)：周线

图 10.14 中的周线图展示了一个看涨伽利形态，在测试整个潜在反转区时形成一波快速下跌。

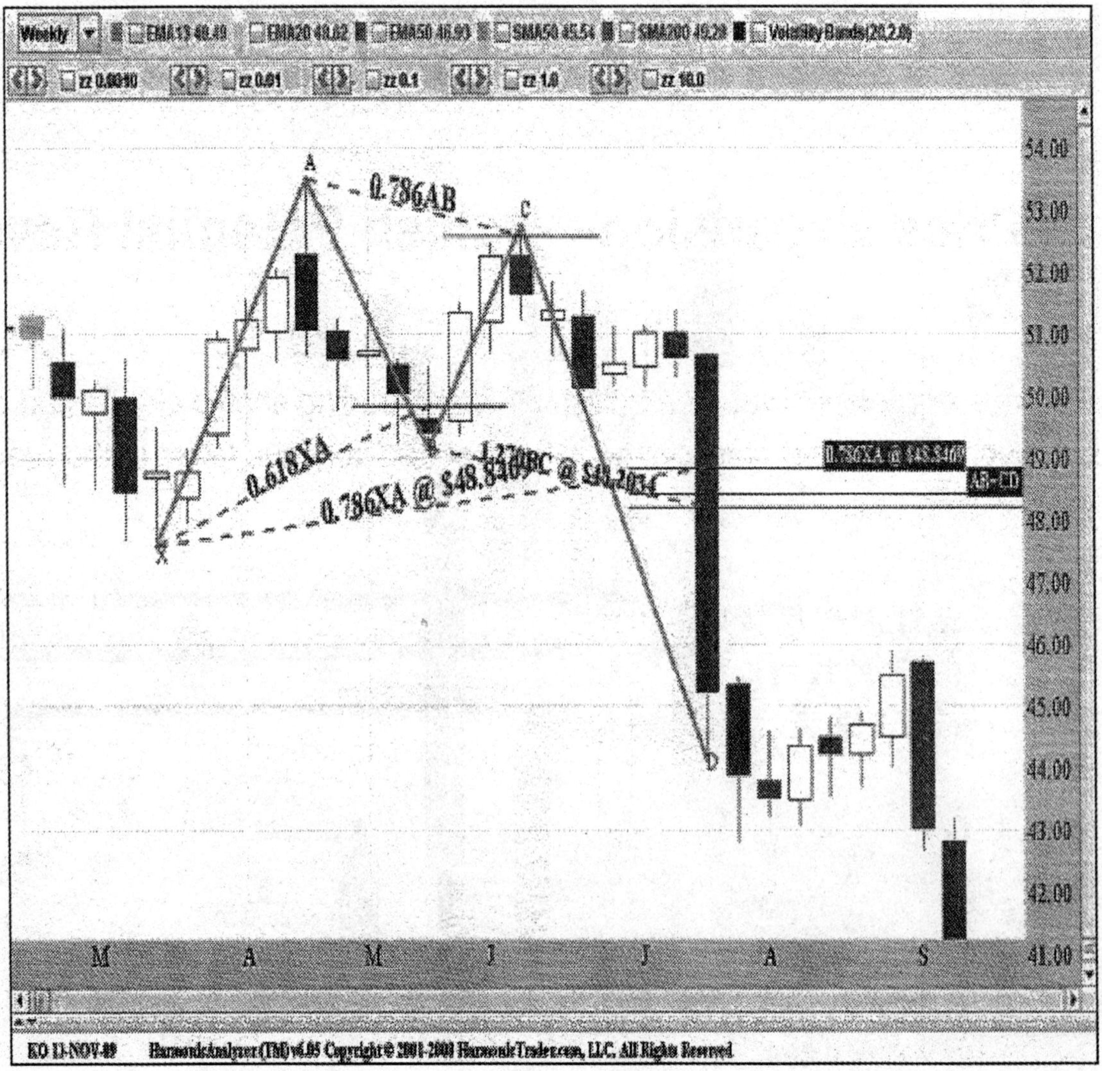

图 10.14

图 10.15 中 PRZ 内的价格行为展示的价格延伸清楚地发出了架构失败的信号。随着股票进入 PRZ，它迅速突破形态完成处的关键数字。初次测试突破和谐数字的整个区间之后，可口可乐继续果断下跌。

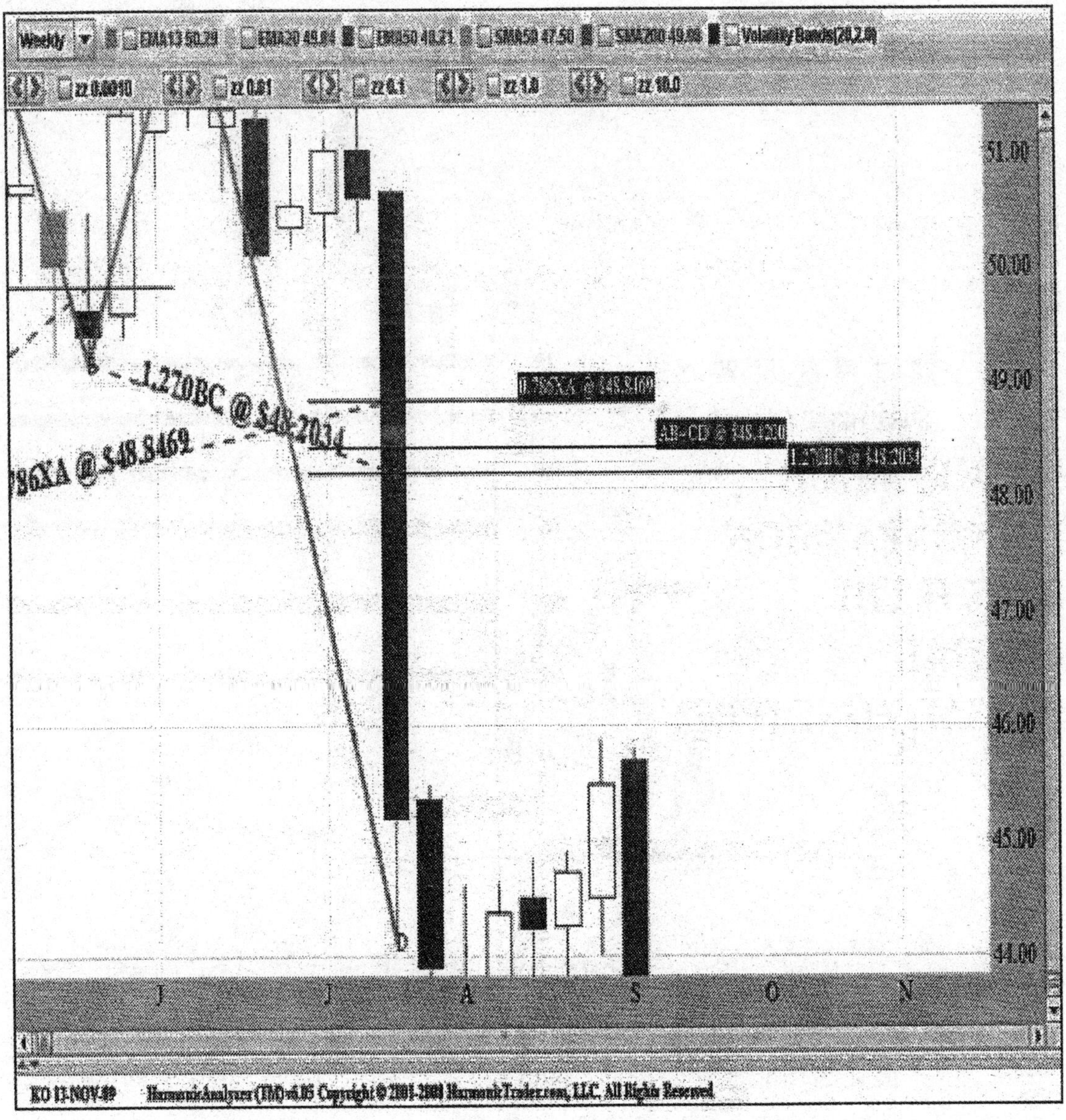

图 10.15

该架构明显失效，因为突破的剧烈程度是难以抵挡的。形态完成后，由 PRZ 确定的和谐支撑的有效性快速表现出来。

价格行为延伸——看跌潜在反转区(PRZ)

向上突破 PRZ 的极端价格延伸常常预示着主要趋势的延续(图 10.16)。价格行为应该果断穿过阻力区，并且在突破后继续上涨。

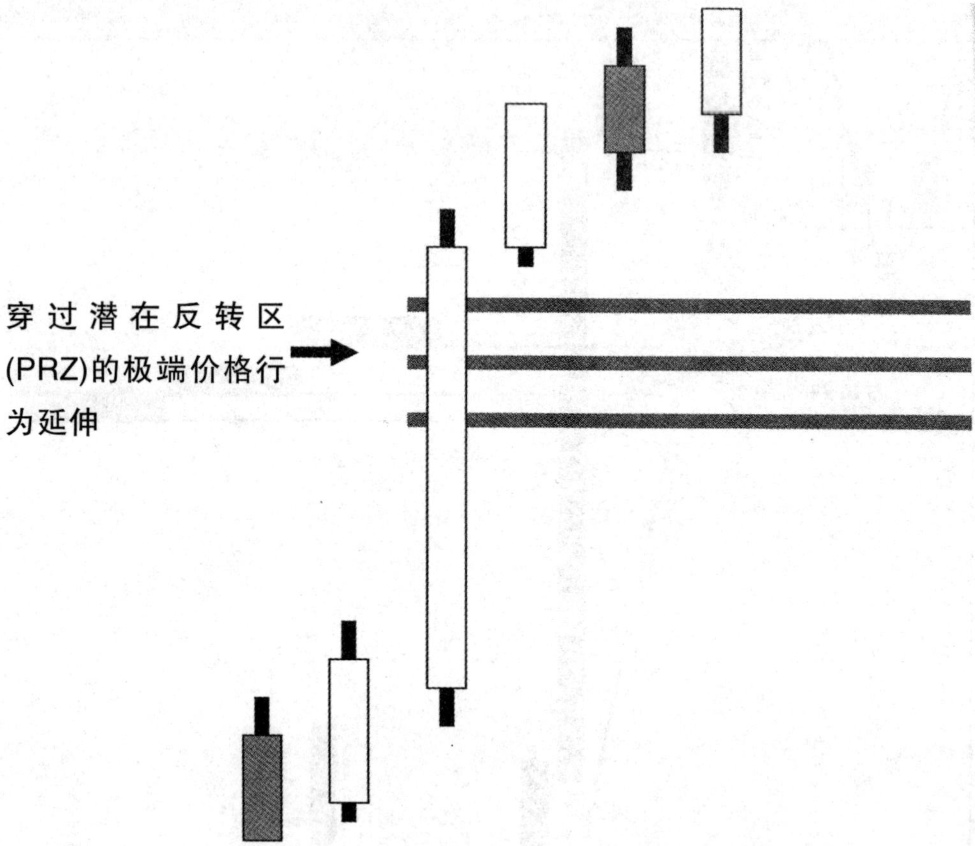

图 10.16

同样，可能很难在事前确认此类极端延伸。决定因素是整个 PRZ 被测试后紧接着出现的价格行为。如果价格行为以很强的动能上涨，那么很可能警示信号正预示着形态架构的失败。继续上涨将确认这一信号。

道琼斯工业平均指数($INDU)：15 分钟

图 10.17 所示为极端价格延伸警示架构失败的一个理想的例子。在下面的 15 分钟图上，道琼斯工业平均指数形态这个看跌伽利形态，在测试略高于 9900 的和谐数字会聚区时上涨穿过整个 PRZ。

图 10.17

图 10.18 中 PRZ 内的价格行为显示极端延伸 K 线的一个理想突破。需要注意的是，该指数收盘于 PRZ 顶部区间之上，而且在看跌形态突破确认后马上继续上涨。

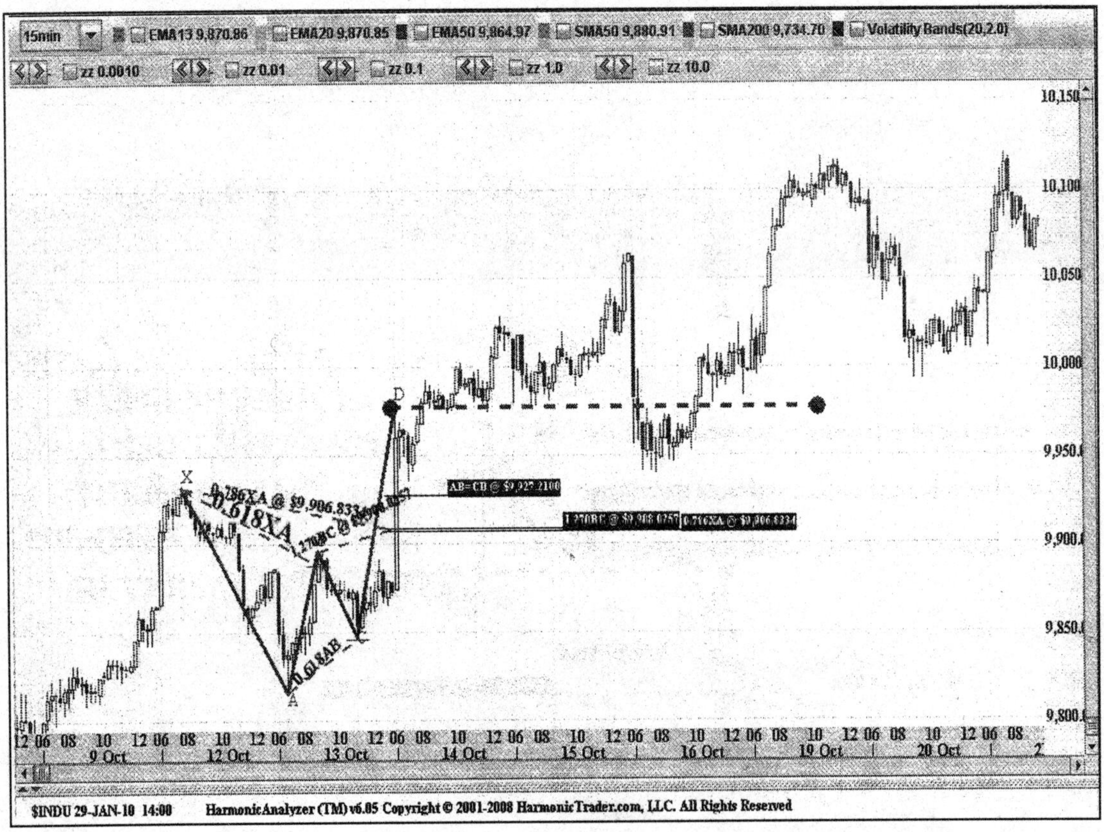

图 10.18

潜在反转区(PRZ)内的价格行为总结

和谐交易的关键规则之一是分析精确区域内的价格行为，这些精确区域是由特定的 5 点结构斐波那契数字会聚来定义的。形态完成处形成的价格 K 线的类型，能够提供更多关于未来交易行为的潜在状态的信息。在这个例子中，道琼斯工业平均指数中的价格行为明确指示出形态的失败。虽然这样的解释需要一些经验，但重要的是重视清楚的违反信号，以区分有效反转而失效反转。

第 11 章

和谐交易管理系统

我想回顾一下那一笔迫使我创建这套系统的交易，因为那真是令人心碎的一笔交易。那或许是我曾经错过的最好的运动中的一波。股票：红帽—RHAT！　我记得在进入那笔交易之前我一直在思考，因为股票代码本身就是一笔坏交易的征兆——肮脏的 RHAT！[①]虽然和谐架构相当不错，但是我认为那可能是一笔失败的交易。

在一个关键的 0.618 回调处，形成一个漂亮的看涨 AB=CD，把略低于 75 美元处的区域定义为重要的和谐支撑（图 11.1）。尽管我对该股票代码有所忧惧，但我还是设置了交易。我在 $74\frac{3}{4}$ 头进 1200 股。一两天内，股价强力上涨。在初次反弹之后，股价横盘了多日。

由于股价没有持续上涨，所以我立即平仓。在高点处，股价上涨近 15 点，我感觉被迫获利跑路。我对这笔交易非常满意。我感觉这一波运动不会继续大幅走高——可是我错了！图 11.2 中，潜在反转区（PRZ）内的价格行为清楚地显示出股价在测试和谐支撑区内所有数字后形成的理想反转。

① 国外习惯用红色表示下跌，绿色表示上涨——译者注。

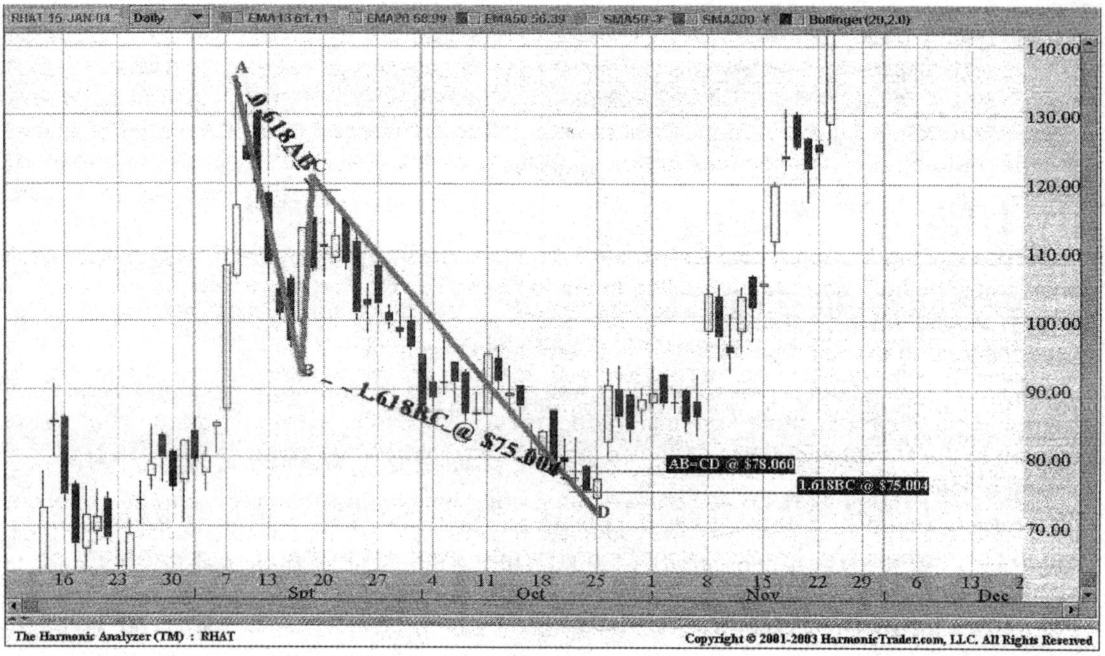

图 11.1

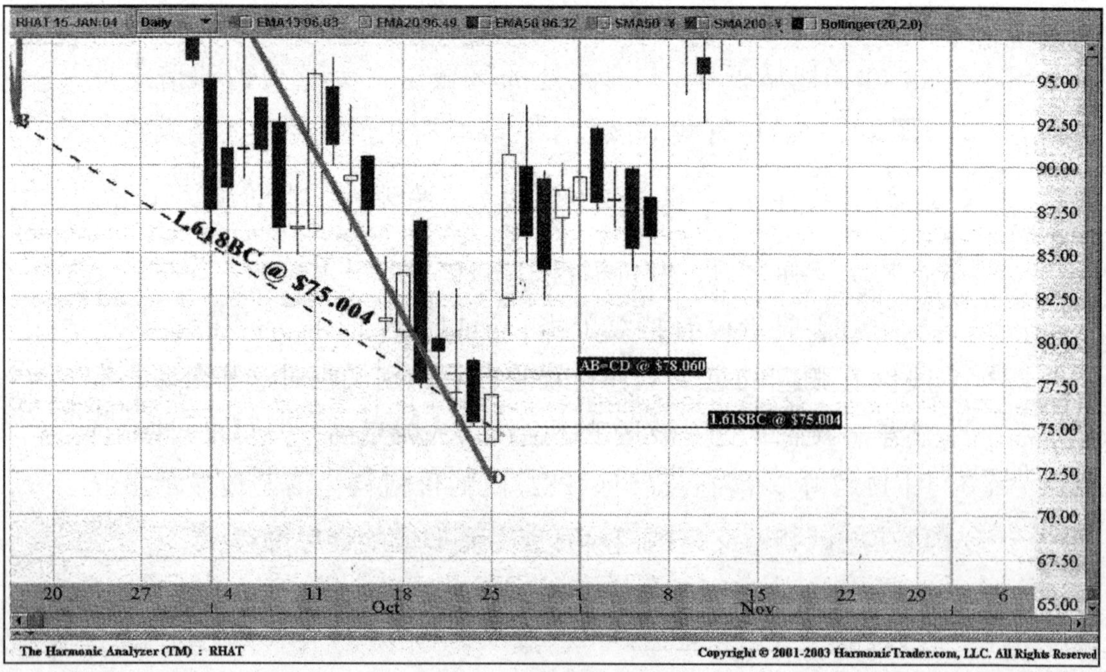

图 11.2

尽管在初次反转后停滞了近两周的时间，但是 RHAT 最终大幅上涨，随后一个月翻了一番还多。是的，跟我说："到嘴边的肥肉丢掉了!”你可以看到我为什么感觉非常有必要创建一套系统了，可以用它来响应市场信号，而不再是情绪化的反应。

虽然这错过了那些利润，但是我决定从那些经历中汲取教训。如果我不能直接从那笔交易中获利，那么我认为自己是向 NASD 大学支付又一笔学费来从中学习。这是我克服错过“彩票式交易”之痛的唯一方式。

我从那笔交易中学到非常重要的几点，帮助我区分大运动与小反应。在引导我探索和试验有效度量反转强度的不同思想的价格行为中，我注意一些具体的特征。趋势线、斐波那契目标和跟踪止损之类的技术，都是能够提升交易决策水平的有效工具。另外，这些策略形成了一种系统化的方法，能够在任意市场环境中大幅提升交易决策水平。

RHAT 的经验迫使我开发一套交易管理系统，真正让价格行为提供处理头寸的信号。实际上，如果你没有规则来确定市场正在提供的信息，那么你就正在主要利用情绪化的决策来了解头寸。想一想，你了结的最后一笔交易是什么？为什么了结它？是因为你认为市场没有完全按照你认为的方式运动吗？你正因前一笔交易迫使你快速获利或斩仓而备受煎熬吗？在 RHAT 交易的例子中非常简单，我没有坚持，在了结头寸时我没有任何的技术理由。

在相同的意义上，有效的形态识别规则——和谐交易技术——被用于辨识潜在的机会，关键是在架构执行后拥有指导方针来最优头寸管理和评估价格行为。交易管理规则事先处理所有可能，使你能够响应任何情形，并且在你的执行技能中提升自信。

和谐交易管理术语

回顾一下这些术语，以便理解该系统的思想。

潜在反转区(PRZ)

潜在反转区(PRZ)是一个特定的区域，和谐形态和斐波那契延伸会聚在这一区域。有效 PRZ 的辨识依赖于找到最清楚的形态结构，那些结构包含几个斐波那契比率，会聚在一个明确的价位。另外，重要的是记住 PRZ 代表着一个重要的"潜在"反转区，对这一区域的突破表明主要趋势很强。因此，架构的有效性仍然需要在整个区域被测试后准确地评估形态。

初始利润目标(IPO)

初始利润目标(IPO)代表着考虑获利了结头寸的第一个区域。通常，一个原始头寸可以分割为多个部分，根据反转对各个部分以不同的方式处理。头寸的第一部分——IPO——是由预定的斐波那契价位回调确定的，通过形态的限制(高点或低点)来度量。最常见的是从形态极点开始的 0.382 或 0.618 回调。另外，IPO 可能是初始目标超越后的趋势线突破。反转完成并已经小幅获利后，重要的是决定在哪个区域让第一笔利润落袋为安。在形态区间的 0.382 或 0.618回调让初始利润落袋为安的决策依赖于价格行为。如果反转以强"突破"方式(价格缺口、极端价格区间或长尾收盘)超越 0.382 价位，那么 0.618 价位应该作为 IPO。最低限度，在这些价位中的某一个获得部分利润是谨慎的。

这些价位的突破取决于趋势的延续。如果价格行为从 PRZ 反转，击中某个 IPO价位，但是未能清楚地在那一方向继续，那么部分或全部平仓是非常重要的。所以必须重视价格行为缺乏延续是一种临时耗尽的征兆。IPO 确立了和谐交易管理过程中的初始出场策略。

分割IPO

如前所述，我们习惯于把头寸分割为两部分，甚至三部分。这样一种策略可以自动地保护一部分利润(使用限价单)，确保初始头寸的一部分是盈利的，同时为头寸的另一半创造一个“舒适区域”。把头寸一分为二的另一个优势是，在保护一部分初始利润后，另一半可以“自由奔跑”。由于市场中任何事情都有可能发生，所以另一半使头寸一直在市场中，直到价格行为出现明显的证据说明平仓时间到了。这一点非常关键，因为那样减少了“丢掉的肥肉”的分量。另外，这种策略使你的交易行为转移到响应市场，而不是响应自己的情绪上。虽然红帽(Redhat)的例子有点特殊，但是它突出了留一部分原始头寸足够长的时间，以便捕捉更重要反转的意义。初始反应后的横盘反转，看起来常常不会产生实质性的运动，只是在一段延迟的整固期后才会真正运动起来。在这种情况下，初始利润由头寸的第一半保护起来，同时保持另一半在市场中更多时间，看反转是否会在初始反应的方向继续。不管结果怎样，第二半头寸让市场来决定交易的结果。如果价格行为恢复反转，那么第二半头寸能够获得附加收益，在进一步的利润管理中使用更大的价格目标。如果反转失败，那么交易可以以小盈退出。这一区域被称为利润保护区(PPZ)。

利润保护区(PPZ)

在交易管理中，虽然这有一点主观，但是利润保护区(PPZ)是小幅获利后超出执行点的一个确定的价位。PPZ非常重要，因为它在和谐交易法中强调了一条最重要的规则：

“永远不要让利润变为亏损”。

需要注意的是，并不是所有的架构都会产生相同的反转。有些架构会出现短暂的反应，然后在主要趋势的方向继续。

这些架构可以提供快速的运动和较小的利润，前提是确定好“不成则败”的价位。有时，价格行为会在反转区内整固，触发头寸平仓，然后反转恢复其运动。虽然这些情形有些混乱，但是 PPZ 会防止待在最终失败的头寸中这样的常见错误。

止损区(SLZ)

止损区(SLZ)是潜在反转区之外的一个区域，它定义了一个失败的架构。当价格行为超出反转区时，表明 PRZ 不是一个有效的反转点，需要对头寸认赔平仓。

0.382 跟踪价位

0.382 跟踪止损是一种技术，最初在《和谐交易者》中讨论过，在细致研究红帽交易后它又得到了发展。跟踪止损通常应用于一个头寸的部分利润已经获得之后。0.382 跟踪价位代表着反转延续的“不成则败”限制。这种跟踪止损通常应用于初始利润目标(IPO)已经达到之后。

0.382 跟踪价位是从反转点到反转极点——高点(看涨架构)或低点(看跌架构)来测量的。0.382 非常重要，因为在继续向反转趋势的方向运动前，最强的价格行为只会回调至这一价位。虽然反转趋势常常会重复测试这一回调价位，但是需要考虑的关键技术因素是对这一区域的突破。因此，如果价格继续穿过 0.382 价位，那么就应该平掉头寸。

趋势线

在交易管理决策中使用的趋势线有两种。在从潜在反转区开始的初始反转之后，价格常常会沿着一条趋势线运动，这条趋势线就可以作为新运动是否延续的标尺。在捕捉短暂反应但又恢复主要趋势的反转时，趋势线可以是非常有效的。从确定形态开始的短暂反应时有发生，如果恰当处理，这些临时性的运动能够提供快速盈利的交易。

另一种趋势线涉及初始利润目标(IPO)，通常位于形态回调的38.2%或61.8%。在大多数架构中，0.382IPO通常与一条从现有形态开始的趋势线会聚。举例说明，一个看涨形态将拥有一条从高点(A和C)开始的下降趋势线，可以画出来确定主要趋势的阻力通道。与IPO相结合，这一区域代表着“分野线”。如果反转超越初始利润目标，那么很有可能形成一波更重要的运动，而不仅仅只是暂时的反应。虽然这条规则允许一些主观判断，但是初始利润区在事先区分大运动和小反应方面是非常重要的。

上涨/下跌的角度

上涨/下跌的角度是指价格行为从形态完成处反转后形成的趋势线的角度。虽然这个角度不需要精确测量，但是需要注意的是，大多数有效反转常常会拥有陡峭的趋势线，表明延续运动非常果断。作为对比，形态完成后价格行为形成的横盘运动，通常是即将失败的早期征兆。

时间因素

在从PRZ初始反转之后，需要一定量的时间来允许价格行为自我确定并开始一轮新的趋势。无论形态形成于5分钟、60分钟、日线，还是周线图上，都必须根据形态的大小为每个反转分配特定长度的时间，以便让它发出有效的信号。

正如我在本书开始所讨论的，每个形态必须被看作特定的技术实体，它拥有精确的数值范围，其中所有要素(如执行点、止损点和利润目标)均相对于结构进行了定义。这些确定的价格参数同样适用于时间因素。

虽然时间因素不如价格因素重要，但是明白一个架构何时应该完成，能够优化交易管理决策，并且为反转的可能性提供相关技术信息。

在反转已经完成后，一般应该考虑一个“时间窗口”。可接受的形态完成限制包含两个时间尺度：等时间完成和变时间完成，它们在交易管理的决策制定过程中非常重要。

等时间延伸是对对称形态的完成的一般评估方法。利用X点作为初始起点，测量到形态中点(B)的时间长度。把这一时间长度从B点开始延伸，确定近似的D点完成时间。在理想情况下，对称性最好的形态将在相等的完成时间完成。举例说明，如果一个形态从X点到B点需要10天，那么预计从B点到D点的时间应该也是10天。类似地，作为一个完美AB=CD形态，时间对称应该是完美的。

变时间结果是用和谐交易比率区间来计算的，从0.382开始扩展到1.618。在很多形态中，CD臂常常不会在等距的预期时间之前完成。这些情形中的对称性可能不够理想，但是恰当的斐波那契比率队列仍然是确认任何潜在形态架构有效的关键要求。

最低限度，一个形态在到达0.382时间延伸之前不应该完成。举例说明，如果到一个形态中点的时间长度(从X到B)是10天，那么直到从B到预期完成点的时间达到3.82天或接近4天之前，形态不应该完成。虽然这条规则在使用时通常要留出一些解释的空间，但是这个最低38.2%的延伸时间需求将作为潜在失败形态的一重滤网。实际上，如果一个形态具有一条迅速的CD臂，与价格结构的其余部分相比，在相对较短的时间内完成，那么应该提高警惕，架构的有效性值得怀疑。

在交易管理过程中，虽然还有很多时间因素需要评估，但是我认为这条对延伸“时间窗口”的基本理解促进了对价格行为的恰当预期，确立了有效反转中“应该发生什么”的模型。延伸时间窗口主要确定了可接受的反转持续时间，形成一个“成或不成”的条件。

等时间延伸有助于确定 PRZ。保护小幅利润还是允许交易有更多时间反转的决策，取决于形态的等时间完成。在这一“时间窗口”内，价格行为要么在分配的时间内反转，要么当前的反转必须值得怀疑。在这些环境中，小幅利润必须被保护起来。虽然这在精神上可能有点混乱，但是波幅盈利总比坐在那里等待交易亏损要好得多。

PPZ 的思想是从很多人对某些形态的经验中演变而来的，那些形态给出一个初始反应，然后只是继续在主要趋势方向运动。正如我在本书中所说过的，大多数清楚的形态最低限度会提供某种类型的反应。

利用这些情形盈利的能力取决于对 PPZ 内价格行为的证实的评估。虽然这种防御性战术可能使最后向预期方向运动的头寸过早平仓，但是从长期来看，这种策略是和谐交易管理系统中最有效的一种工具。

掌握这些交易管理技术的纷繁复杂之处需要花一些时间。但是，该系统定义了关于形态和 PRZ 内价格行为的所有可能的交易参数。提前确定入场点、利润目标和止损限制，以方便决策过程，是至关重要的(图 11.3)。

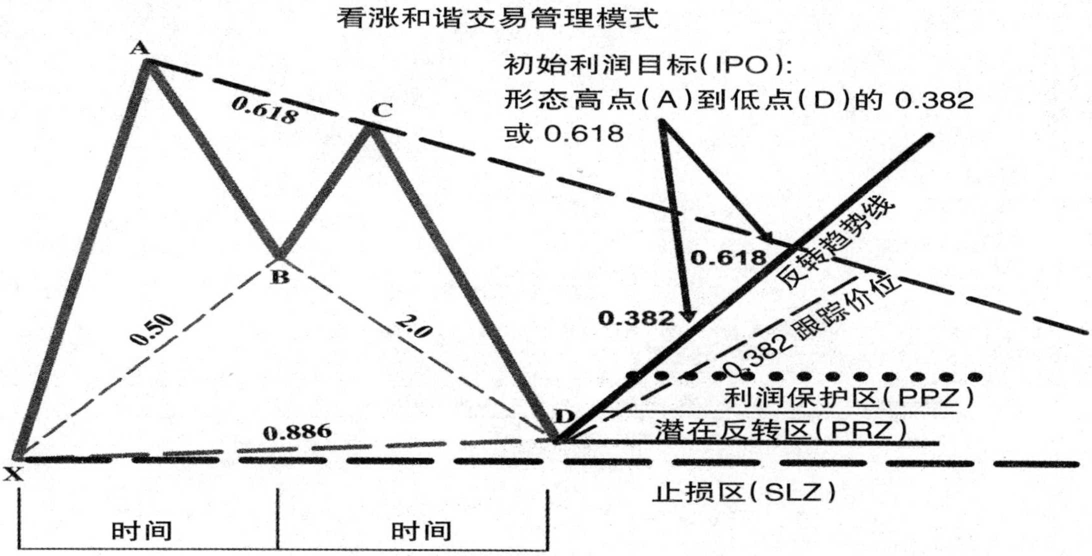

图 11.3

通用电气(GE)：日线

图 11.4 中这张图表带有对所有 HarmonicTrader.com 会员的交易建议，是 2003 年 10 月 17 日通过网站的电子邮件咨询服务版块发送的。如图 11.4 所示，GE 正在日线图上形成一个明显的看涨蝙蝠形态。

在邮件中，我写道："通用电气(GE)距离看涨蝙蝠形态的潜在反转区(PRZ)接近 1 点，形态的三个数字在 27.50～28 之间。我准备在低于 28 美元的这个 PRZ 内买进这只股票。止损应该设在 25.50，交易所冒风险约为 2 点。这是一笔短线交易，初始利润目标在 32.80。"①

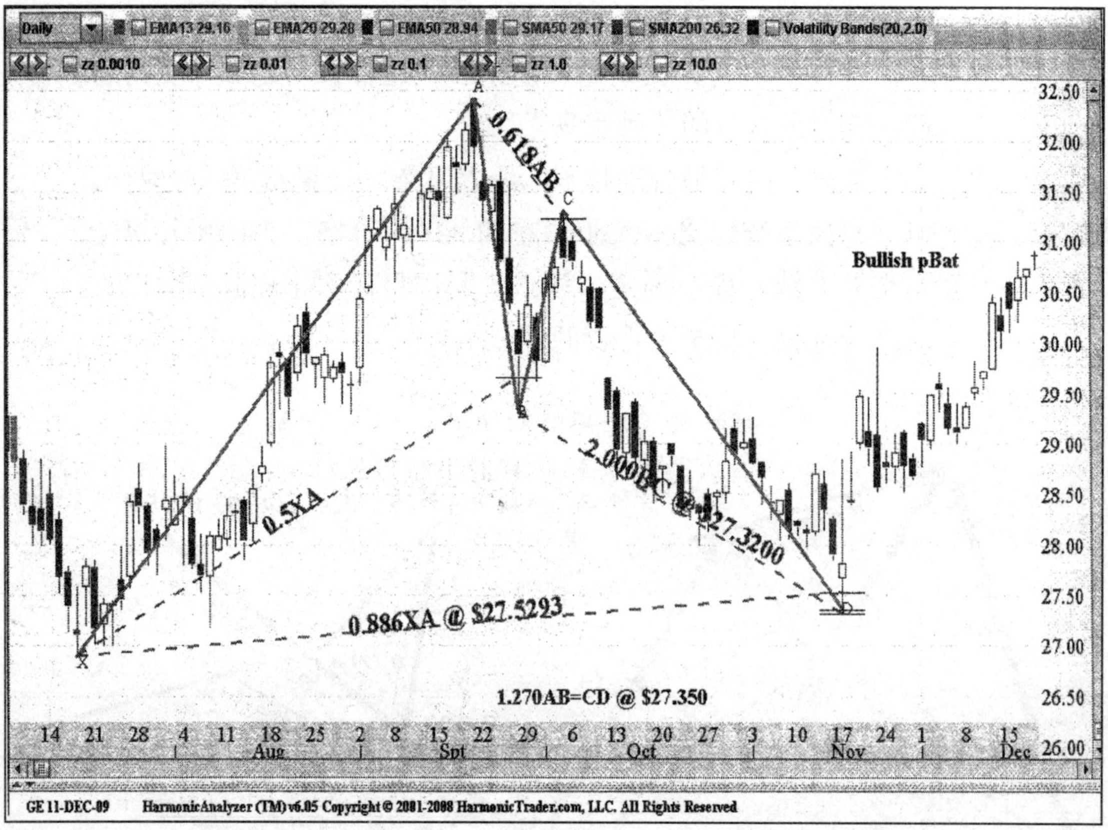

图 11.4

①回顾实际建议，请访问

http://www.HarmonicTrader.com/members/harmonic/email/gebatbull.htm。

27.50 处的 0.886XA 回调和 27.65 处的 1.618BC 延伸明显会聚于定义价位（图 11.5）。虽然变种 1.27AB=CD 完成于 28.05，但是其他数字指向 28 美元下方区域。

虽然 PRZ 内某些数字可能比其他数字更具重要意义，但是必须考虑数字的整个区间，而不只是单个的价格点。在测试整个 PRZ 之后，交易的最佳执行区域将取决于形态完成点处价格行为的特征。

图 11.5

图 11.6 中，价格在 PRZ 内的走势显示在对这一区间完全测试后，出现一个理想的反转。11 月 18 日，交易在位于 27.50 的 0.886 回调处执行。GE 在略微超出 PRZ 底部后的那一天反转。

图表底部的斐波那契数字延伸代表着形态基本的中点时间延伸完成位置。虽然 CD 臂完成于最低要求的 0.382 时间延伸之后，但是等距(1.0)位置直到反转完成几周后才达到(图 11.7)。

虽然 GE 在反转后那一天上涨，股价向上跳空并持续走高，但是更实质的突破运动直到等距时间延伸(1.0)达到之后才出现。

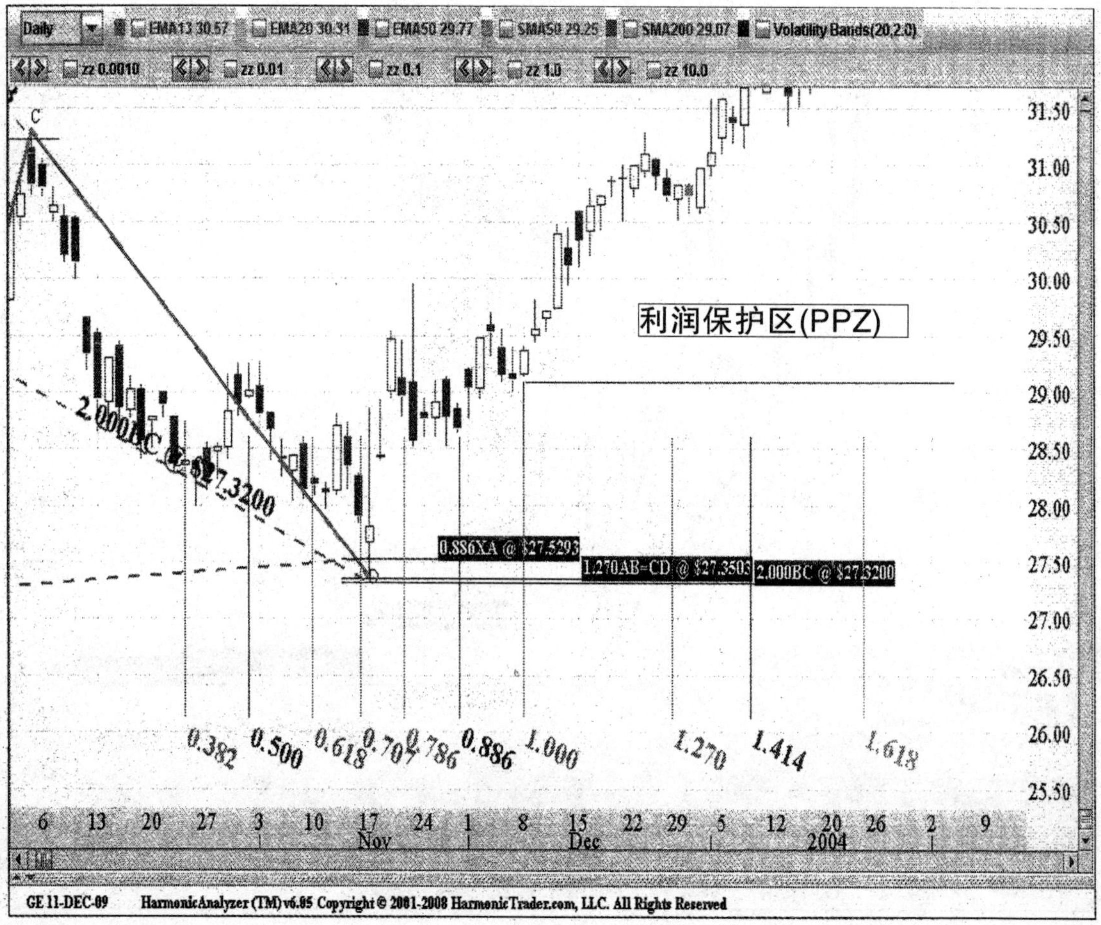

图 11.6

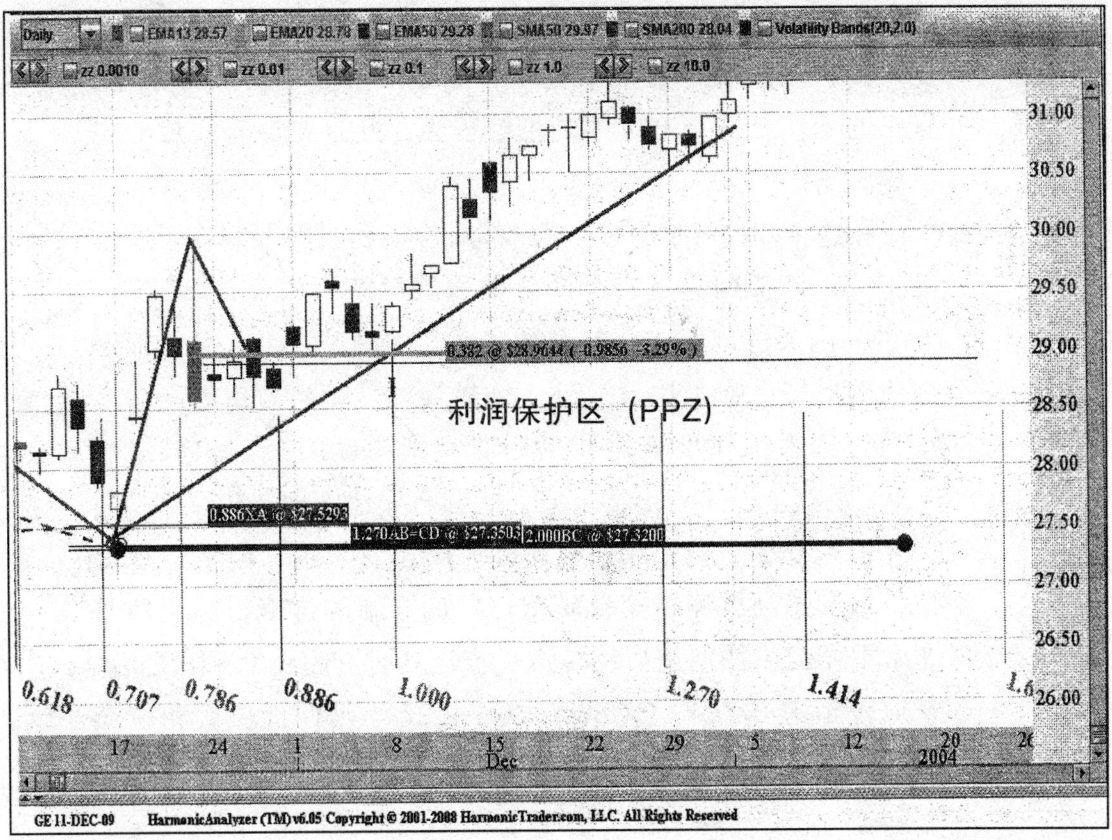

图 11.7

在评估利润保护区(PPZ)时，时间是非常重要的，图 11.8 便是一个经典示例。直到等距时间延伸完成，任何的小利润都应该保护起来。实际上，如果这个看涨蝙蝠形态即将产生重要反转，GE 需要超过等距时间延伸的完成点。

在击中等距时间延伸完成点后，股价开始突破，向着 29.50 处的 0.382 初始利润目标(IPO)上涨。从形态尖峰开始的下降趋势线与 IPO 会聚，确认了这一阻力的重要性。

29.50 美元区域内的第一上涨目标被突破，股价继续保持从低点开始的稳定上升趋势。0.618 处的下一个目标也很快达到，GE 大幅上涨，强势持续。11 月 24 日，止损从 27.50 升至 28.50，保护一个点的利润。12 月 18 日，止损从 28.50 升至 30，保护三个点的利润，确立一个更宽的 PPZ(图 11.8)。

超出这个点后，只要上升趋势和 0.382 追踪止损仍然保持不变，就应该持仓。在类似这个看涨蝙蝠形态的有效形态中，真正的工作是监视 PRZ 内的价格行为，并且在反转完成后进行相应操作。

在这个 GE 的例子中，事先都对价格和时间限制作了明确的定义。该架构具有一个明显的看涨形态，适合在 27.50～28 区间内买进该股。在整个数字区间被测试之后，股价形态理想的反转。除了执行之外，交易管理是相当简单的。和谐交易管理系统在反转进行的同时利用明确的上升趋势线和 0.382 跟踪止损作为出场策略，能够有效地处理架构。

虽然 0.382 和 0.618 利润目标被强力超越，但是监视价位，从形态高点测量至反转低点以确立新的价格目标仍然是非常重要的，特别是当反转进一步运动时。超越 0.618 之后，就应该考虑 0.786、0.886、1.0、1.27 等延伸价位。和谐交易的比率如图 11.8 所示。

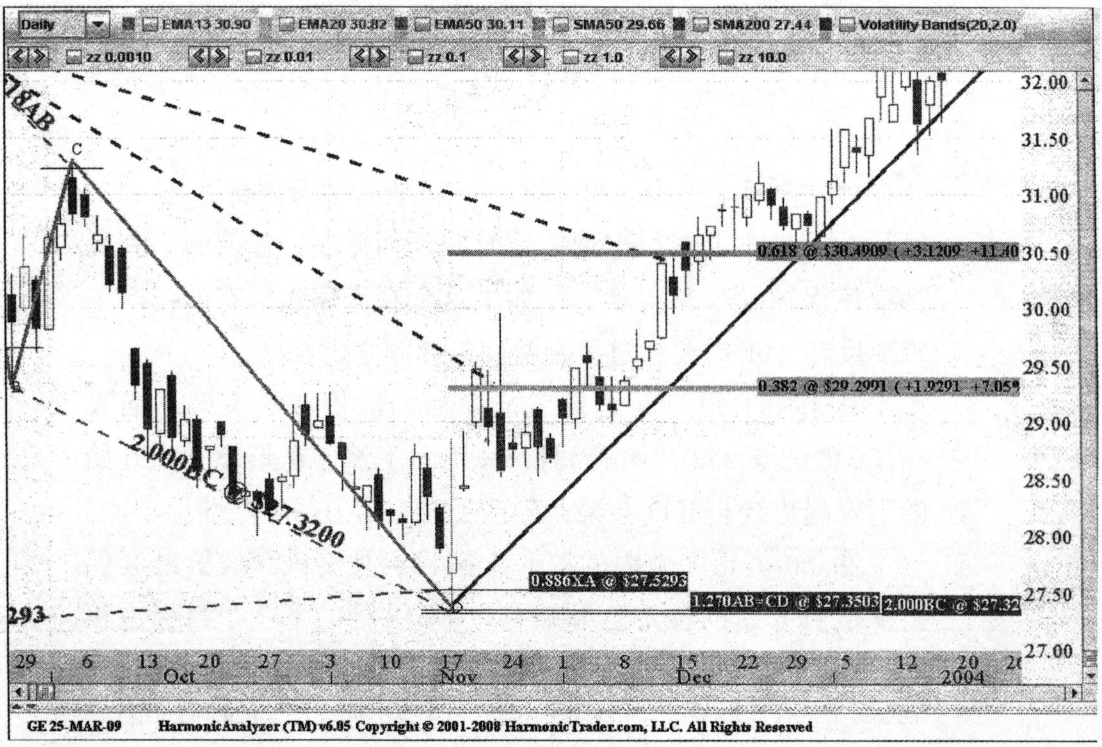

图 11.8

纳斯达克 100　2003 年 12 月迷你合约(NQ_Z3)：30 分钟

图 11.9 中，纳斯达克 2003 年 12 月迷你合约在 30 分钟图上形成一个看涨螃蟹形态。2003 年 11 月 19 日，我在 HarmonicTrader.com 的盘前 Mini-Room 帖子中描述过这个和谐支撑。我讨论了 1360 区域对于 NQ 的重要意义。在邮件中，我写道：

"今天 NQ 开盘将会立即上涨 $6\frac{1}{2}$ 点。我预期 NQ 会努力回补今天的上涨缺口……在对 1360 区域重新测试形成反转之后，我会准备买进 NQ，预期它会向 1375 回调。"①

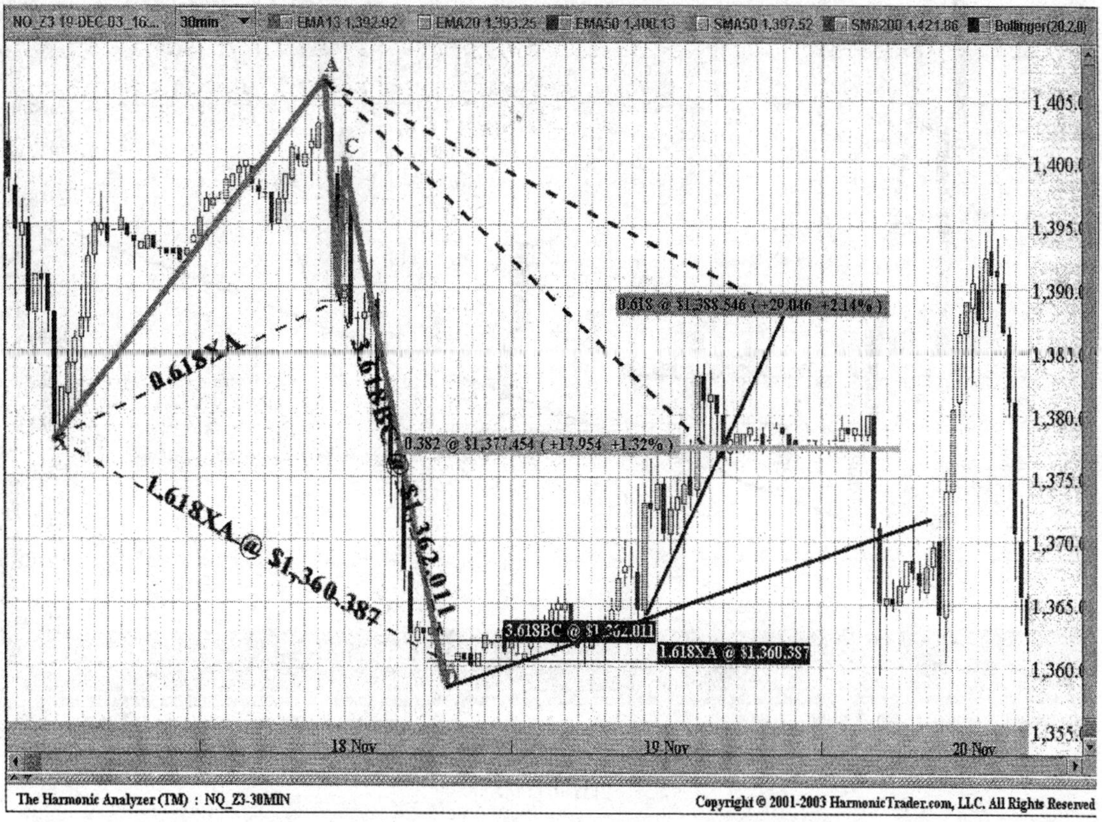

图 11.9

① 回顾实际建议，请访问 http://www.HarmonicTrader.com/members/harmonic/home/miniroom111903.htm。

该架构拥有一个数字会聚区，把 1360 区域定义为关键短期支撑。形态完成点处最重要的数字是 1360.40 处的 1.618XA 延伸。1362 处的 3.618BC 延伸成为这一和谐支撑的补充。

图 11.10 中，价格在 PRZ 内的走势显示在对这一和谐支撑区间完全测试后，出现一个理想的反转。虽然 NQ 快速下跌进入这一 PRZ，但是它显然稳定下来，并且几乎刚好从和谐支撑的下侧区间反转。

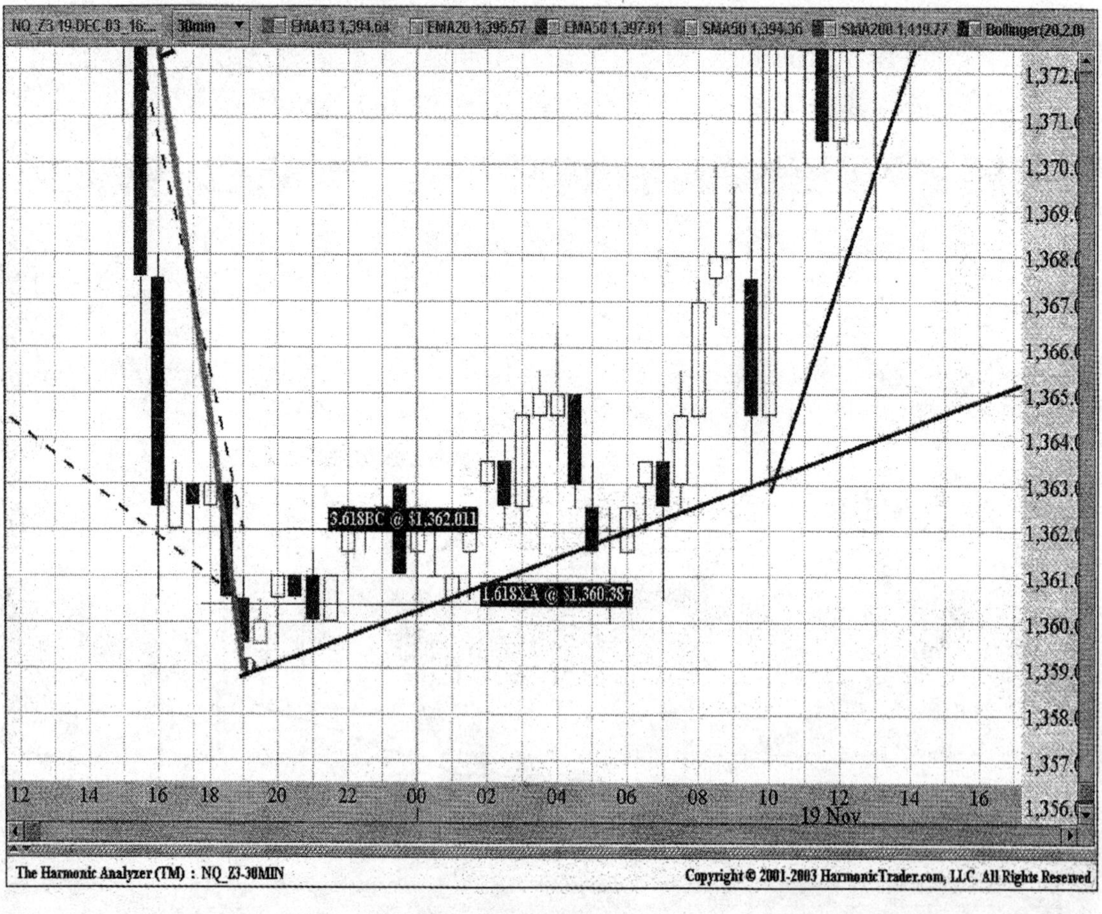

图 11.10

这个反转有趣的一点是形态完成处的时间因素。图 11.10 展示了斐波那契时间计算结果的延伸，从中点(B)开始测量，向形态的完成点处延伸。

开始，形态的 CD 臂完成于最低要求的 0.382 时间延伸。虽然这标志着反转的低点，但是价格行为需要更多时间稳定、整固并从 PRZ 反转。直至到达等距(1.0)时间延伸，反转才开始大幅上涨。

该交易的第一个上侧目标是 1377 区，从该形态测量是 0.382IPO。NQ 超过这一目标，整个交易日都保护稳定的涨势。尽管穿过 0.382IPO 的上涨令人印象深刻，但是 NQ 停了下来，未能测试 0.618 处的下一个目标，而且突破了日内上升趋势线(图 11.12)。

这种缺乏延续和突破明显趋势线的现象，是停止逆转的明显迹象。在这个例子中，特别是在日内交易中，多头头寸应该平仓(图 11.13)。

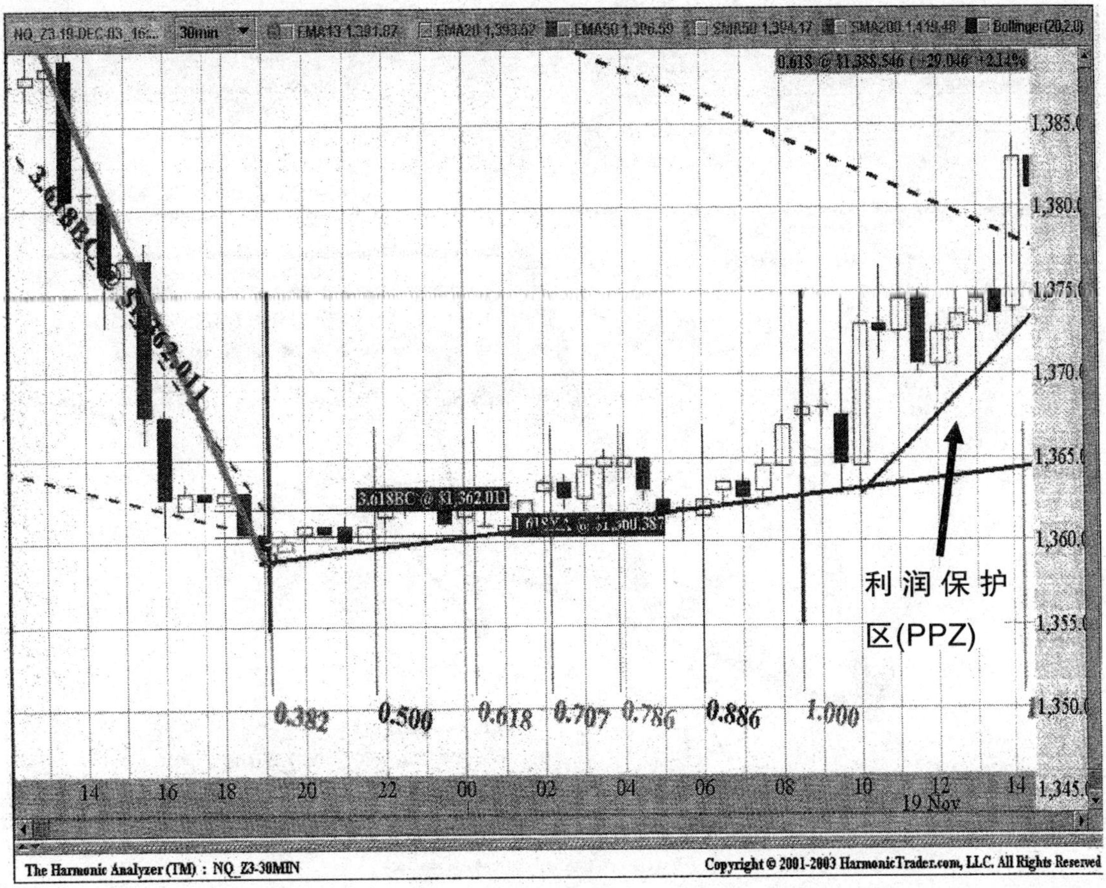

图 11.11

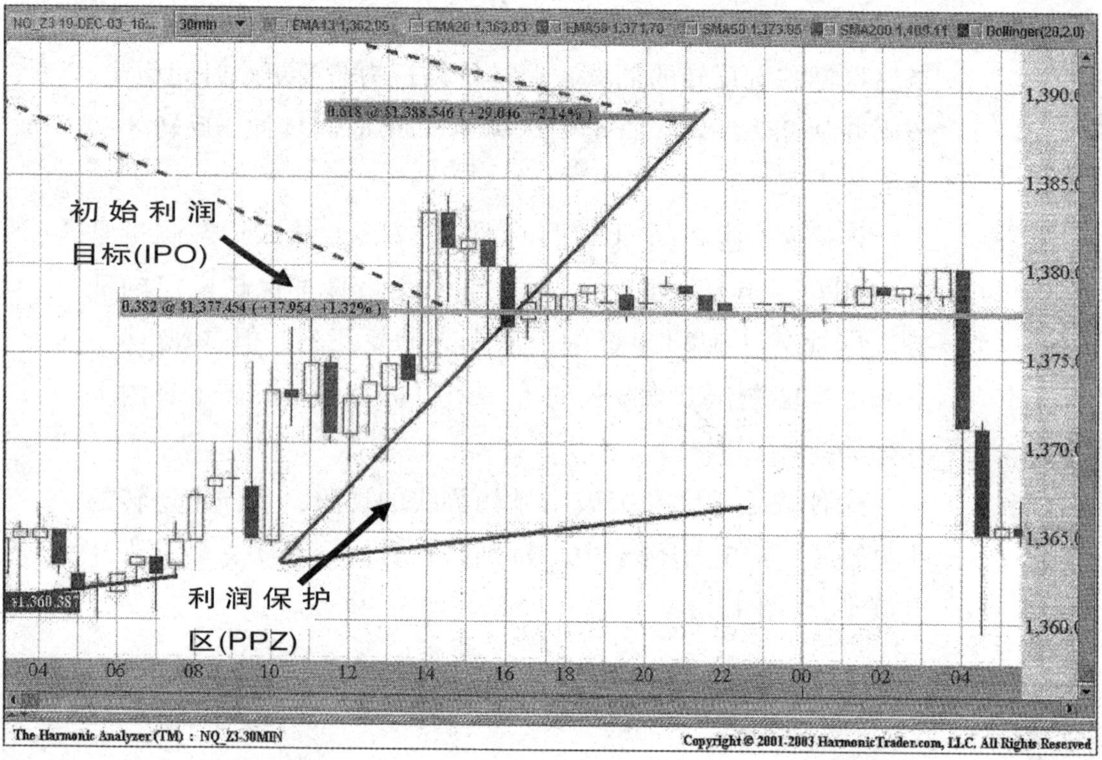
初始利润目标(IPO)
0.618 @ $1,388.546 (+29.046 +2.14%)
0.382 @ $1,377.454 (+17.954 +1.32%)
利润保护区(PPZ)
The Harmonic Analyzer (TM) : NQ_Z3-30MIN
Copyright © 2001-2003 HarmonicTrader.com, LLC. All Rights Reserved

图 11.12

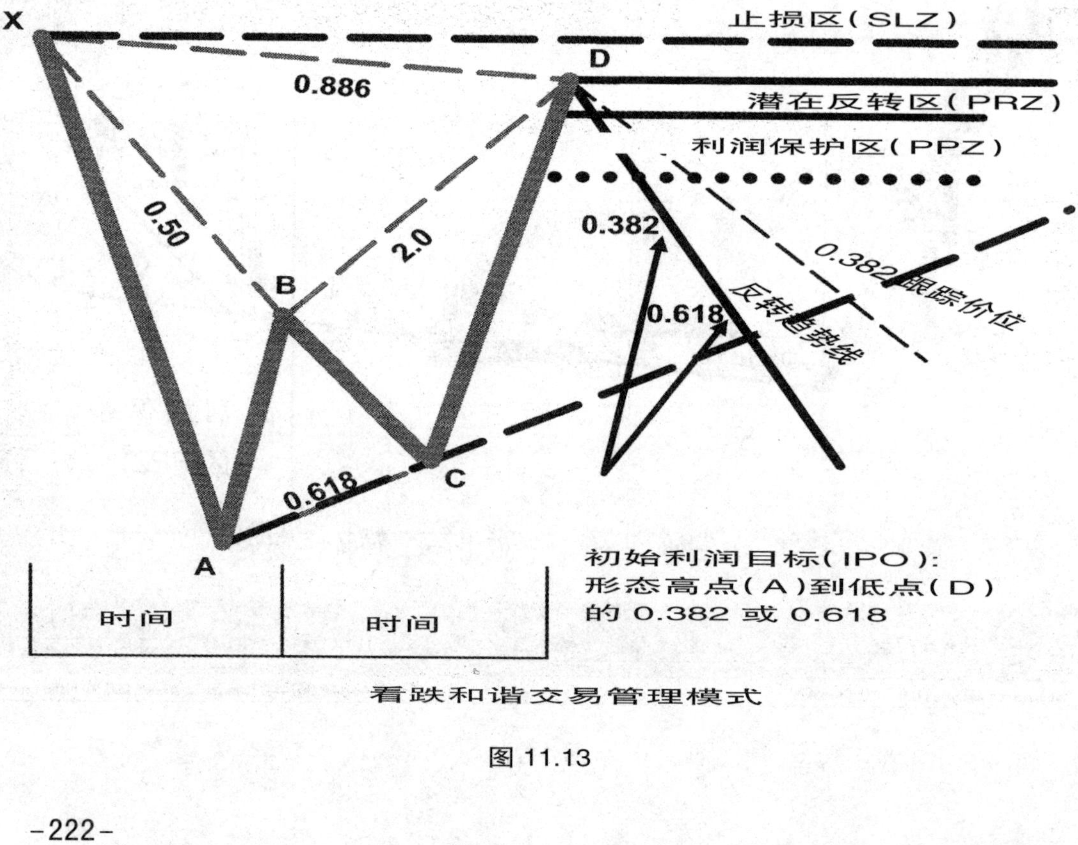
X
止损区(SLZ)
D
0.886
潜在反转区(PRZ)
利润保护区(PPZ)
0.50
2.0
0.382
B
0.382跟踪价位
0.618
反转趋势线
0.618
C
A
时间
时间
初始利润目标(IPO):
形态高点(A)到低点(D)
的 0.382 或 0.618
看跌和谐交易管理模式

图 11.13

标准普尔 500 2003 年 9 月迷你合约(ES_U3)：15 分钟

标准普尔 500 2003 年 9 月迷你合约在 15 分钟图上形成这个看跌伽利形态(图 11.14)。该架构有三个数字会聚于 1018 和 1019.25 之间，定义了关键短期阻力。

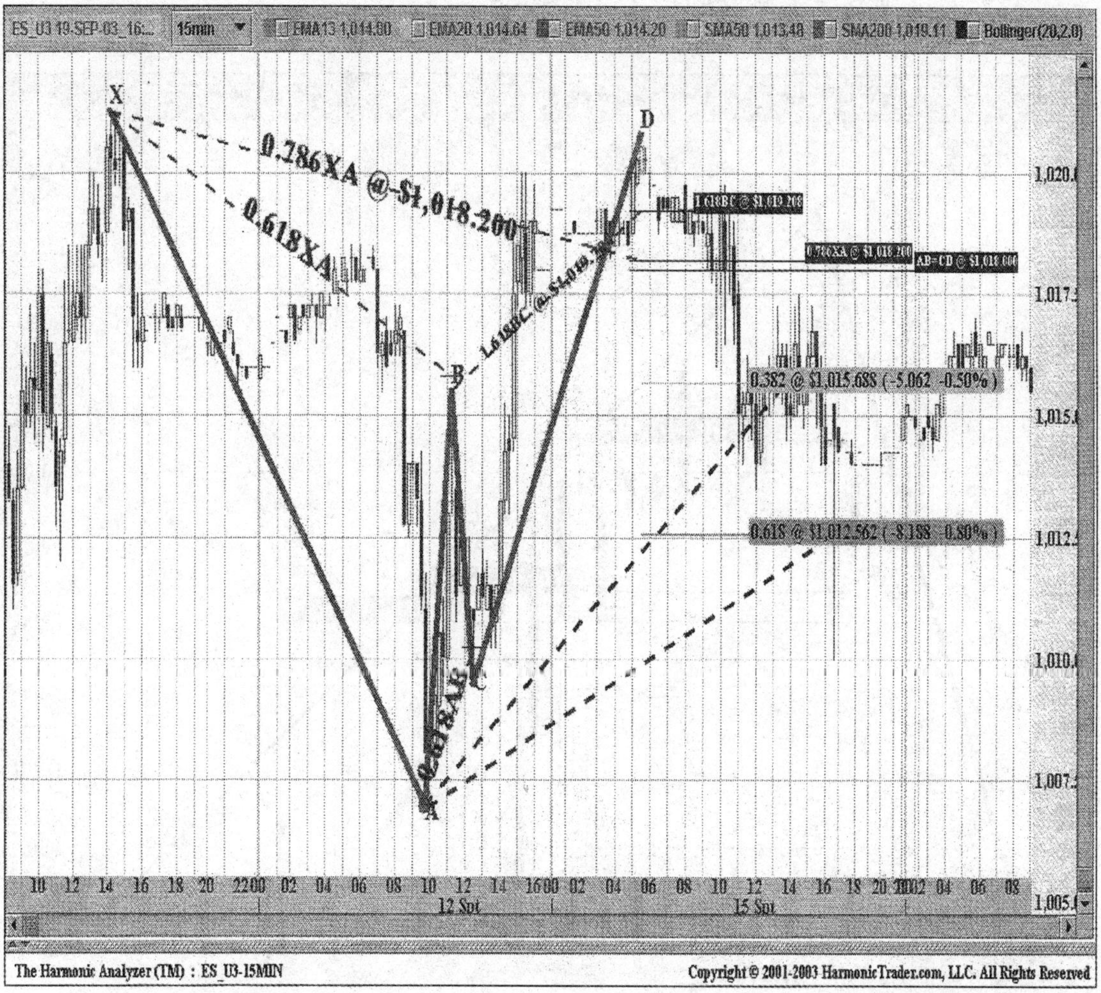

图 11.14

在测试 PRZ 中所有数字(包括该形态最重要的数字——AB=CD 在 1018 价位的完成点)后，该合约开始反转。0.786XA 回调和 1.618BC 延伸略低于 1020 价位，成为这一和谐阻力的完美补充。

2003 年 9 月 15 日，我在 HarmonicTrader.com 的盘前 Mini-Room 建议帖子中描述过这个和谐支撑。

“我会在这一 1018 区域中寻找一个较早的做空机会。”[①]

图 11.15 中，价格在 PRZ 内的走势显示在对和谐阻力完全测试后，形成一个理想的反转。初始测试后 ES 短暂停止，突破 PRZ 下侧区间后不久便快速下跌。

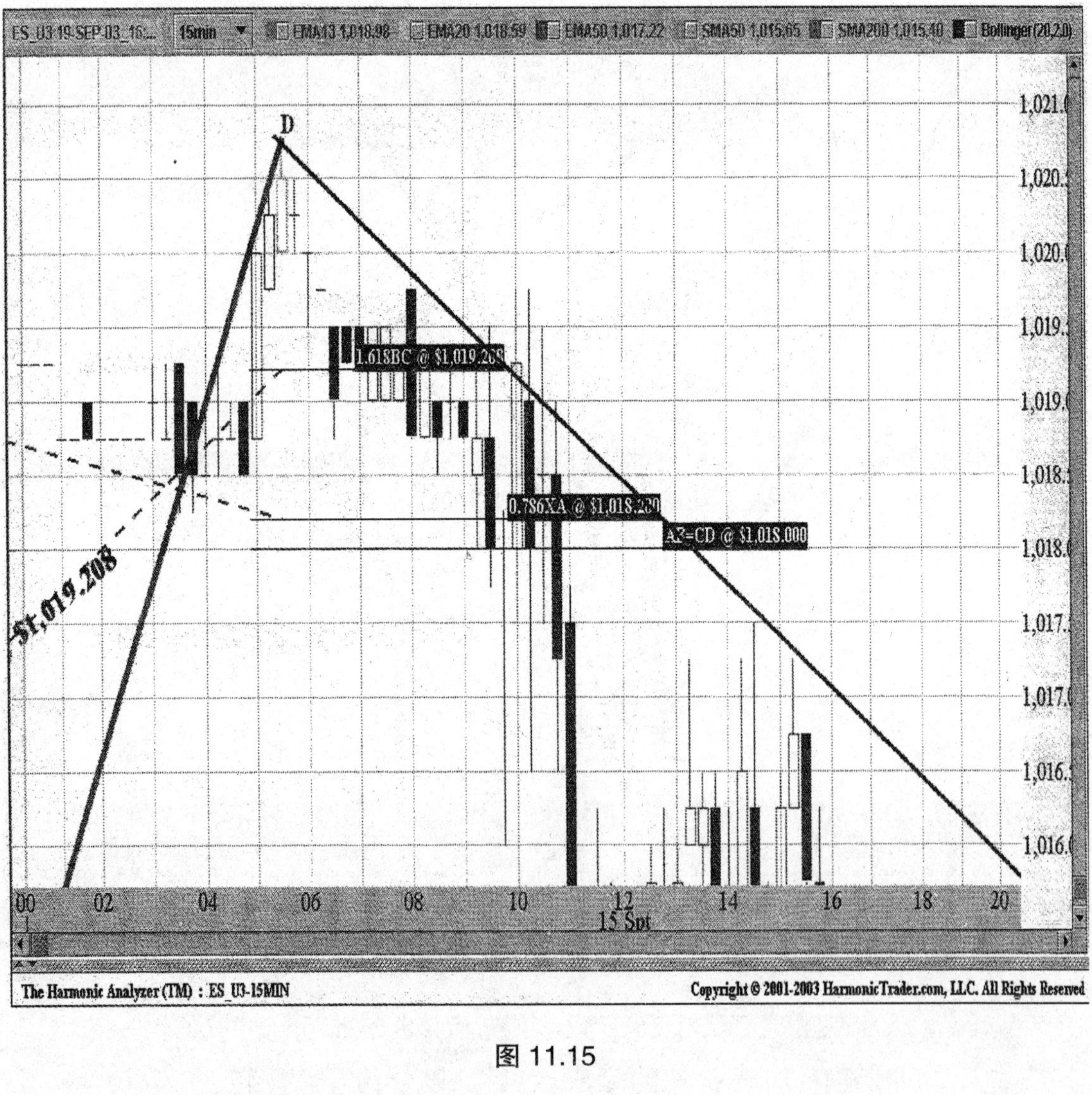

图 11.15

① 回顾实际建议，请访问 http://www.HarmonicTrader.com/members/harmonic/home/miniroom091503.htm。

这个反转有趣的一点是形态完成处的时间因素。图 11.16 展示了斐波那契时间计算结果的延伸，从中点(B)开始测量，向形态的完成点处延伸。开始，伽利形态的 CD 臂完成于最低要求的 0.382 时间延伸。虽然初始测试出现在这一最低要求的时间限制，但是价格行为需要更多时间整固后才会最终反转。虽然截止等距(1.0)时间点，ES 已经迅速反转，但是 0.382 时间目标是确认形态完成的一重有效的最低时间滤网。

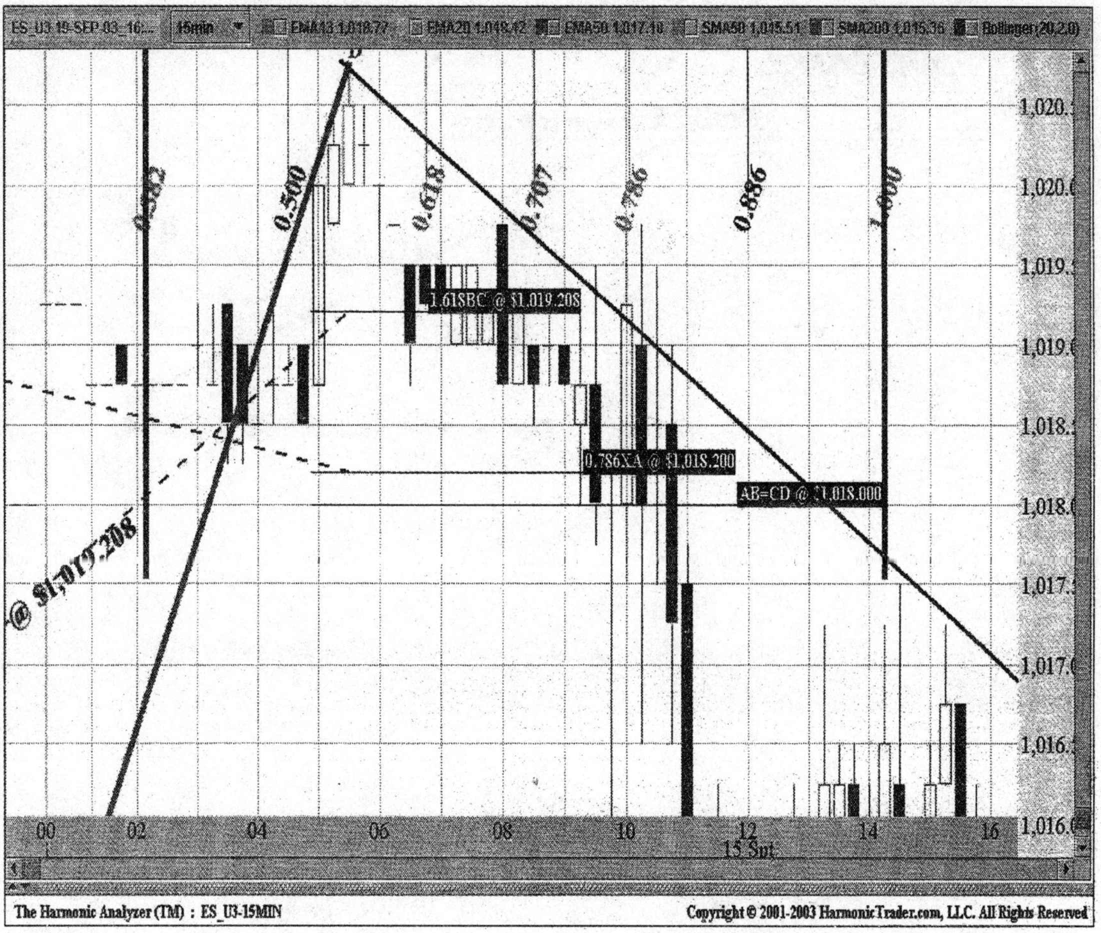

图 11.16

需要注意的是，形态完成的时间需求不像价格目标那么重要。只要达到最低要求的 0.382 时间目标，关键就是在 PRZ 内的执行。

随着 ES 反转，这笔交易的 IPO 被设在 1015.68 处的 0.382 回调，是从该形态开始测量的。ES 超越了这一目标，整个交易日保持稳定的跌势。尽管 ES 在这一时段的早期穿过 0.382IPO 的下跌令人印象深刻，但是 ES 在当天剩余时间停止下来，直到收市(图 11.17)。

图 11.17

在这种情况下，交易应该在 0.382IPO 被测试后平仓。虽然 ES 在当天晚些时候表现上跌得更低，但是这些情况下继续下跌的动力缺乏，表明穿过 IPO 后可能不会再有大的运动。反转完成后，ES 形成一轮优美的跌势。开盘时价格迅速下跌，直到中午，继续跌至 0.382IPO(图 11.18)。直到随后一天的隔夜时段，趋势线和 0.382 跟踪价位才被突破。

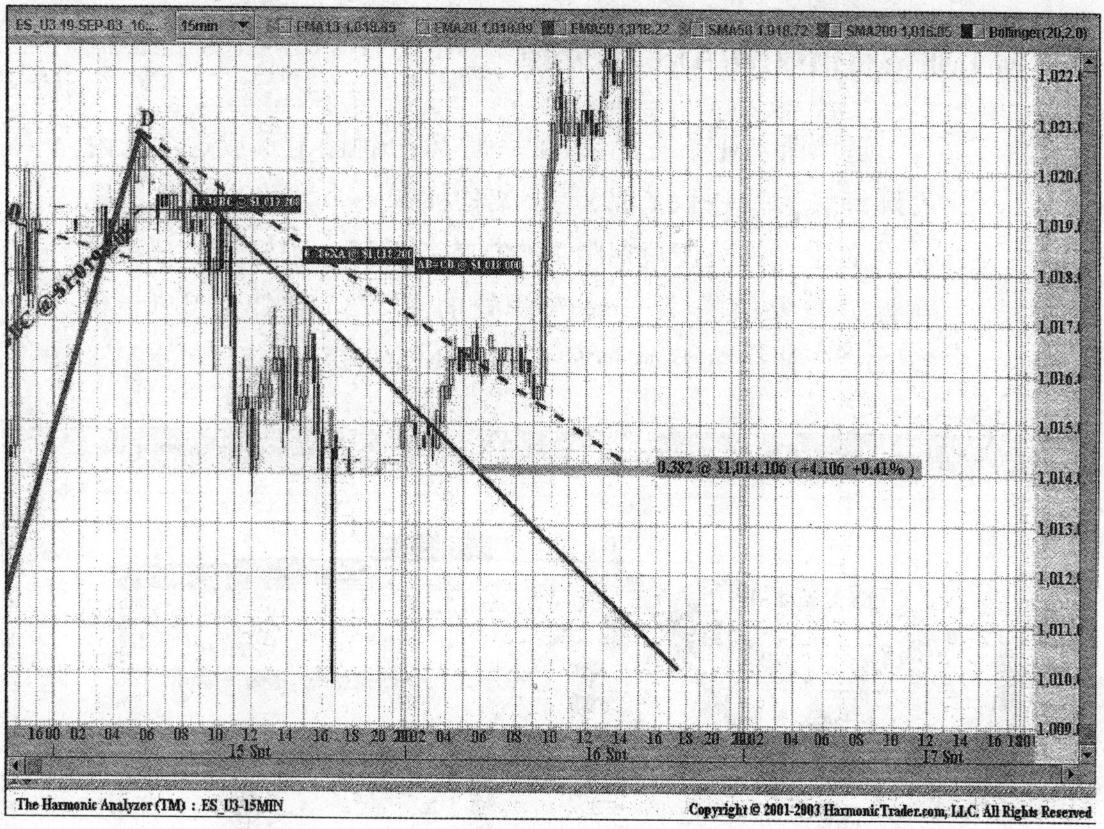

图 11.18

虽然当天收市前的迅猛抛售使 ES 向着 0.618 利润目标下跌，但是 0.382IPO 处的停滞触发空头头寸在 1015 区域平仓。趋势线突破和 0.382 回调清楚地表明这一看跌伽利形态很可能只会带来非常少的利润。尽管这一反转毫无生气，但是 ES 中的这笔交易展示了整个和谐交易过程。一个清楚的形态被定义，交易在 PRZ 中执行，和谐交易管理规则有效引导交易者在盈利的情况下平掉空头头寸。

另外，重要的是明白和谐形态不是“终极”价格结构。我认为一种常见的误解是和谐形态每次都会引发巨型反转。事实并非如此。实际上，对于大多数和谐架构来说，ES 的这个例子或许比“全垒打式交易”更为常见。尤其是对于日内形态，重要的是在 IPO 目标积极获取部分利润，严格运用交易管理规则。

道琼斯工业钻石指数(DIA)：30 分钟

道琼斯工业钻石指数[①]在一张 30 分钟图上形成这个日内看跌蝴蝶形态(图 11.19)。该架构拥有一个数字会聚区，把 96 价位定义为关键短期阻力。指数的反转点刚好是形态完成点处最重要的数字——96.07 处的 1.27XA 延伸。AB=CD 和 2.24BC 延伸在 96 区域补充了这一和谐阻力。

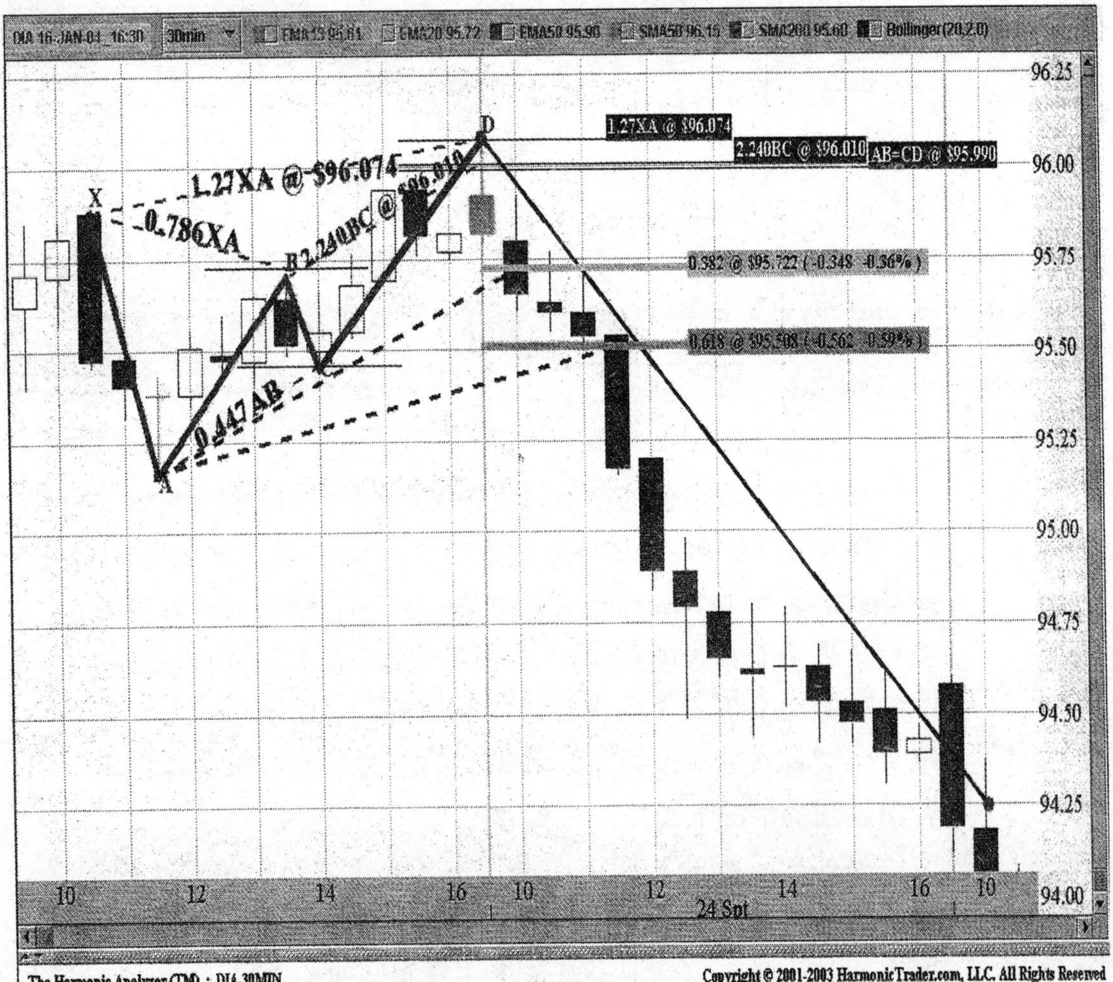

图 11.19

---

① 即道琼斯工业指数——译者注。

图 11.20 中，价格在 PRZ 内的走势显示在对这一和谐阻力完全测试后，出现一个理想的反转。形态完成后，钻石指数从这一区域快速反转并迅猛下跌。

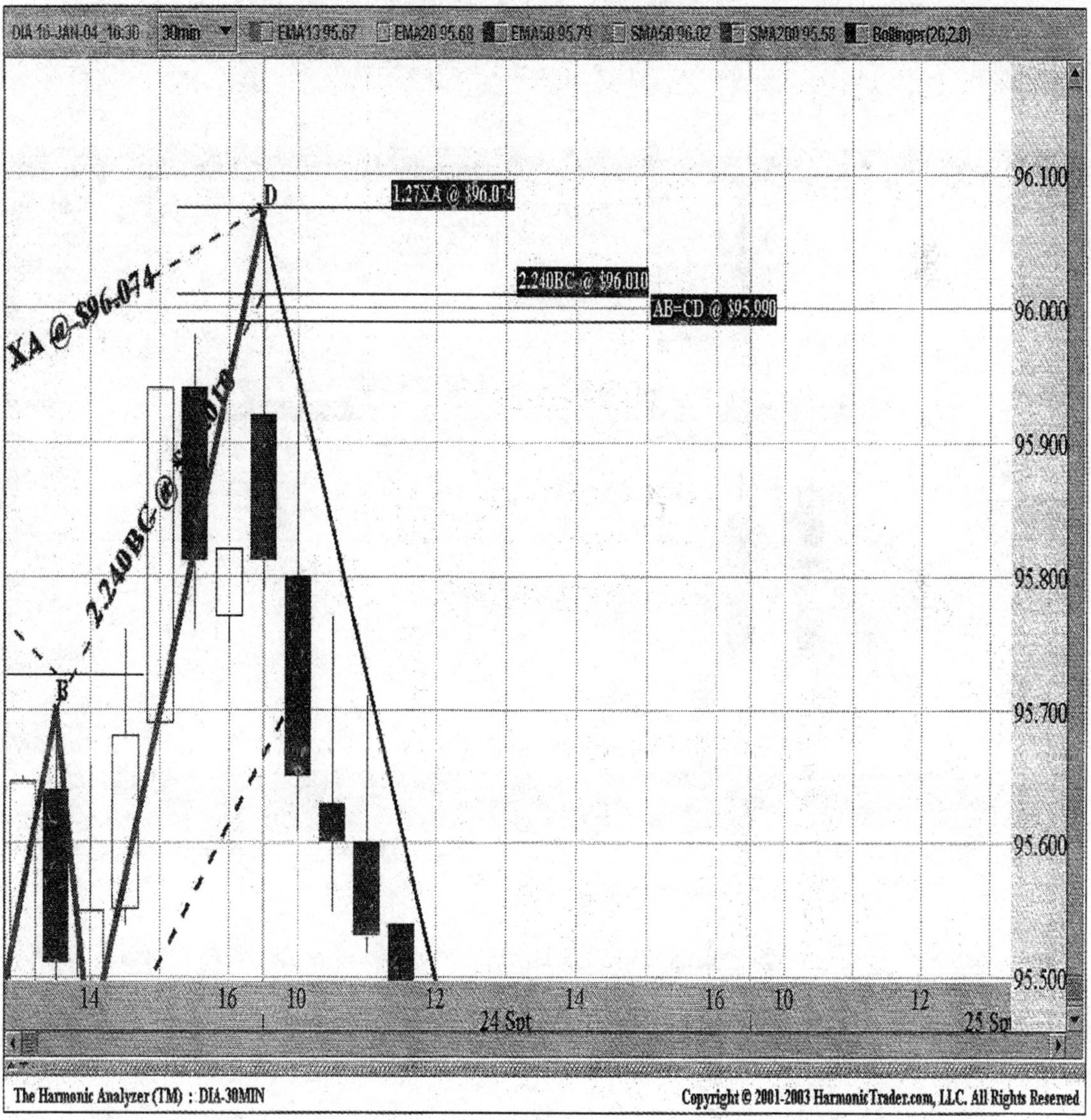

图 11.20

图 11.21 展示了斐波那契时间计算结果的延伸，从中点(B)开始测量，向形态的完成点处延伸。虽然 CD 臂迅速上涨进入这一 PRZ，但是刚好在等距(1.0)时间延伸处反转。不仅 1.0 时间计算结果刚好位于反转点处，而且 PRZ 为交易定义了精确的阻力位。相当简单，和谐交易方法中不会有比这更理想的情况了！

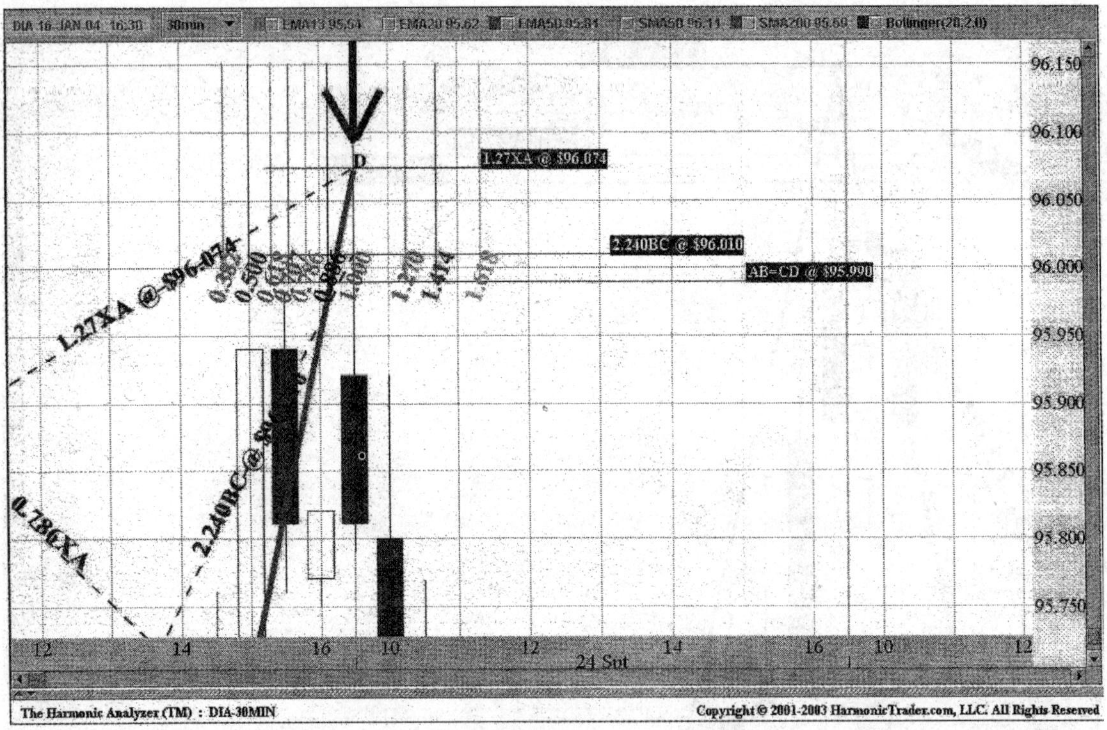

图 11.21

钻石指数从这一和谐阻力处迅速反转，继续大幅下跌。第一个下侧目标是 95.70 处的 0.382IPO，很容易便达到，反转从形态的高点开始确立了一波果断的跌势。0.618 处的下个目标很快达到，钻石指数快速下跌穿过这个目标区。实际上，在钻石指数击中 0.618 目标后，卖出增强，价格行为快速测试 0.886，并且向下跌穿形态低点。

每条价格 K 线不断形成更低低点和更低高点，有力证明了跌势的延续。另外，在反转的整个交易日中，钻石指数没有突破前面的任何一个 30 分钟高点。

形态完成后，紧跟着发生了稳定的抛售。这种情形展示了“全垒打式”反转。价格行为刚好从PRZ反转，并且拥有华丽的跌势延续。每个利润目标都被清楚地突破，甚至超出了形态的1.618延伸(图11.22)。在0.382和0.618处的IPO目标被超越后，头寸管理中最重要的因素便成为从反转处开始的趋势线。

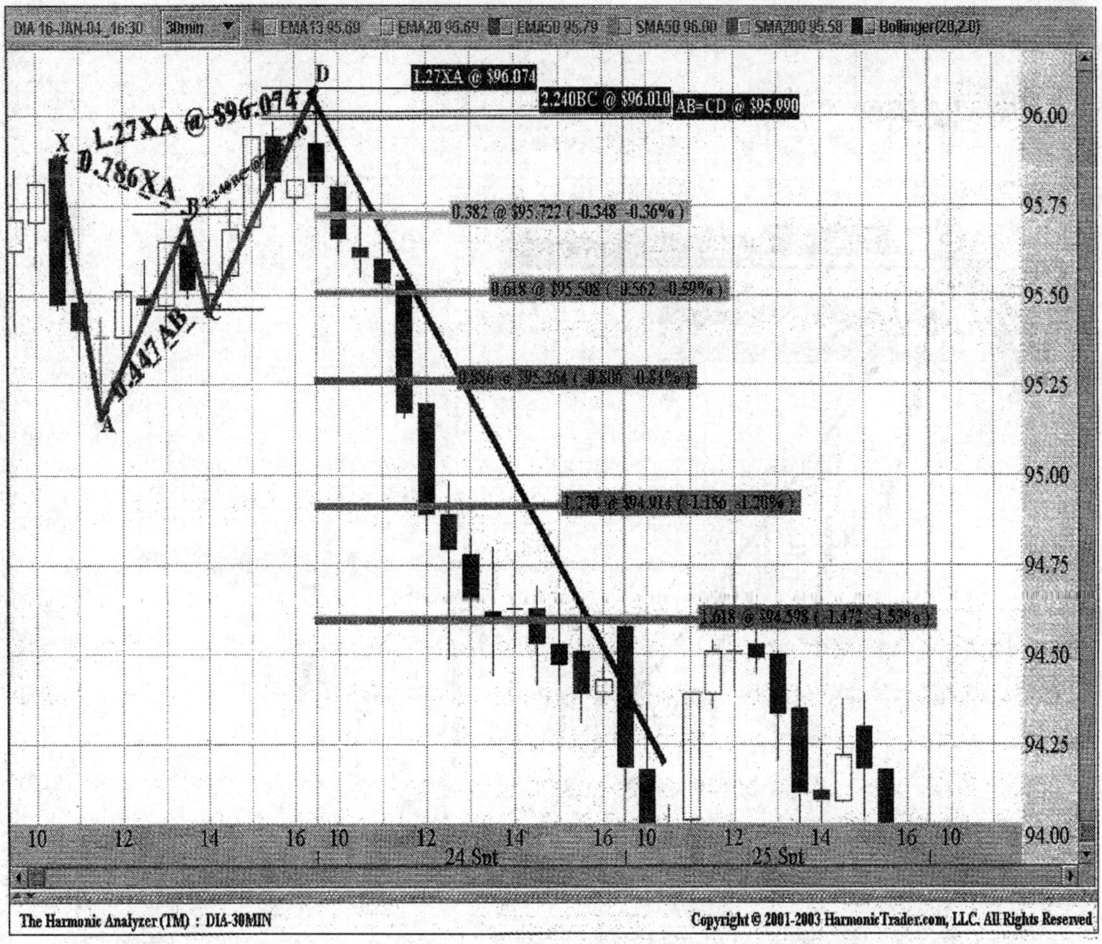

图 11.22

在这个例子中，钻石指数形成一波清楚的下跌趋势，反转完成几天后最终被突破。当钻石指数到达94.25处的0.382跟踪止损时，最终触发空头头寸的平仓。

需要注意的是，不是所有有效的和谐形态会产生这样的反转。不过，和谐交易管理系统的设计目的就是给这些反转足够的“呼吸空间”，以使它们自我确认。在这个例子中，精确的反转和有力的跌势延续是辨识价格行为为重要运动的关键因素(图 11.23)。

图 11.23

部分交易管理

如前所述，根据你的交易喜好，把每个头寸分为两部分(有时分为三部分)，在每个利润目标处保护部分利润，继续持有剩余部分等待更大的运动，这种方法非常有利。我认为这种策略相当有效，特别是在价格行为剧烈波动时。使用这种策略时的一个建议是，在0.382和0.618IPO目标处平掉整个头寸预定的一部分。

为了简单起见，我只使用两部分策略来展示和谐交易管理系统。当趋势线或0.382跟踪价位被突破时，我通常先会把头寸的一部分利润保护起来，然后在一个更大的价格目标平掉剩余部分，具体取决于反转趋势的延续。关于这种方法，我认为所有交易者都有自己的喜好，我留给你去考虑保护利润的最佳方法。不过，我认为那是在多头寸方式中管理盈利交易的最有利的方法。

交易管理提示

辨识和谐形态不是一种难以掌握的技能。在学习了各种各样的形态并应用斐波那契比率之后，由形态完成点确定的交易通常相当明显。然而，每个头寸都必须正确管理，以便最大化利润和最小化亏损。尽管两笔和谐交易可能拥有相同的形态，具有相同的斐波那契比率，但是它们的结果可能完全不同。因此，在交易执行后的交易管理阶段有一些简单的规则需要遵循。

- 为任何事情做好准备。虽然最清楚的架构能够指示极好的交易机会，但是这丝毫没有减轻监视交易的责任，一定不要认为一切都会自动完成。因此，密切监视价格行为非常重要。

- 遵守交易管理规则(在PRZ内执行)。交易管理规则是基于多年的和谐交易法的研究。虽然它们更多是用作一般的指导方针，但是这些策略通过降低相对风险同时最大限度地提高利润来寻求交易管理过程中的优化决策。

● 重视和谐价位的价格 K 线。和谐架构中最关键的信息是由形态完成点处数字会聚区的价格行为得出的。仔细分析价格行为在击中和谐区时的响应非常关键。明确的形态完成区中，价格行为的特征通常会指示出架构的整体有效性。然而，如果价格行为未能在这一区域内反转，那么就表明主要趋势相当强劲。

● 寻找价格运动的延续。在价格行为已经从形态完成点处反转后，它应该明确地继续朝那个方向前进。如果价格行为只是停止或未能在反转趋势方向令人信服地运动，那么通常表明架构很可能失败。

● 亏损是交易的一部分。虽然大部分和谐架构在明确形态完成的初次测试能够提供某种程度的反应用于交易，但是总有一定比例的交易会失败。这就是交易业务的事实。关键是要把损失降到最低，然后转到下一笔交易。随着经验的增长，快速判读反转早期征兆的能力会提升，从而提升交易的执行水平。识别这种失败，对失败的交易架做出快速反应，保护资金，防止小亏损转变为灾难性的损失。

● 如果心存疑虑，出场！如果你感觉某笔交易或某个头寸不对劲，那么就了结它，或者不做那笔交易。错过一个机会远比陷入一种本来就不正确的境地要安全得多。

和谐形态的交易管理策略需要准则和耐心。虽然这套系统尝试最大化地利用潜在反转，但是实际交易情形可能涉及很多外部因素，会影响到决策制定过程。在允许市场提供必需的价格信号以确认反转方面，这些规则是有效的。在这一交易管理系统内，虽然有一些主观判断的空间，但是这些规则提供了处理交易和解读价格行为的有效方法，以便在交易执行后最大化利润和最小化亏损。

第 12 章

形态失败

当清晰的和谐形态形成时，对有效反转的预期常常会造成一种对机会评估的偏见。举例说明，一个完美看跌蝙蝠形态会指示一个很好的做空机会。然而，强劲的价格行为会使这些清晰的形态失败，使主要趋势继续。正如第 10 章中“潜在反转区(PRZ)内的警示信号”所举例说明的，这些情形常常提供关于形态可能失败的明显的指示。当这种情况发生时，我们有明确的策略可以利用主要趋势的延续交易。利用这些情形获利的关键是使用带有紧凑止损的严格的交易管理策略。在形态已经失败后，任何反转形态交易的焦点都应该是分析超出 PRZ 的价格行为。

当利用一个失败的形态架构交易时，交易管理规则更为重要，因为这种策略除超出失败 PRZ 的主要趋势的快速延续外，没有为任何情形留下空间。另外，反转游戏可能是非常棘手而且令人沮丧的，因为止损常常发生在主要趋势继续之前。尽管剧烈的价格行为常常与失败的形态有关，但是这些情形——当正确辨识时——的确会提供极好的交易机会。

如前所述，和谐形态在主要趋势内定义了关键价位。虽然形态能够准确地辨识此类轴点，但是主要趋势最终常常突破这些确定的价位。这些情形常常提供充足的机会来评估特定形态的有效性，并且提供特定的价格行为信号来指导交易决策。

利用失败的形态进行交易的思想，其逻辑是基于现有趋势的优势。由于价格 K 线警示信号常常显示具有潜在瑕疵的和谐形态，因此，反过来它们就是顺势交易的信号。由于形态失败是主要趋势不可抗拒的征兆，所以这些技术事件可以用作重要的延续信号。这种策略并没有被锁定在形态完成后的反转预期中，而是采取了更为中立的方法。交易执行并不限于简单地在形态完成时执行。利用形态失败的策略可以同时利用潜在反转区内价格行为产生的两种类型的信号执行交易。无论最终结果如何，最重要的思想是完成不同的和谐形态定义了关键的支撑和阻力技术区域。

反转失败形态应用提示

● 整个 PRZ 必须以初始反应完成被测试。通常，主要趋势的延续会发生在价格行为已经测试 PRZ 中各个和谐数字的区间之后。虽然这种有名无实的反应变化多端，但是价格行为通常不会回调超越和谐区域的限制。实际上，初始测试只是在恢复主要趋势并超出 PRZ 之前的一段微小的整固。

● 重视终点价格 K 线。终点价格 K 线——测试整个 PRZ 的初始价格 K 线——确立了 PRZ 失败的决定性限制。另外，终点价格 K 线定义了关于失败 PRZ 的反转入场。

● 精确的止损限制。所有止损限制都必须事先确定好，它们通常是基于前一 PRZ 的区间和终点价格 K 线的极点。

● 形态失败已经被触发后，反转交易通常会在超越终点价格 K 线一两条 K 线后执行。通常，失败信号应该非常清楚地确认主要趋势的延续。超过这个点，价格行为应该令人信服地在主要趋势方向上运动。当价格行为在超出失败的 PRZ 和终点价格 K 线后继续运动时，头寸交易管理中的止损需要不断调整。实际上，在确认失败之后，止损通常就由超越终点价格 K 线的较早的价格 K 线来决定。

反转一个失败的看涨形态

在一个失败的看涨架构中，价格行为通常会在形态完成时经历一些初始反应，但是很快便翻转突破终点价格 K 线（图 12.1）。在初次测试 PRZ 时，架构常常经历迅猛的价格行为。在一个失败的看涨形态中，关键因素是初次反应的快速的趋势线突破。如果反转经历一两条 K 线突如其来的反应，只是立即翻转，未能继续上涨，那么这一点会特别明显。虽然需要一些经验来确定即将发生的失败，但是诸如前一价格 K 线低点的突破或反转的短期趋势线被向下突破等信号，常常预示着麻烦即将到来。

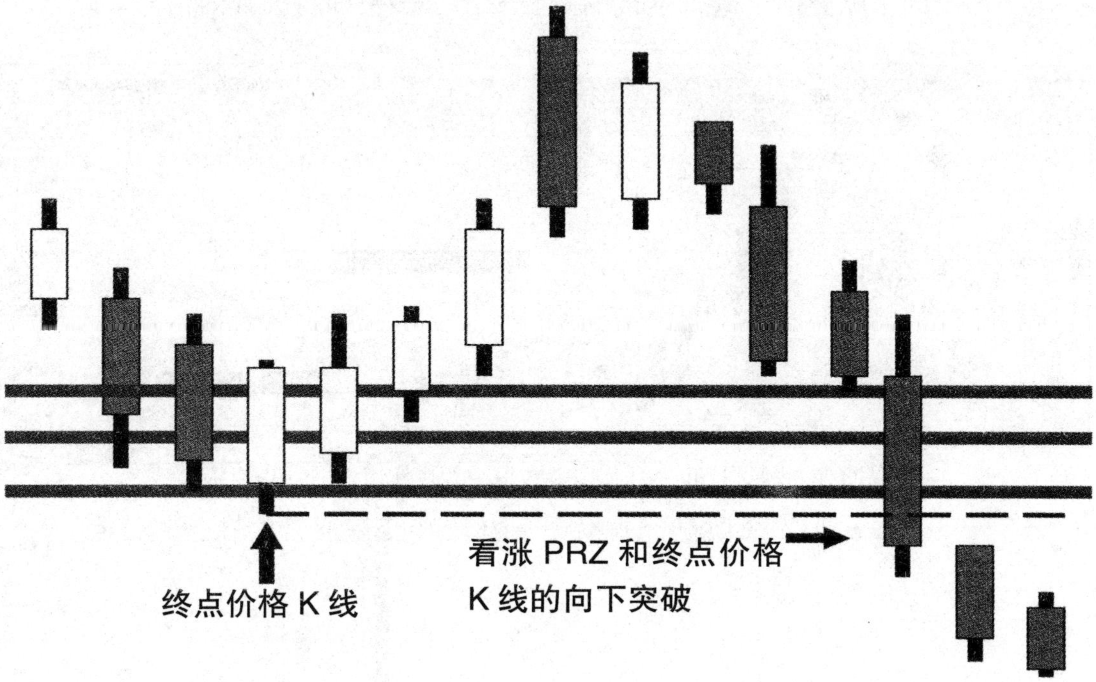

图 12.1

失败的看涨形态的另一个要素是终点价格 K 线的突破。理想情况下，终点价格 K 线和前面 PRZ 的突破应该收盘于区域下方。从标准的技术分析角度来看，这可能有点教条，但是对前一和谐区域这样的突破特别重要，因为它是对形态失败的明确确认。在这些情况下，可以把它们看作“和谐的向下突破”。

道琼斯工业平均指数($INDU)：周线

道琼斯工业平均指数展示一个失败形态的理想情形。图 12.2 中，该指数形成一个看涨螃蟹形态，从潜在反转区(PRZ)开始形成几周的短暂反转。虽然价格行为稳定下来，但是反转告吹了。一段有名无实的上涨，仅仅超越 PRZ 的顶部区间，然后指数翻转，快速跌至 10700 价位之下。尽管从螃蟹形态的 1.618XA 臂开始形成一个完美的反转，但反转在开始形成后便横向运动。在价格行为翻转并在主要趋势方向果断下跌之前，毫无生气的上涨发出了多头即将失败的信号。

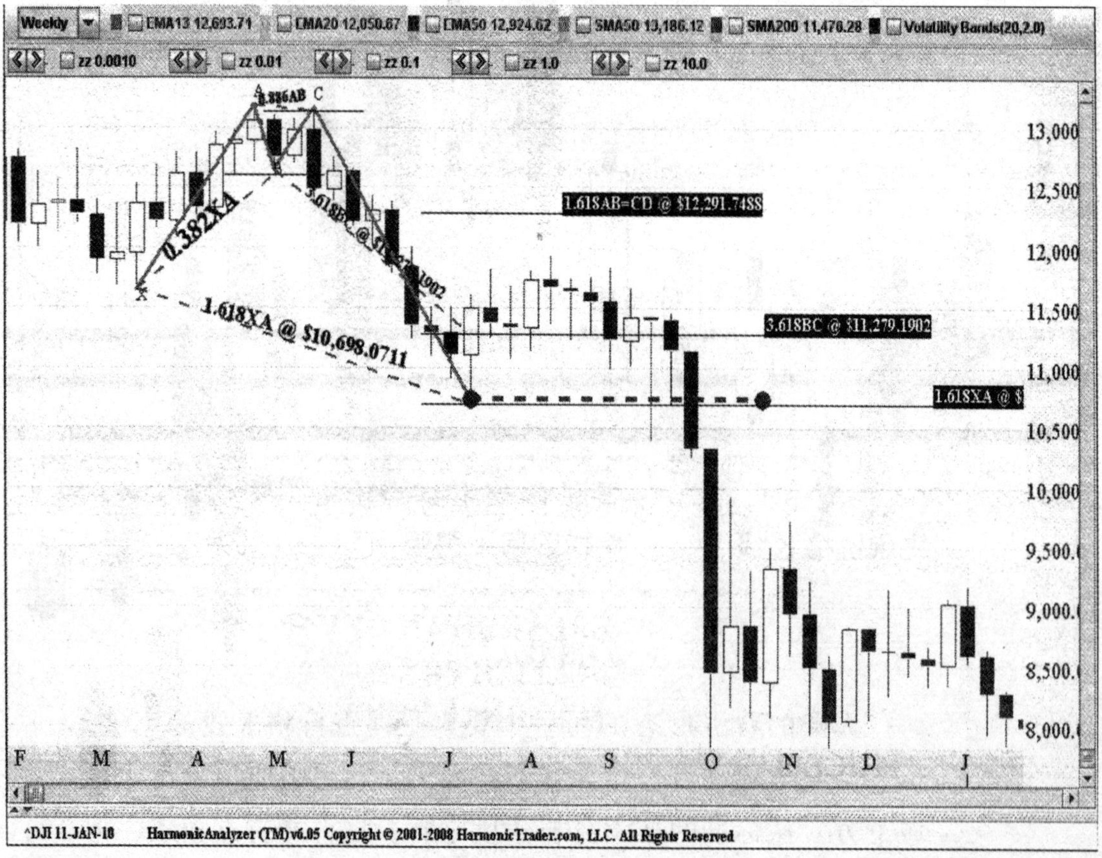

图 12.2

第一个麻烦的征兆是指数在反转后的第二周未能继续上涨。第四周，价格行为形成顶部并翻转，再次测试整个 PRZ。在这一点，虽然终点价格 K 线仍未被突破，但是对和谐支撑的整个区间的再次测试在这种情况下应该是一个警示信号。

再次重新测试时对 PRZ 的突破，触发了真正的麻烦信号。在看涨螃蟹形态刚刚完成时执行的任何多头头寸，最低限度都应该把止损移至盈亏平衡点。图 12.3 中，PRZ 内价格行为的走势清楚地显示出短暂的反弹和随后出现的翻转。

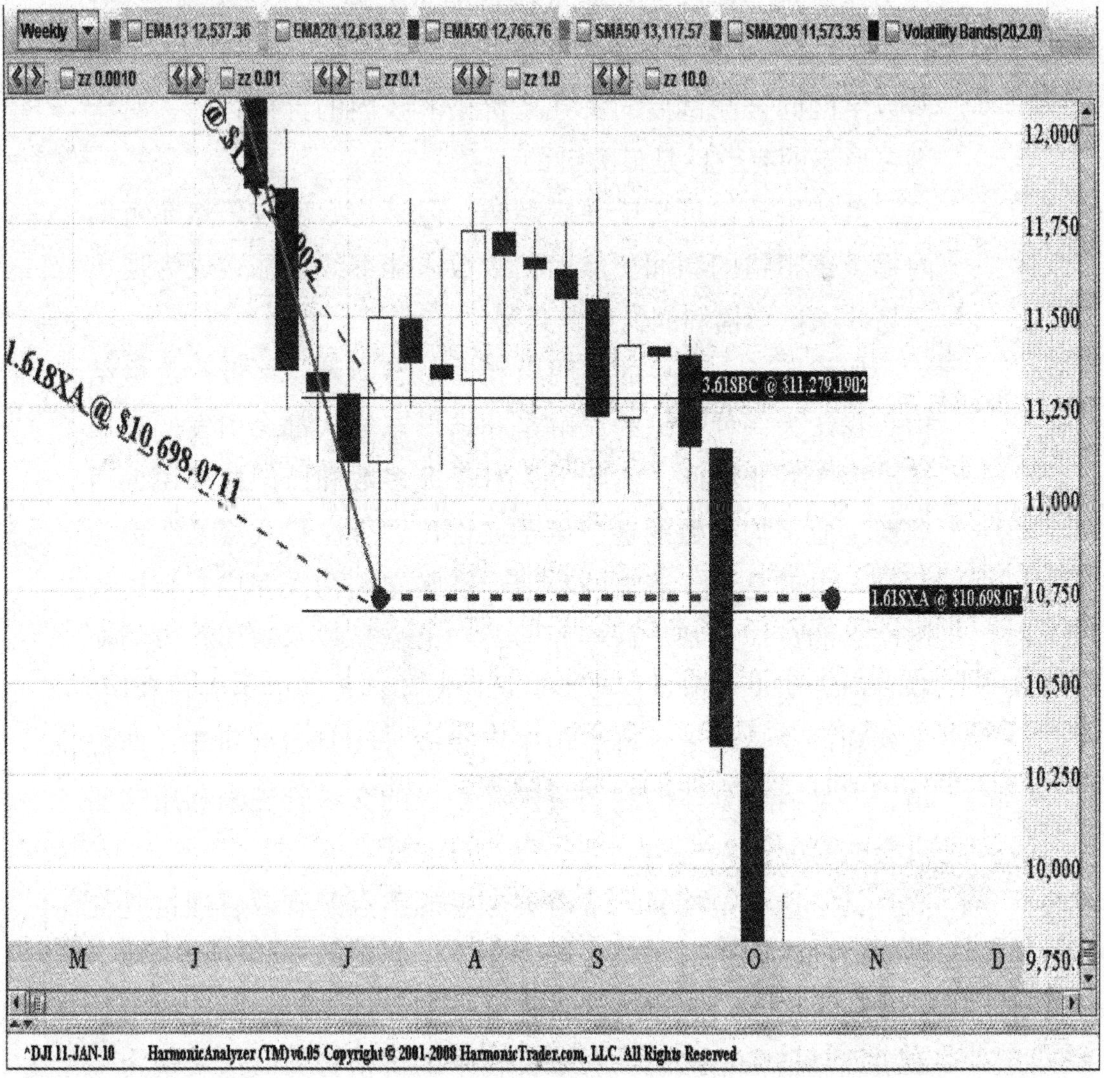

图 12.3

在 2009 年的熊市中，这一形态的失败引发了严重的下跌，它是主要跌势强劲的明显征兆。周线看涨螃蟹形态只在短时间内有效，该指数在形态刚刚完成处找到了支撑。接下来的几周是许多失败架构的共同情形，形态只产生短期反转，之后不久便形成翻转。二次重新测试时对 PRZ 内终点价格 K 线的突破，最终触发了一波更深的调整，带有迅速(但理想)的看跌延续。

这张工业指数的图例展示了很多和谐形态的共性，也展示了在形态完成的初次测试执行的重要性。在初次测试 PRZ 时，价格行为常常会提供可交易的短期反应。另外，整个和谐数字区间被测试后的头几条价格 K 线内的价格行为，对于潜在形态的有效性是最关键的。

虽然指数在短暂反弹后翻转，但是初始反应仍然在短期内提供了不错的利润。然而，指数未能继续上涨，成为退出交易并保护小幅利润的必需信号。

如前所述，重要的是明白和谐形态不是“终极”价格结构。我认为一种常见的误解是和谐形态每次都会引发巨型反转。事实并非如此。实际上，对于大多数和谐架构来说，道琼斯工业平均指数的这个例子或许比“全垒打式交易”更为常见。也就是说，清晰的和谐形态在它们初次完成时会提供可交易的反应。基于这些原因，和谐交易技术需要积极的交易管理方法来实现对这些常见短期反应性反转的最大化利用。虽然和谐交易技术也可应用于周线或月线时间框架等长期视角，但是需要具体的利润目标和积极的交易管理来利用这些机会交易。

关于这一策略另一个需要考虑的重点是有效管理这些交易所需的准则。对于每个头寸来说，明确的交易管理参数会带来更大的自信和更强的责任感。同样地，需要具体的参数来辨识和谐价格形态，有效反转中的价格行为必须表现为一种特殊的方式，展现出趋势变化的共性。在这个例子中，初始反弹提供了反转在即的证据。然而，反转后不久指数便未能继续上涨，发出了即将翻转的信号。

如果头寸打算翻转，其中多头头寸平仓，建立新的空头头寸，那么潜在反转区(PRZ)的二次测试便是关键区域。正如前面的情形所展示的，初始多头头寸将在利润保护区(PPZ)内退出，出场点靠近 11200 处向下突破的某个位置，而且当然是在对原始入场点完全重新测试之前。虽然这一翻转在初始 PRZ 测试后的几周内相当明显，但是直到 10700 价位处终点价格 K 线被突破，才认为形态失败。试图利用这种失败投资的任何空头头寸都应该在这一突破处入场。另外，在这些情况下，价格行为应该清楚地在主要趋势方向继续，快速跌至前面的 PRZ 下方。

作为失败的形态交易，和谐支撑突破后执行的空头头寸应该使用紧凑的止损，并且设在略高于前一周线高点处。在这个例子中，止损会在 11300 价位上方被执行，11300 价位是前面 PRZ 的顶部区间。当失败形态反转交易继续进行时，应该对止损限制进行相应的调整，在头寸的整个管理过程中，采取积极的策略。在这个例子中，简单的一条 K 线止损将绰绰有余。

IBM：周线

这个 IBM 的例子展示了一个清晰的看涨蝴蝶形态，在潜在反转区的初次测试后形成短暂的反弹，然后形态被突破(图 12.4)。需要注意的是，形态结构中的斐波那契队列是理想的，1.27XA 和 1.618BC 延伸会聚于同一区域，AB=CD 的完成点略低于每股 80 美元。

图 12.5 中，PRZ 内价格行为的走势清楚地显示出短暂的反弹和随后出现的翻转。在这个例子中，第一个麻烦的征兆是股价在反转后的第二周未能继续上涨。

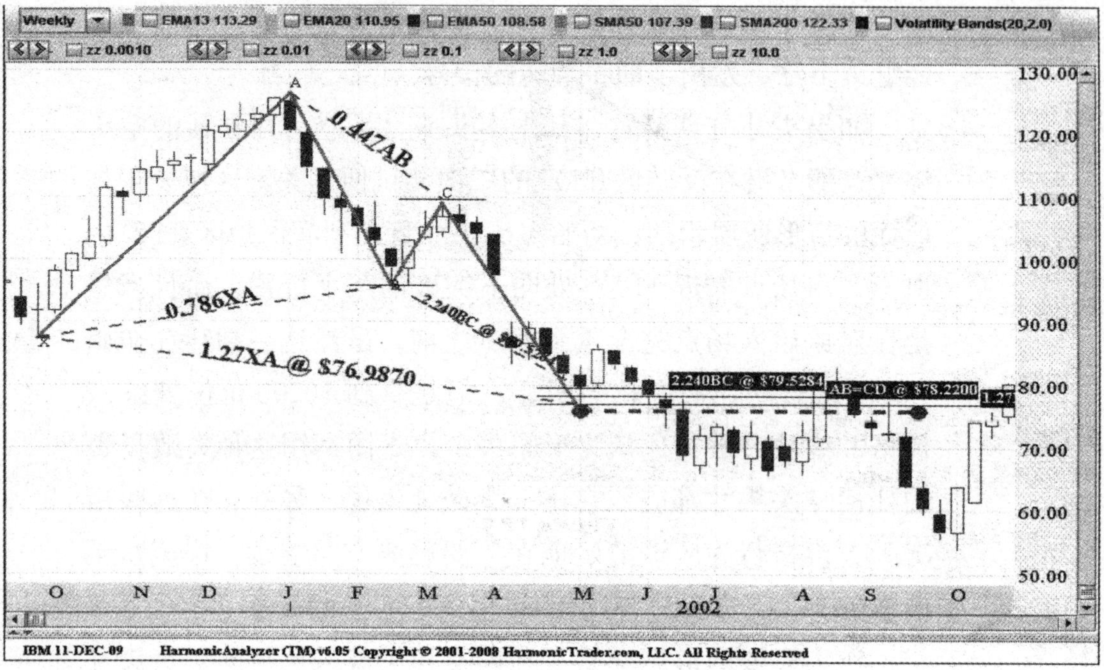
Weekly
EMA13 113.29
EMA20 110.95
EMA50 108.58
SMA50 107.39
SMA200 122.33
Volatility Bands(20,2.0)
zz 0.0010
zz 0.01
zz 0.1
zz 1.0
zz 10.0
A
0.447AB
C
X
0.786XA
2.240BC
1.27XA @ $76.9870
2.240BC @ $79.5284
AB=CD @ $78.2200
130.00
120.00
110.00
100.00
90.00
80.00
70.00
60.00
50.00
O N D J F M A M J J A S O
2002
IBM 11-DEC-09 HarmonicAnalyzer (TM) v6.05 Copyright © 2001-2008 HarmonicTrader.com, LLC. All Rights Reserved

图 12.4

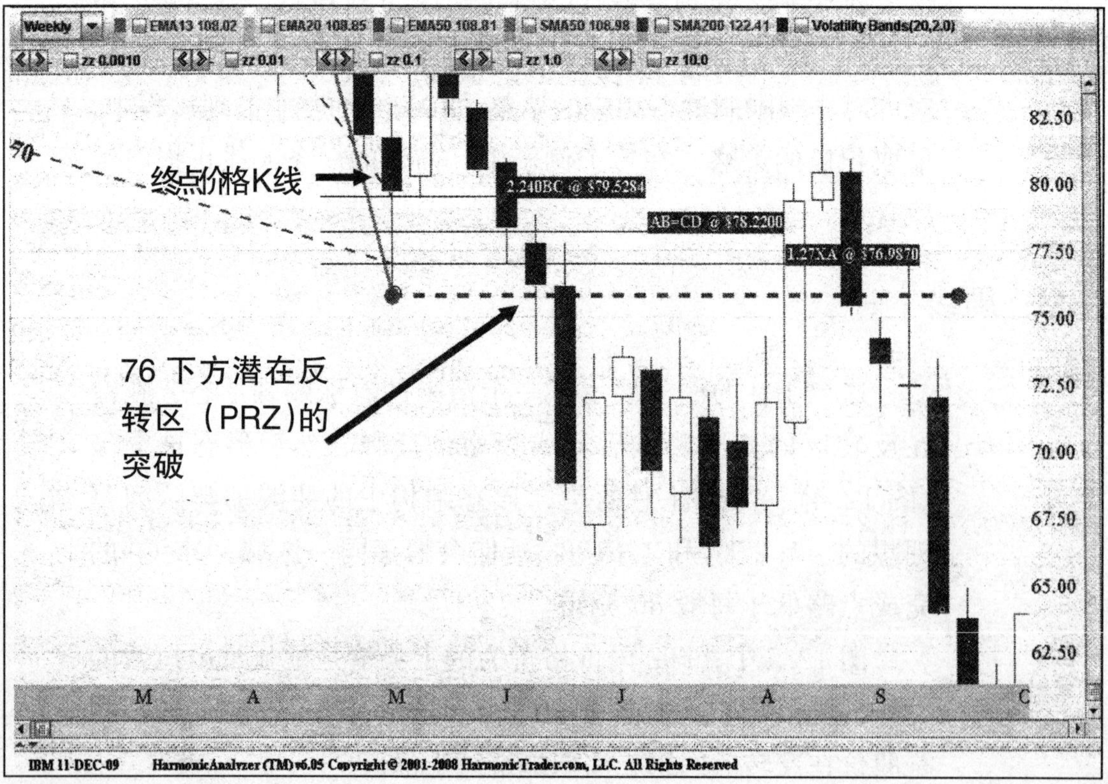
Weekly
EMA13 108.02
EMA20 108.85
EMA50 108.81
SMA50 108.98
SMA200 122.41
Volatility Bands(20,2.0)
zz 0.0010
zz 0.01
zz 0.1
zz 1.0
zz 10.0
终点价格K线
2.240BC @ $79.5284
AB=CD @ $78.2200
1.27XA @ $76.9870
76 下方潜在反
转区（PRZ)的
突破
82.50
80.00
77.50
75.00
72.50
70.00
67.50
65.00
62.50
M A M J J A S
IBM 11-DEC-09 HarmonicAnalyzer (TM) v6.05 Copyright © 2001-2008 HarmonicTrader.com, LLC. All Rights Reserved

图 12.5

在快速运动至 85 美元价位后，IBM 停了下来。到第五周，股价翻转，重新测试整个 PRZ。虽然终点价格 K 线直到随后一周才被突破，但是对和谐支撑整个区间的再次测试应该是一个警示信号。

正如这个例子所展示的，反转之后延续的缺乏常常是潜在形态失败的早期指示。虽然这样的失败不会在每种情况下立即可辨，但是这个例子展示了在多数反转早期阶段之内可用的“时间窗口”会提供几条价格 K 线作为未来价格行为潜在方向的信号。在理想情况下，形态反转应该在初次测试时击中整个 PRZ，在靠近这一和谐数字区间处反转，并且新趋势会拥有强劲的延续。对于 IBM，离开 PRZ 的一条看涨价格 K 线没有确立一轮新趋势。图 12.5 显示了潜在反转区中的价格行为，终点价格 K 线明确地标注出来。

尽管出现了这种翻转，但是初始反弹产生了不错的短期利润，股价在翻转前反弹了 9 点。最低限度，看涨蝴蝶形态提供了一个很好的短期机会。

但是，这是清楚的和谐形态只产生短暂运动的又一个例子，需要积极的管理方法来保护初始利润和有效地处理头寸。总之，看涨形态的翻转和失败预示着主要看跌趋势的延续。

如果头寸打算翻转，其中多头头寸平仓，建立新的空头头寸，那么 PRZ 的二次测试便是关键区域。正如这个例子所展示的，初始多头头寸会在 PPZ 中退出，在 80 美元处的向下突破和 77 美元下方的入场点之间的某个位置。虽然这一翻转在初始反转后的几周内相当明显，但是直到 76 美元价位处终点价格棒线被突破，才认为形态失败。试图利用这种失败投资的任何空头头寸都应该在这一突破处入场。

图中的实线下跌趋势线展示了这种限制在确定的向下突破中的有效性。价格行为显然在一个区域内滑动，根据看涨蝴蝶形态的定义，预期会产生反转。虽然数字队列非常理想，但主要看跌趋势线包含价格行为，在离开形态初始完成点之后的短暂反转之后，推动股价下跌。

这是终点价格 K 线突破后股价迅速下跌的又一个例子，终点价格 K 线突破成为一个重要的延续触发信号。这些情形很常见，因为明显和谐区域的突破常常遭遇主要趋势的迅猛延续。

另外，这是又一种情况，在这种情况下重要的是明白和谐形态不是“终极”价格结构。例子展示了常常在清晰和谐架构完成后出现的一类短期反转。虽然不是每个形态都会产生一个“全垒打”，但是大多数反转最低限度都会产生一些小幅反应，提供一些可获利的短期交易机会。

这个例子的另一个重要方面是像 IBM 中这个迅速的看涨蝴蝶形态一样的清晰形态作为“未来行为路标”的能力。我最初在《和谐交易者》中讨论过这个概念，在本书中我对这一概念进行了详细说明。形态应该代表着一种价格结构信号，必须从一个实用的视角来评估。实际上，归根结底就是这两条规则：

1. 所有形态都不相同。

2. 所有反转都不相同。

因此，一定不要认为一个清晰的形态总会产生一个“全垒打”反转。另外，关键是利用这些和谐区域内市场价格行为提供的信号来指导交易决策。

和谐交易技术提供了极好的机会，但是需要积极的交易管理方法来实现对这些常见短期反应性反转的最大化利用。虽然和谐交易技术也可应用于周线或月线时间框架分析等长期视角，但是仍然需要具体的利润目标和积极的交易管理来利用这些机会交易。

反转一个失败的看跌形态

如图 12.6 所示，在一个失败的看跌架构中，价格行为通常会在形态完成时经历某种初始反应，但是很快向上反转去再次测试潜在反转区(PRZ)，最终突破终点价格 K 线。我喜欢把这些情形称作“和谐突破”，其中价格行为上涨超越明确形态的明显和谐区。

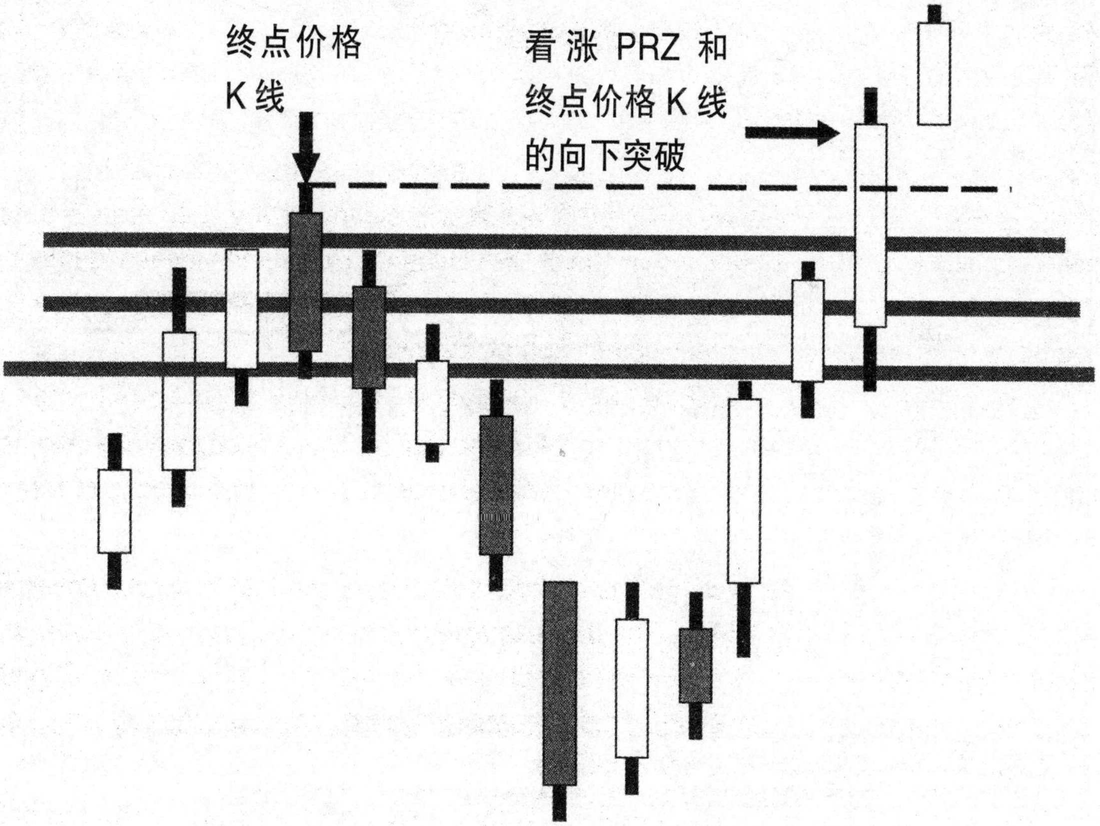

图 12.6

向上超越清晰看跌 PRZ 的和谐突破通常具有极端价格 K 线和令人信服的看涨延续。这些突破在类似蝙蝠形态和伽利形态的回调形态中特别明显，可以作为跟随主要趋势的极好的入场信号。

英特尔(INTC)：60 分钟

这张图中(图 12.7)英特尔的一个失败的看涨 AB=CD 形态是一个理想的例子，它从潜在反转区(PRZ)产生短暂的反转，然后便在主要趋势方向继续迅速上涨。

图 12.7

股价在形态完成处停止后不久，终点价格 K 线和 PRZ 便被决定性地突破。如图 12.8 中 PRZ 内价格行为所展示的，英特尔次日开盘向上跳空，快速上涨超越对 AB=CD 完成的初次测试。

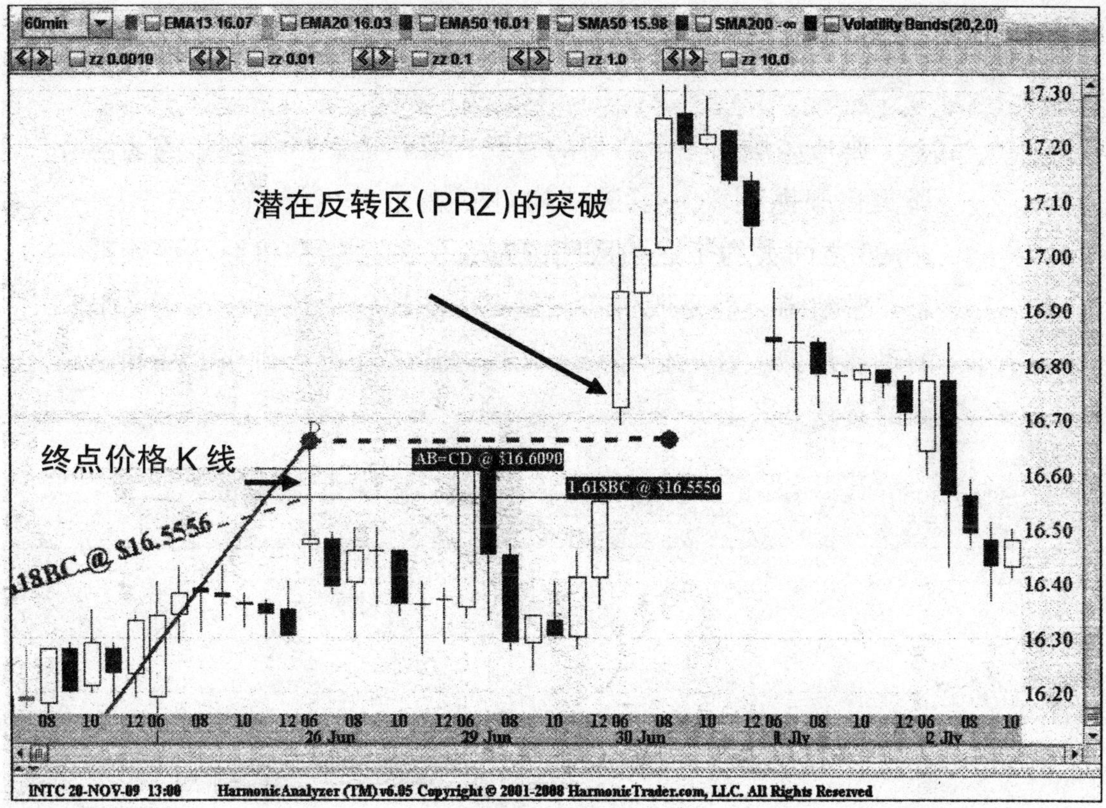

图 12.8

对像这样确定的和谐形态的突破，常常会令原来的交易思想反转，跟随主要趋势。在英特尔向上突破终点价格 K 线后，股价稳定攀升，形成不错的看涨延续，一条清晰的趋势线支撑着明确的上涨。

这些情形很常见，这个例子展示了失败形态用作未来价格行为路标的能力。在这个例子中，失败的 AB=CD 形态清楚地显示出股票反弹的力度。需要注意的是，对看跌架构的反转必须出现在终点价格 K 线的突破之后，因为这些架构中预期的快速延续通常直到终点价格 K 线被超越才会发生。在这张英特尔的图表中，直到终点价格 K 线在 16.65 美元被向上突破，股价在显著上涨。同样，当利用趋势延续交易时，保持紧凑的止损非常重要，因为价格行为应该会在前面的 PRZ 上方果断地继续上涨。

亚马逊(AMZN)：周线

亚马逊形成一个清晰的看跌蝴蝶形态，一个理想的斐波那契比率队列确认了该结构(图 12.9)。该形态在 25.75～26.95 之间大约 1 点的区间内定义了一个做空机会。尽管形态非常清晰，但是股价在测试 PRZ 的那一周还是出现了向上的迅速反弹。在股价停滞了几周之后，在终点价格 K 线和前面的看跌 PRZ 上方暴涨。

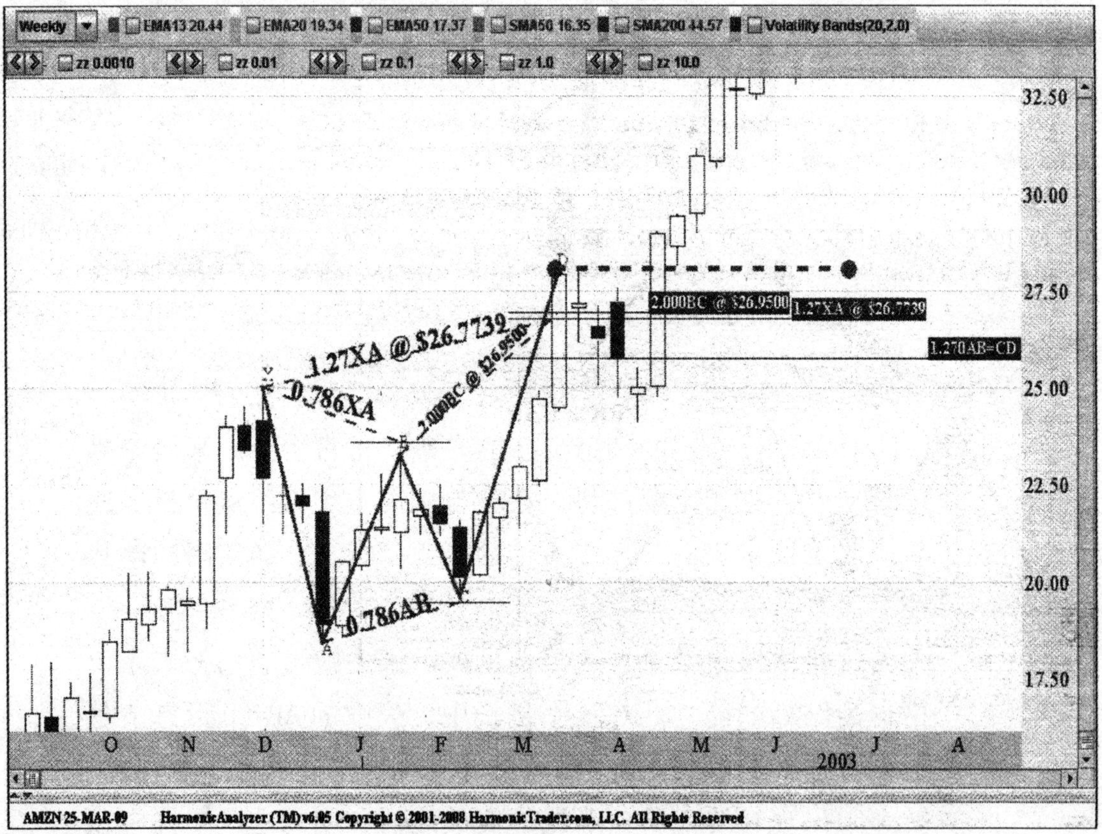

图 12.9

这个看跌形态的突破发出了主要看涨趋势强势延续的信号(图 12.10)。如果头寸打算翻转，其中多头头寸平仓，建立新的空头头寸，那么终点价格 K 线对 28 美元价位的向上突破便是决定性区域。

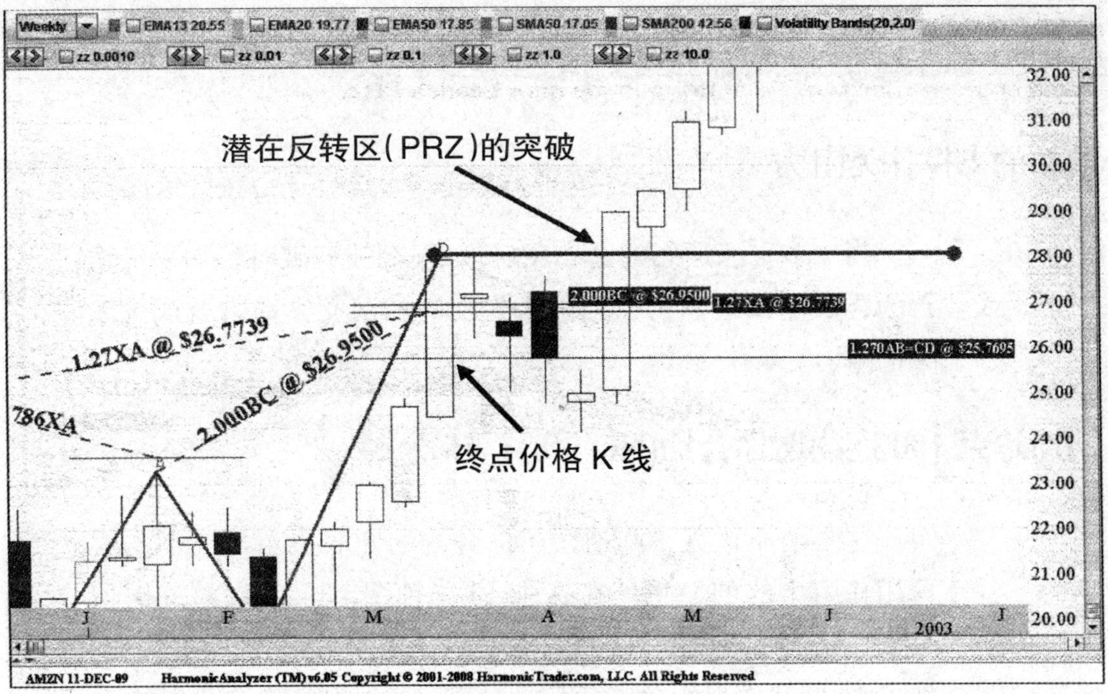

图 12.10

这是终点价格 K 线突破后出现果断上涨延续的又一个例子。这些情形很常见，因为明显和谐区域的突破常常触发主要趋势的快速延续。在这个例子中，亚马逊在终点价格 K 线突破后的几周里大幅上涨，股价继续上涨进入更高区域，同时守住了前面的周线低点。

前面的支撑和阻力

静态的支撑位和阻力位是几十年来技术分析的一个基础。价格行为倾向于在支撑区和阻力区内运动。当支撑被突破时，那一价位便成为未来的阻力。当阻力被突破时，那一价位便成为未来的支撑。

虽然这是一个很容易掌握的概念，但是当应用于和谐形态的 PRZ 时，这一概念可以用来辨识可能会被忽视的关键价位。当清晰的和谐形态被突破时，价格行为通常会在主要趋势的方向继续运动一段时间。然而，价格行为常常会再次测试这些和谐价位，因为前面的形态通常标志着总体趋势中的关键点。

前面的支撑作为阻力

当一个看涨形态的潜在反转区(PRZ)被突破时，如果价格行为再次测试这一价位，那么先前的和谐支撑通常就成为未来的阻力。

纳斯达克 100 连续迷你合约(NQ_#F)：15 分钟

这张纳斯达克 100 连续迷你合约的图表展示了先前的支撑用作阻力的的思想。在这张 15 分钟图上，NQ 在这一时段早期便清楚地突破了日内看涨蝙蝠形态(图 12.11)。该形态把 1780 区域定义为关键的短期和谐支撑。然而，该合约在开市前下滑，并且在开市后继续快速下跌。尽管向下突破，NQ 在这一天还是上涨去再次测试这一先前的支撑。

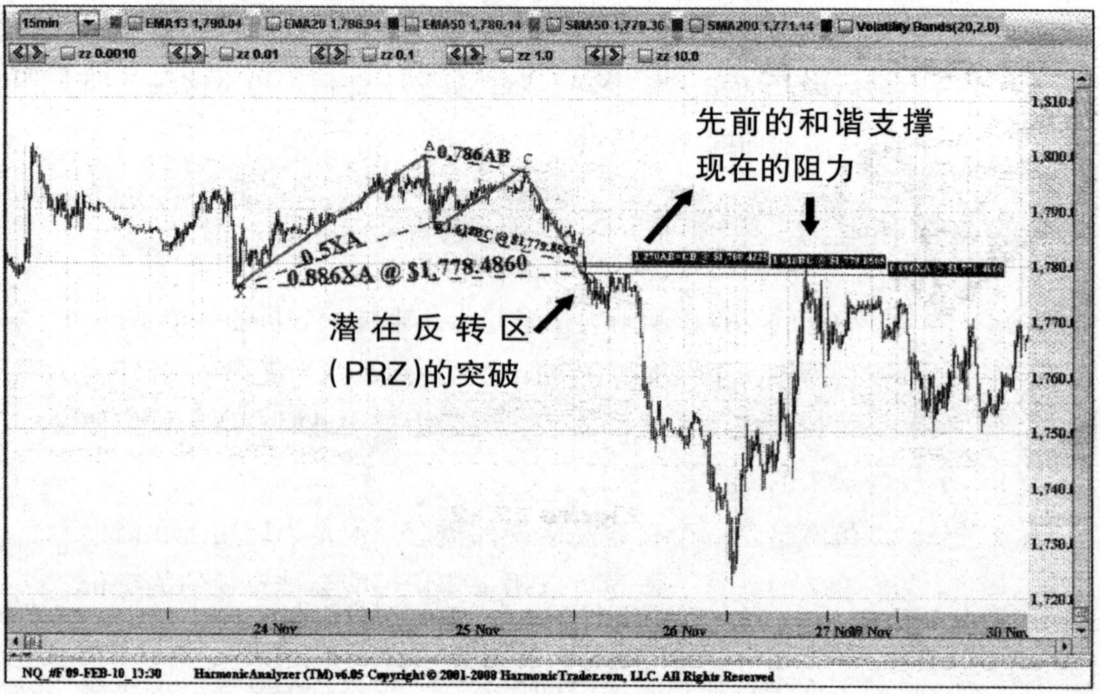

图 12.11

前面和谐支撑区的结构性失败显然是一个关键的日内价位。形态完成点定义重要技术价位的能力是和谐交易法中一种独有的现象。解释这些信号的能力会随着经验而提高，但重视此类形态失败提供的信号非常重要。

Semiconductor Holder's Trust(SMH)：10分钟

SMH在10分钟图上突破这个深海蟹形(图12.12)。在开盘远高于PRZ跳空后，SMH回调了初始上涨的一大部分。价格行为回补了向上的缺口，在先前的和谐阻力、现在的明确支撑区内反弹。在它测试这些数字的那个交易日，开盘跳空穿过PRZ，日内看跌蝴蝶形态失败。

图12.12

在完全突破先前的看跌架构之后，SMH 回调了部分反弹，在先前的和谐阻力区找到支撑。需要注意的是，SMH 在作为先前阻力的同一区域回补了日内缺口。这些情形很常见，常常定义非常好的短期交易机会。

虽然这些先前的 PRZ 应该与其他当前的形态一起使用，但是和谐交易技术领域内的这种现象是极为有效的。当一个形态已经清楚地失败后，这些情形最为常见。尽管这些失败的形态架构，先前的 PRZ 能够提供大量关于未来价格行为可能方向的信息，否则这些信息可能被忽视。

图 12.13 中失败的 PRZ 中的价格行为展示了这种现象，先前的和谐支撑成为重要的短期阻力。

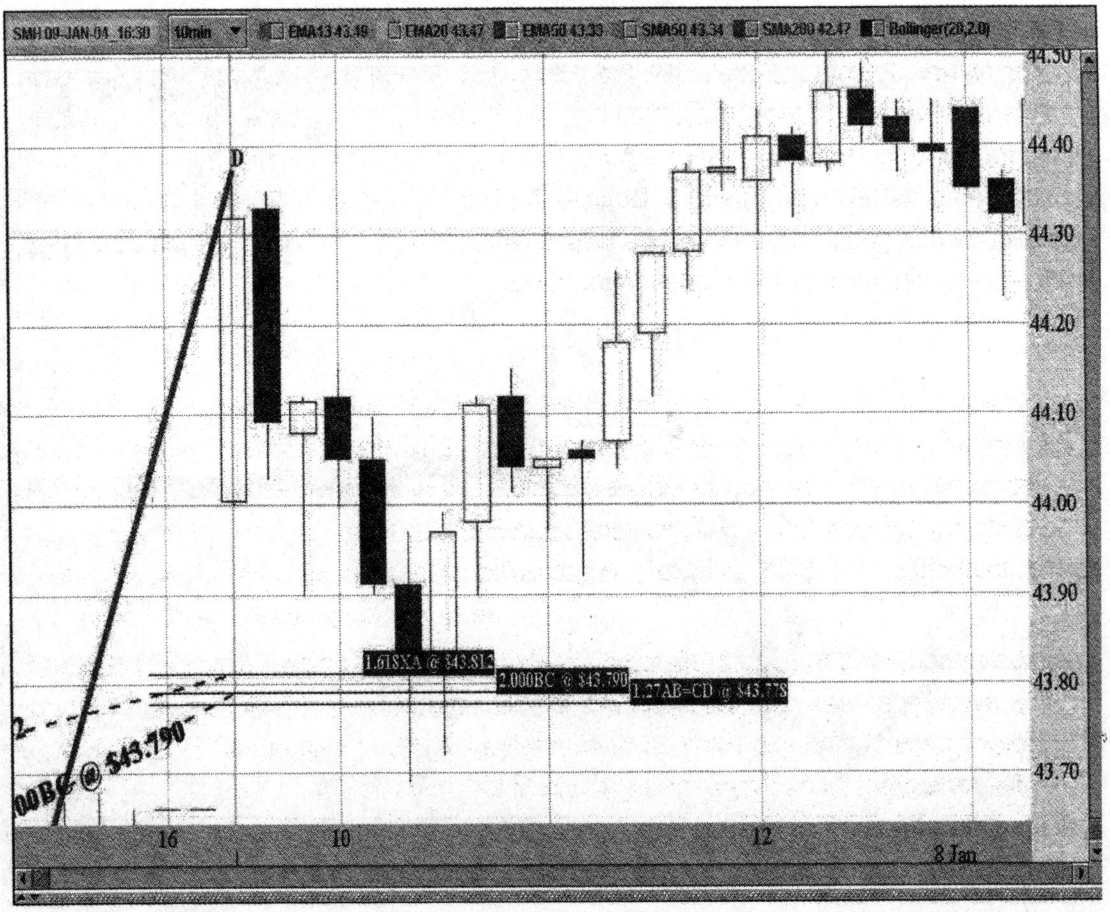

图 12.13

形态失败总结

先前失败的PRZ用作反向技术价位的思想出自和谐形态主要是“未来行为路标”的规则中。我最初在《和谐交易者》中讨论过这种思想。实际上，关键信息是由潜在反转区(PRZ)内的价格行为揭示的。虽然有效形态相当准确，而且能够辨识极好的交易机会，但是在很多情况下主要趋势会使预期的形态完成失败。虽然反转失败，但是形态完成处明显的价格行为常常具有特别的行为，可以作为主要趋势延续的明显信号。

后 记

和谐交易的目标：本书阐明并定义大量价格结构，构筑和谐交易方法的基础。我认为对和谐交易领域内价格结构的说明处于技术分析中使用的最先进的斐波那契分析之列。正是这种精确的说明，使得和谐交易法拥有最大的优势，使其成为辨识潜在交易机会的准确、有效的方法。

虽然和谐交易技术拥有强大的形态辨识方法，但是这种方法最终的成功和获利需要有效而积极的交易管理策略。正如大量图表实例所展示的，大多数形态完成会产生具有一定幅度但时间较短的价格波动，需要积极的交易管理策略来最大化你的收益。虽然和谐交易技术在长期和一般交易分析中极为有效，但是相同的交易管理思想应该应用于短期行情，以便确定指示未来价格行为的关键信号。

本书是大部分和谐交易技术的综合基础。大量材料包含在《和谐交易者》中——如三驱形态、先前的缺口以及成交量的重要意义——未包含在本书中。然而，我相信本书包含一套完整的策略，从形态辨识到交易执行，贯穿整个交易管理过程。

已经在成书阶段，《和谐交易 2》将建立在这一综合基础之上，为交易过程的全部阶段增加很多先进的技术。另外，我会在《和谐交易 2》中公开两种新的和谐形态。我希望在和谐交易领域内继续研究，并且在将来的书中分享这些思想。

阅读本书最重要的是要明白，和谐交易法不同于金融市场中其他所有形式的技术分析和斐波那契方法。前所未有的发现，例如蝙蝠形态、变种 AB=CD 结构、0.886 回调、和谐交易管理系统，以及其他技术所带来的优势是其他方法无法提供的。简单地说，“这不仅仅是另一种斐波那契交易法，这是和谐交易法”。

斯科特M.卡尼

参考文献

[1]Carney, Scott M.The Harmonic Trader.Nevada: HarmonicTrader.com, LLC, 1999.

[2]Cootner, Paul H.The Random Character of Stock Market Prices. Massachusetts: MIT Press, 1964.

[3]Gann W.D.How to Make Profits in Commodities.New York: New York Institute of Finance, 1942.

[4]Gann W.D.Tunnel Thru the Air.Pomeroy, WA: Lambert-Gann Publishing, 1927.

[5]Gartley, H.M.Profits in the Stock Market.Pomeroy, WA: Lambert-Gann Publishing, 1935.

[6]Hurst, J.M.J.M.Hurst Cycles Course.Greenville, SC: Traders Press, 1970.

[7]Hurst, J.M.The Profit Magic of Stock Transaction Timing.Greenville, SC: Traders Press, 1970.

[8]Kane, Jim.Advanced Fibonacci TradingConcepts.Tucson, AZ: KaneTrading.com, 2003.

[9]Prechter, Robert.Elliott Wave Principle.Gainesville, GA: New Classics Library, 1978.